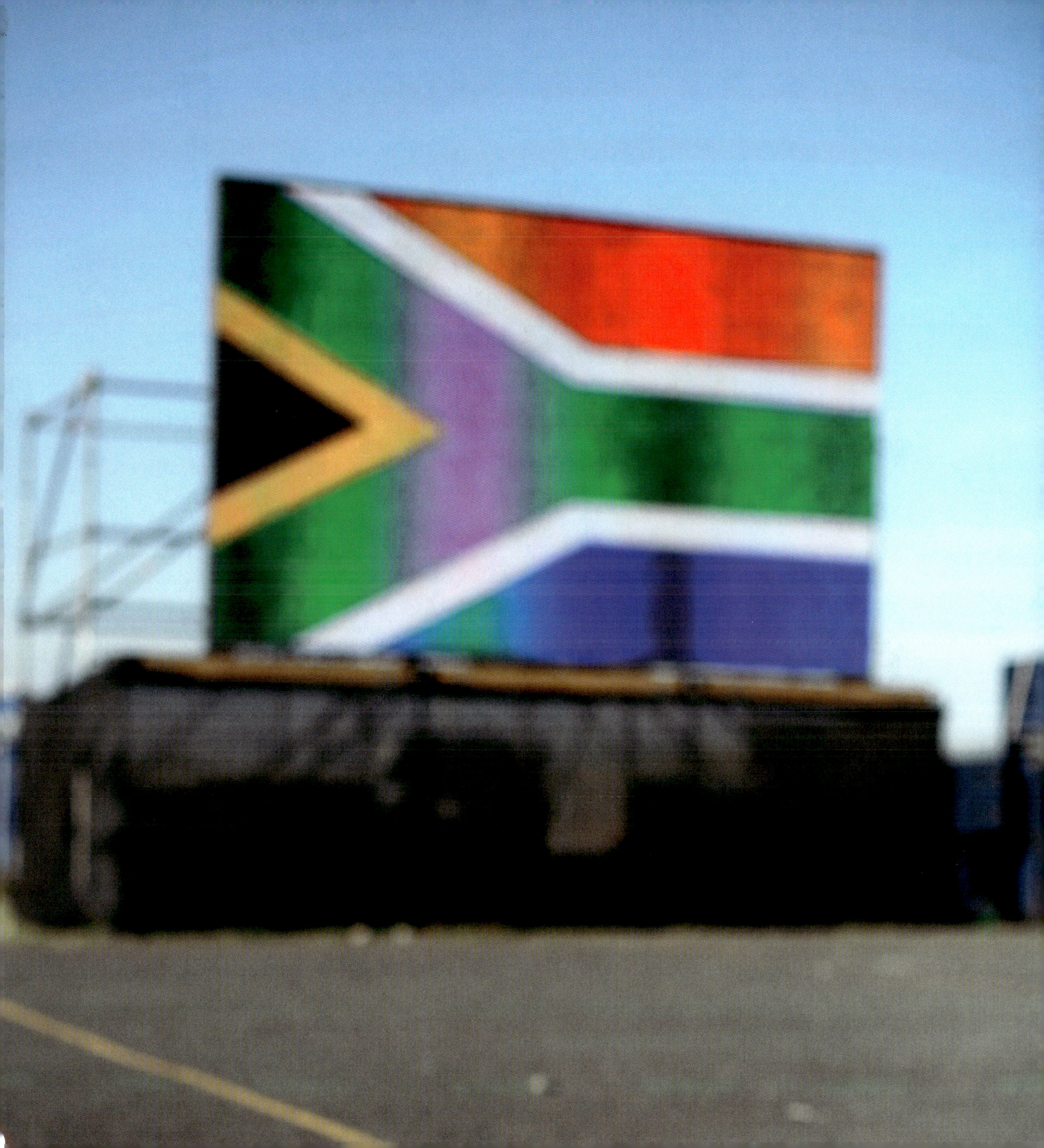

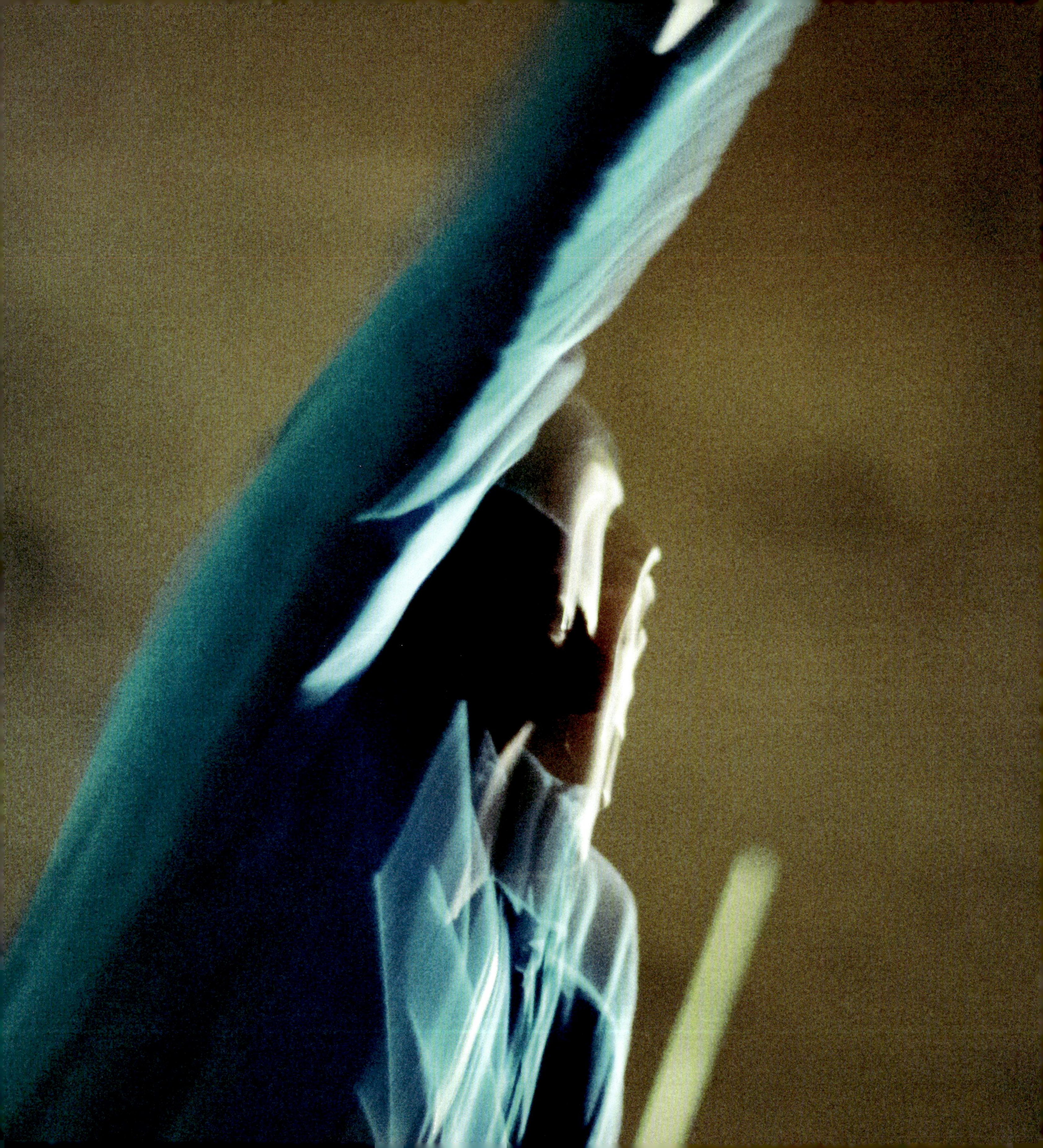

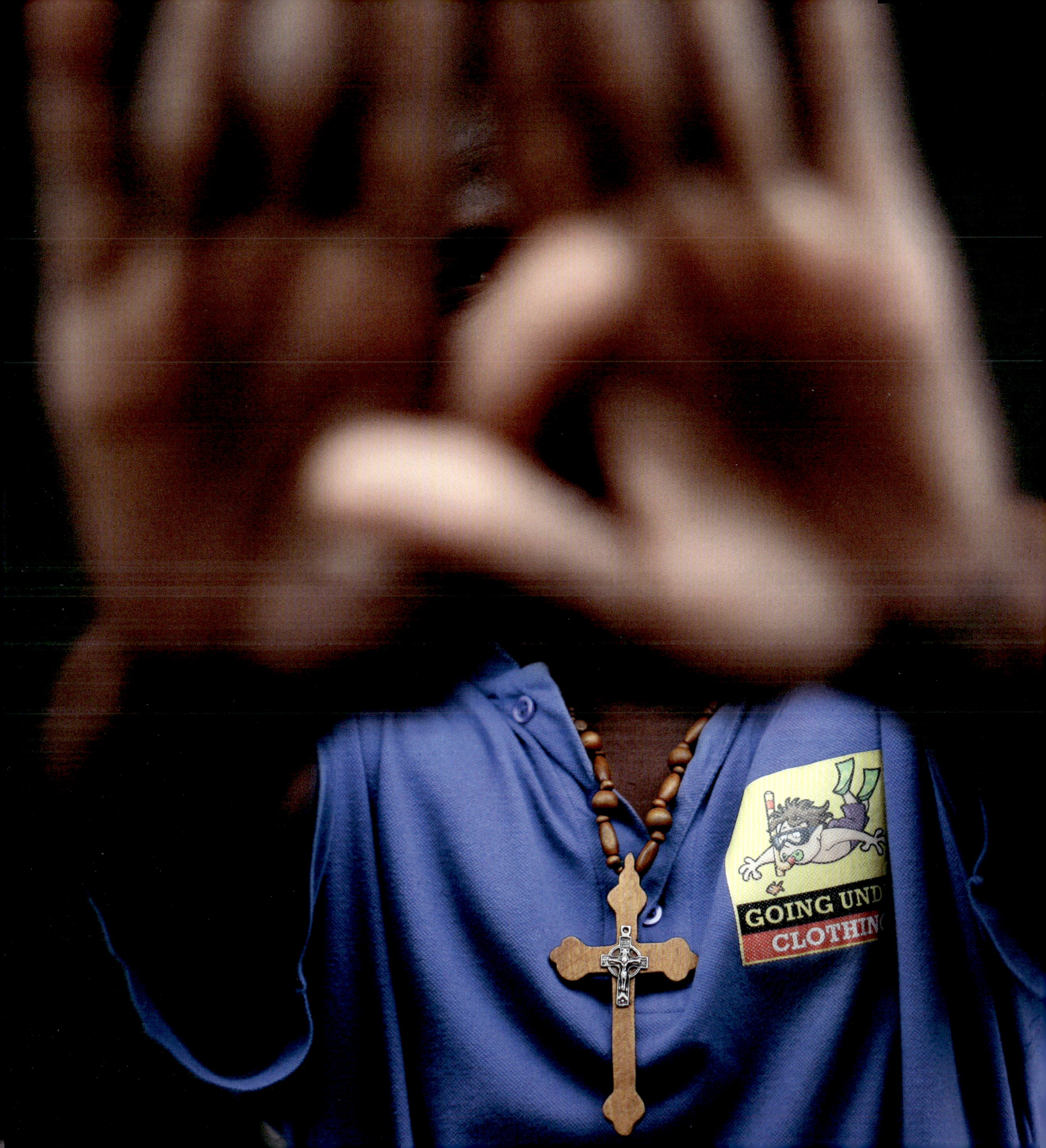
GOING

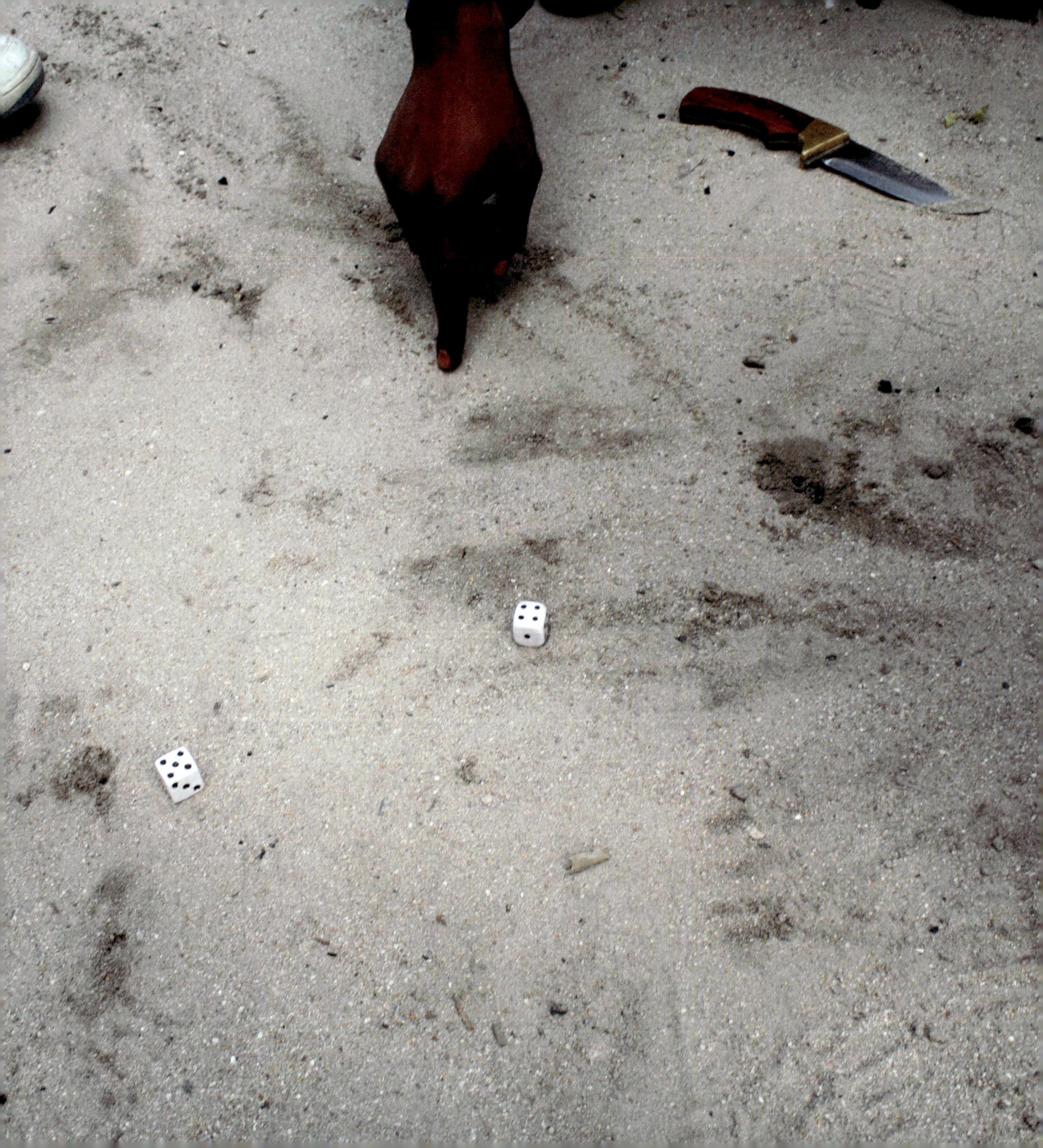

Yasser Booley

SOUTH AFRICA *at Liberty*

AFRICALIA & STICHTING KUNSTBOEK

Since it started in 2001, Africalia has formed numerous partnerships with a number of highly talented South African artists: Brett Bailey, Andries Botha, Ismail Farouk, Nicky Newman and Ramadan Suleman. Yasser Booley has recently joined this group with his work 'SOUTH AFRICA *at Liberty*'.

Apart from these partnerships on an individual scale, we have also formed links with many cultural organisations in the fields of the visual arts (VANSA), the performing arts (PANSA) and the dance world (Cultural Development Trust), as well as with a vast network of African cultural professionals (Arterial Network), whose headquarters are based in Cape Town. We have also been inspired by the specific links between certain cities and municipalities in Belgium, such as Ghent and Mangaung (Bloemfontein, Botsha Belo and Thaba 'Nchu)[1] in South Africa, to initiate a number of innovative socio-cultural projects which have borne fruit in both countries. The artwork 'Smaaklik' on Ledeberg's Centrumplein, designed by South African artist Ismail Farouk, attests to the success of these projects. Another particularly memorable project is 'Hi Hello Hallo Hoi', directed by Gerry Demol, Koen Broos and – again! – Yasser Booley. This project, seen by its creators as a 'story machine', explores the contrast between the backgrounds and world-views of children from two primary schools, one in Cape Town and the other in Ghent.

It would probably be an overstatement to claim that South Africa represents a patchwork of the entire African continent, although looking at Yasser Booley's photographic work reflecting the country's great cultural diversity, one might well think this at times. South Africa, with its plethora of different languages, cultural groups and colours, is an ideal setting for building bridges between people and between projects. From the start, the direct support that Africalia has provided to its South African partners has been conceived as a way to cooperate and network with a range of African cultural structures.

Although from 2017 onward we might well go our separate ways, we will always share a passion for culture and for creativity.

FRÉDÉRIC JACQUEMIN, *Director, Africalia*

Sinds het prille begin, in 2001, heeft Africalia talrijke samenwerkingsprojecten opgezet met vooraanstaande Zuid-Afrikaanse kunstenaars: Brett Bailey, Andries Botha, Ismail Farouk, Nicky Newman, Ramadan Suleman. Yasser Booley past perfect in dit plaatje met zijn werk 'SOUTH AFRICA *at Liberty*'.

Naast die individuele samenwerkingsprojecten, hebben we vooral banden aangeknoopt met talrijke culturele organisaties op het domein van de beeldende kunsten (VANSA), de podiumkunsten (PANSA) en de wereld van de dans (Cultural Development Trust) en met een uitgebreid netwerk van Afrikaanse professionals uit de cultuursector (Arterial Network) met Kaapstad als thuishaven. De bijzondere banden tussen een aantal steden en gemeenten van België, zoals Gent met Mangaung (Bloemfontein, Botsha Belo en Thaba 'Nchu)[1] in Zuid-Afrika, hebben ons er ook toe aangezet om innoverende socioculturele projecten te begeleiden die zowel hier als ginder vruchten hebben afgeworpen. Daarvan getuigt onder andere het kunstwerk 'Smaaklik' op het Centrumplein in Ledeberg, dat werd geconceptualiseerd door de Zuid-Afrikaanse kunstenaar Ismail Farouk. Ik herinner me ook het project 'Hi Hello Hallo Hoi' dat werd uitgevoerd door Gerry Demol, Koen Broos en – opnieuw – Yasser Booley! Dit project, dat door de auteurs als een ware verhalenmachine werd opgebouwd, kruist de verhalen en de blikken van kinderen uit twee lagere scholen, de ene in Kaapstad en de andere in Gent.

Zeggen dat Zuid-Afrika een echt patchwork van het hele Afrikaanse continent is, is ongetwijfeld een overdrijving, maar soms zou men dat wel kunnen denken als we de enorme culturele diversiteit bekijken die de foto's van Yasser Booley uitstralen. Door zijn onnoemelijk vele talen, cultuurgroepen en kleuren is Zuid-Afrika een ideale plek om bruggen te bouwen tussen mensen en tussen projecten. In zekere zin werd de directe steun die Africalia aan de Zuid-Afrikaanse partners heeft geboden altijd opgevat als een manier om in een netwerk en met een geheel van Afrikaanse culturele structuren samen te werken.

Ook al zullen we vanaf 2017 misschien andere paden bewandelen, we blijven dezelfde passie voor cultuur en creativiteit met elkaar delen.

FRÉDÉRIC JACQUEMIN, *Directeur, Africalia*

1 Ghent until recently maintained a sister bond with municipalities in South Africa. Mangaung is one of the 10 largest cities in South Africa. The city comprises three major urban centers: Bloemfontein, Botsha Belo and Thaba 'Nchu. Combined, they host 800.000 inhabitants and a geographical surface almost the size of the province of East-Flanders.

1 Gent had tot voor kort een partnerstad in Zuid-Afrika. Mangaung is één van de 10 grootste steden van Zuid-Afrika. De stad omvat drie grote stedelijke kernen: Bloemfontein, Botsha Belo en Thaba 'Nchu. Samen zijn deze goed voor 800.000 inwoners en een oppervlakte die bijna gelijk is aan de provincie Oost-Vlaanderen.

Dès ses débuts en 2001, Africalia a initié de nombreuses collaborations avec des artistes sud-africains de grande qualité : Brett Bailey, Andries Botha, Ismail Farouk, Nicky Newman et Ramadan Suleman. Yasser Booley vient s'ajouter à cette lignée avec son ouvrage "SOUTH AFRICA *at Liberty*".

Au-delà de ces collaborations individuelles, nous avons surtout tissé des liens avec de nombreuses organisations culturelles dans le domaine des arts plastiques (VANSA), des arts de la scène (PANSA), le monde de la danse (Cultural Development Trust) ainsi qu'avec un vaste réseau de professionnels de la culture africains (Arterial Network) dont le siège est basé à Cape Town. Les liens particuliers entre certaines villes et communes de Belgique dont Gand avec Mangaung (Bloemfontein, Botsha Belo et Thaba 'Nchu)[1] en Afrique du Sud nous ont aussi conduit à accompagner des projets socioculturels innovants qui ont porté leurs fruits tant ici que là-bas. L'œuvre d'art "Smaaklik" sur la Centrumplein de Ledeberg, conceptualisée par l'artiste Sud-africain Ismail Farouk, en témoigne. J'ai également le souvenir du projet "Hi Hello Hallo Hoi" mené par Gerry Demol, Koen Broos et Yasser Booley – encore lui ! Ce projet, vu par ses auteurs comme une réelle "machine à histoires", croise les histoires et les regards d'enfants de deux écoles primaires, l'une au Cap, l'autre à Gand.

Dire que l'Afrique du Sud est un réel patchwork de tout le continent africain est sans doute une figure de style excessive, mais on peut parfois le penser en contemplant les photos de Yasser Booley qui témoignent d'une très grande diversité culturelle. L'Afrique du Sud, de par la multitude des langues, des groupes et des couleurs qui la composent est un terrain idéal pour construire des ponts entre personnes et entre projets. Et d'une certaine façon, le soutien direct qu'Africalia a fourni aux partenaires d'Afrique du Sud a toujours été conçu comme une manière de coopérer en réseau et avec un ensemble des structures culturelles africaines.

Même si à partir de 2017 nous voyagerons sur différentes routes, nous partagerons toujours le même chemin de la culture et de la créativité.

FRÉDÉRIC JACQUEMIN, *Directeur, Africalia*

1 Gand était jumelée jusqu'à récemment à une ville d'Afrique du Sud. Mangaung est l'une des 10 plus grandes villes d'Afrique du Sud. La ville comprend trois grands centres urbains : Bloemfontein, Botsha Belo et Thaba 'Nchu. Ensemble, ils accueillent 800.000 habitants sur une superficie qui est quasiment égale à celle de la province de Flandre-Orientale.

Seit der Gründung im Jahr 2001 hat Africalia zahlreiche Kooperationsprojekte mit hochtalentierten Künstlern aus Südafrika durchgeführt. Dazu gehören u.a. Brett Bailey, Andries Botha, Ismail Farouk, Nicky Newman und Ramadan Suleman. Mit seiner Arbeit „SOUTH AFRICA *at Liberty*" reiht sich nun auch Yasser Booley in diese Gruppe von Künstlern ein.

Neben der Zusammenarbeit mit individuellen Künstlern entstanden im Laufe der Jahre auch partnerschaftliche Beziehungen zu kulturellen Organisationen aus dem Bereich der bildenden Künste (VANSA), der darstellenden Künste (PANSA) und des Tanzes (Cultural Development Trust) sowie zum „Arterial Network", einem großen Netzwerk afrikanischer Kulturschaffender mit Sitz in Kapstadt. Darüber hinaus gaben die freundschaftlichen Beziehungen zwischen Städten und Kommunen in Belgien und in Südafrika (z. B. zwischen Ghent und Mangaung/Bloemfontein, Botsha Belo und Thaba 'Nchu)[1] den Anstoß zu zahlreichen innovativen und sozio-kulturell ausgerichteten Projekten, die in beiden Ländern Früchte getragen haben. Als herausragende Beispiele für den Erfolg dieser Projekte seien hier die von dem südafrikanischen Künstler Ismail Farouk entworfene Installation „Smaaklik" auf dem Centrumplein in Ledeberg genannt sowie „Hello Hi Hallo Hai", ein Projekt, das nicht nur von Gerry Demol und Koen Broos, sondern auch von Yasser Booley entwickelt wurde. Von den Künstlern als „Story Machine" konzipiert, werden hier die unterschiedlichen Hintergründe und Weltanschauungen von Grundschul-Kindern aus Kapstadt und Ghent erforscht.

Es würde wahrscheinlich zu weit gehen, Südafrika als Land zu bezeichnen, das die vielfältigen Aspekte des gesamten afrikanischen Kontinents repräsentiert, doch angesichts von Yasser Booleys fotografischem Werk, in dem sich die große kulturelle Vielfalt des Landes wiederfindet, könnte man fast zu einem solchen Schluss kommen. Mit seiner Sprachenvielfalt, den zahlreichen kulturellen Gruppen und Strömungen bietet Südafrika ein ideales Umfeld, um Brücken zwischen Menschen und Projekten zu schlagen. Von Beginn an haben wir die direkte Förderung der Arbeit unserer südafrikanischen Partner als einen erfolgversprechenden Weg verstanden, mit unterschiedlich strukturierten Kulturverbänden in Afrika zusammenzuarbeiten.

Obwohl sich unsere Wege im Jahr 2017 trennen werden, bleiben wir verbunden in unserer gemeinsamen Leidenschaft für Kultur und Kreativität.

FRÉDÉRIC JACQUEMIN, *Direktor, Africalia*

1 Bis vor kurzem unterhielt Ghent Partnerschaften mit Kommunen in Südafrika. Mangaung gehört zu den zehn größten Städten Südafrikas und besteht aus drei großen urbanen Zentren : Bloemfontein, Botshabelo und Thaba 'Nchu, die zusammengenommen 800.000 Einwohner haben und flächenmäßig fast so groß sind wie Ostflandern.

Acknowledgments by the author:
With tremendous gratitude to my guide and teacher Shaykh Abdalqadir as-Sufi, the one who taught me that 'The Sufi is the Slave of the Moment', and to only have the highest expectations of the creation and its Creator.
An un-payable debt is owed to my companion, my pillar of support, my movement in time of stillness, and my stillness in times of movement, my biggest supporter, my wife Khayra Redpath Booley.
This book has been actualised as the fruit of a long relationship with Bjorn Maes, involving late night coffees consistent 'meetings' over 12 years and Bjorn's belief in my work, his energy to share this with others, especially the decision makers at Africalia.

Remerciements de l'auteur:
J'exprime mon immense gratitude à mon guide et professeur Shaykh Abdalqadir as-Sufi, qui m'a appris que "Le soufi est l'esclave du moment" et de toujours attendre le maximum de la création et de son Créateur.
J'ai une dette éternelle envers ma compagne, mon pilier, mon mouvement par temps calme, mon calme par temps mouvementé, mon plus grand soutien, mon épouse Khayra Redpath Booley.
Cet ouvrage a vu le jour grâce à ma longue relation avec Bjorn Maes, agrémentée pendant 12 années de "réunions" constructives, arrosées de cafés jusque tard dans la nuit, et grâce à la confiance de Bjorn dans mon travail et à l'énergie qu'il a consacrée à le faire connaître aux autres, notamment aux décideurs d'Africalia.

Dankwoord van de auteur:
Mijn enorme dankbaarheid gaat uit naar mijn gids en leraar Shaykh Abdalqadir as-Sufi, die mij heeft geleerd dat 'de soefi de slaaf van het ogenblik' is en enkel de hoogste verwachtingen te koesteren van de schepping en haar Schepper.
Daarnaast ben ik veel dank verschuldigd aan mijn partner, mijn steun en toeverlaat, mijn beweging in tijden van rust en mijn rustpunt in tijden van beweging, mijn grootste voorvechtster, mijn echtgenote Khayra Redpath Booley.
Dit boek is het resultaat van een lange relatie met Bjorn Maes, met vele nachtelijke kopjes koffie en 12 jaar van ontmoetingen. Het is er gekomen omdat Bjorn gelooft in mijn werk en dankzij zijn energie om die overtuiging met anderen te delen, in het bijzonder de beleidsverantwoordelijken van Africalia.

Danksagung des Autors:
In tiefer Dankbarkeit für meinen geistlichen Führer und Lehrer Shaykh Abdalqadir as-Sufi, der mich lehrte, dass „der Sufi der Sklave des Augenblicks ist" und dass man von der Schöpfung und dem Schöpfer nur das Beste erwarten sollte.
Mein ganz besonderer Dank geht an meine Lebensgefährtin und Frau Khayra Redpath Booley, die mich stets auf einzigartige und unbezahlbare Weise unterstützt, die mir in Zeiten des Stillstands den Weg zeigt und die im Sturm mein Fels in der Brandung ist.
Dieses Buch ist das Ergebnis einer langjährigen und vertrauensvollen Zusammenarbeit mit Bjorn Maes, der stets an meine Arbeit geglaubt hat und während unserer über zwölf Jahre hinweg stattfindenden „Arbeitstreffen" unzählige nächtliche Tassen Kaffee mit mir teilte. Ohne seinen Enthusiasmus, seine Bereitschaft diesen zu kommunizieren und so insbesondere die Entscheidungsträger bei Africalia zu überzeugen, wäre dieses Buch nicht zustande gekommen.

CONTENT / INHOUD / SOMMAIRE / INHALT

BOOLEY'S UBUNTU: PHOTOGRAPHY AS A SENSE OF BELONGING

To fully appreciate the photographic work of Yasser Booley, one needs to have a basic grasp of the historical role of photography in South Africa. Prior to the democratic elections in 1994, photography primarily had a journalistic and political role to play. Its most urgent function was to document the struggle against apartheid, to inform the rest of the world about what was happening in South Africa. At the same time it was used by state-controlled news agencies as a tool of propaganda. From the earliest days, photography in South Africa has also played a role in classifying people according to tribe and race, as a device used to categorise and exploit.

During the era of apartheid there were very clear battle lines. It was easy to assume a moral position. Most photographic documentary work made during this period was in black and white, reflecting the unambiguous political situation. Growing up during this period was dire. There were cultural boycotts – no international artists visited us. We were isolated in what felt like a wasteland, considered pariahs by the rest of the world.

Then, in 1990, Nelson Mandela was released. It took four troubled years for him to be elected president, during which time the country went up in flames. Then, in 1994, South Africa became a democracy. Overnight we went from a police state to a free state. The oppressive systems of control were gone and there was an anarchic period before new ones replaced them. The energy and goodwill were immense. There was a sense of relief, after years of discord, that we had managed the transition to a democracy without having to go through a full-scale civil war.

Enter into this post-1994 euphoria a vegetarian restaurant/bar on Long Street in Cape Town called *Lola's*. Owned by a couple, Alan and Russel, it stayed open late at night for drinks and opened early for breakfast – or beer, if you were a leftover from the previous night. It was a space where, at any given moment, you would find transgender waiters, Muslim hipsters, art school students, Rastafarians, bohemian types, gangsters, rave queens, street children, trance party casualties. It was a complete menagerie of

BOOLEY'S UBUNTU: FOTOGRAFIE ALS THUISKOMEN

Het fotografische werk van Yasser Booley laat zich slechts helemaal doorgronden als je min of meer begrijpt welke rol de fotografie in de geschiedenis van Zuid-Afrika heeft gespeeld. Vóór de democratische verkiezingen van 1994 was fotografie voornamelijk journalistiek en politiek. Haar belangrijkste functie was de strijd tegen apartheid documenteren, om de rest van de wereld te informeren over wat er gebeurde in Zuid-Afrika. Tegelijkertijd gebruikten de nieuwsagentschappen onder staatscontrole foto's als een propaganda-instrument. Vanaf de vroegste jaren speelde de fotografie in Zuid-Afrika ook een rol bij de classificatie van mensen volgens stam en ras, als een hulpmiddel bij de categorisatie en exploitatie.

In het tijdperk van apartheid was de strijd heel duidelijk. Je kon gemakkelijk een morele positie innemen. Het meeste fotografische werk uit die periode is in zwart-wit, een weerspiegeling van de ondubbelzinnige politieke situatie. In die tijd opgroeien was verschrikkelijk. Er waren culturele boycots : internationale kunstenaars bezochten ons niet. We waren geïsoleerd in wat aanvoelde als een woestenij, paria's in de ogen van de rest van de wereld.

Tot in 1990 Nelson Mandela vrij kwam. Het duurde vier woelige jaren tot hij als president werd verkozen. Tijdens die vier jaar stond het land in brand, maar in 1994 werd Zuid-Afrika een democratie. Van de ene dag op de andere waren we plotseling geen politiestaat meer, maar een vrij land. Het onderdrukkende controlesysteem was weg en tot er nieuwe systemen kwamen, brak een anarchistische periode aan. Energie en goede bedoelingen waren er in overvloed. We voelden opluchting omdat we na jarenlange twist de overgang hadden gemaakt naar een democratie zonder in een verschrikkelijke burgeroorlog te verzinken.

Te midden van deze post-1994 eufori rees *Lola's* op, een vegetarische taverne in Long Street in Kaapstad. De eigenaars, een koppel genaamd Alan en Russel, hielden de bar 's nachts laat open voor de drankjes en openden vroeg voor het ontbijt – of bier, als je een overblijfsel van de vorige avond was. Op elk moment van de dag vond je er transgender obers, moslim hipsters, studenten van de kunstschool, Rastafari, bohemiens, gangster types, rave koninginnen,

L'UBUNTU DE BOOLEY: LA PHOTOGRAPHIE COMME SENTIMENT D'APPARTENANCE

Pour apprécier pleinement le travail de Yasser Booley, il faut saisir un tant soit peu le rôle historique de la photographie en Afrique du Sud. Avant les élections démocratiques de 1994, la photographie avait avant tout un rôle journalistique et politique à jouer. Sa fonction la plus pressante était de documenter la lutte contre l'apartheid, d'informer le reste du monde de ce qui se passait dans le pays. En même temps, elle était utilisée comme moyen de propagande par des agences de presse aux mains de l'État. Dès le début, la photographie en Afrique du Sud a aussi servi d'instrument destiné à classifier les gens selon leur tribu et leur race, à les catégoriser et à les exploiter.

À l'époque de l'apartheid, les lignes de bataille étaient très claires. Prendre une position morale était chose aisée. La plupart des travaux documentaires photographiques produits durant cette période étaient en noir et blanc et reflétaient sans ambiguïté la situation politique. Grandir pendant cette période était horrible. Le pays était soumis à des boycotts culturels : aucun artiste international ne nous rendait visite. Nous étions isolés, égarés en plein désert, considérés comme des parias par le reste du monde.

Puis, est venue la libération de Nelson Mandela en 1990. Avant son élection à la présidence, le pays a traversé quatre années de troubles et d'embrasement. En 1994, l'Afrique du Sud est devenue une démocratie. Du jour au lendemain, l'État policier s'est mué en État libre. L'oppression et le contrôle ont disparu et nous avons connu une période d'anarchie avant la mise en place des nouveaux systèmes. Nous débordions d'énergie et de bonne volonté. Après des années de discorde, nous avons été soulagés d'avoir réussi à opérer la transition démocratique, sans verser dans une guerre civile totale.

Dans l'euphorie de l'après-1994, un bar-restaurant végétarien, le *Lola's*, a vu le jour sur Long Street au Cap. Le couple de tenanciers, Alan et Russel, fermait tard pour abreuver les noctambules et ouvrait tôt pour servir des petits-déjeuners... ou de la bière aux fêtards de la veille. À tout moment, on pouvait y croiser des serveurs transgenres, des hipsters musulmans, des étudiants en art, des rastas, des bobos, des gangsters, des "rave queens", des enfants des rues ou encore des

BOOLEYS UBUNTU: FOTOGRAFIE ALS AUSDRUCKSMITTEL VON ZUGEHÖRIGKEIT

Um das fotografische Werk von Yasser Booley entsprechend würdigen zu können, muss man zunächst kurz auf die historische Bedeutung der Fotografie in Südafrika eingehen : Vor den demokratischen Wahlen im Jahr 1994 spielte Fotografie vorwiegend eine journalistische und politische Rolle. Ihre vorrangige Funktion lag in der Dokumentation des Anti-Apartheid Kampfes, darin, den Rest der Welt darüber zu informieren, was in Südafrika geschah. Gleichzeitig wurde sie von den unter staatlicher Kontrolle stehenden Nachrichtenagenturen als Propagandamedium genutzt. Von Beginn an wurde Fotografie in Südafrika dazu eingesetzt, um Menschen auf der Basis von Stammeszugehörigkeit und Rasse zu klassifizieren, als Mittel der Kategorisierung und Ausbeutung.

Während der Apartheid waren die Fronten klar definiert und es war einfach, eine moralische Position einzunehmen. Der Großteil der damals entstandenen Dokumentarfotografie war schwarz-weiß und spiegelte die politische Situation wider. Wer in dieser Zeit aufwuchs, hatte es schwer : Es war die Zeit des Kulturboykotts, in der internationale Künstler das Land mieden. Man fühlte sich wie in einer kulturellen Wüste, isoliert und ausgestoßen vom Rest der Welt.

Dann wurde Nelson Mandela im Jahr 1990 aus der Haft entlassen. Nach vier Jahren der Unruhe, während derer das Land in Flammen stand, wurde er schließlich zum Präsidenten gewählt und im Jahr 1994 wurde Südafrika eine Demokratie. Das Land verwandelte sich praktisch über Nacht vom Polizeistaat zur freien Gesellschaft. Das Verschwinden der unterdrückerischen Kontrollsysteme resultierte zunächst in einer Phase der Anarchie, bevor die alten Strukturen durch demokratische Organe ersetzt werden konnten. Es war eine energiegeladene Zeit, geprägt von intensiven Bestrebungen, eine neue Gesellschaft zu errichten. Nach Jahren der Auseinandersetzungen fühlte man sich erleichtert, den Übergang zur Demokratie geschafft zu haben, ohne einen erbitterten Bürgerkrieg durchlebt haben zu müssen.

Inmitten dieser euphorischen Aufbruchsstimmung wurde ein vegetarisches Restaurant mit Bar namens *Lola's* auf Kapstadts Long Street eröffnet. Man konnte dort bis spät in die Nacht Drinks und

peripherals with fluid gender, sexual and cultural boundaries. It had a feeling of abandon and unrestrained freedom.

One of *Lola's* most dedicated regulars was Yasser. Always looking dapper with a cigarette (or something resembling a cigarette), a coffee and his camera, sitting at a table outside on the pavement. Soaking up the heady atmosphere, immersing himself in the hybridised subcultural soup. At first he made pictures purely as a way of finding himself in this new space. Photography gave Yasser, a boy from the conservative Muslim community of the Bo-Kaap, an excuse to go out and explore the world. It satisfied his wanderlust. And he found his tribe at a café on the corner of Long Street and Buiten Street.

Yasser did not seem constrained by working in any particular mode. Colour, black and white, cross-processing, film, slide, digital, 35mm, medium format – as in the initial post-1994 period, anything and everything was acceptable. Why limit yourself? The most important part of the photographic process for Yasser, it seemed to me, was a sense of belonging. The act of photographing makes him feel part of something bigger – a community, a fraternity. And back then, he was making pictures to see where he fitted into this new order. After living for years in a repressive regime where everything was mediated and controlled, Yasser wanted to see more.

But what comes up must come down. The post-revolutionary hedonism of Long Street, at first celebratory, became nihilistic. And the '1994 euphoria' came to an end. And so did *Lola's* Cafe. We grew up and became more cynical. Those of us who lived through this liberating moment and enjoyed, however briefly, its anarchic freedom, were forever touched by it.

I have maintained contact with Yasser through all these years, watching him move from making pictures purely for himself to working with confidence for newspapers and NGOs. Throughout this transition the style and tone of his pictures hardly changed. What amazes me is that he still makes pictures for the same reason he started out. In an era when photography has become preoccupied with

straatkinderen, en de zombies van een uitgelopen trance feestje. Het was een zootje randgevallen van onbestemde kunne en zonder seksuele of culturele grenzen. Er hing een sfeer van losbandigheid en onbegrensde vrijheid.

Een van *Lola's* meest toegewijde habitués was Yasser. Altijd hip, met een sigaret (of iets dat erop leek), koffie en zijn camera. Hij zat aan een tafeltje buiten, op het trottoir. De onstuimige sfeer absorberend dompelde hij zich onder in de hybride soep van subculturen. Eerst maakte hij foto's om zichzelf terug te vinden in deze nieuwe ruimte. De fotografie gaf Yasser, een jongen uit de conservatieve moslimgemeenschap van de Bo-Kaap, een excuus om de wereld te verkennen. Ze was een antwoord op zijn rusteloosheid, zijn *wanderlust*. Zijn clan vond hij in een café op de hoek van Langstraat en Buitenstraat.

Yasser liet zich niet door een bepaalde werkwijze in een keurslijf proppen. Kleur, zwart-wit, gemengde ontwikkelingsmethodes, film, dia's, digitaal, 35 mm, medium formaat – net als in de eerste dagen na 1994 was werkelijk alles mogelijk. Waarom zou je jezelf beperken? Ik had de indruk dat het belangrijkste aspect van fotografie voor Yasser het gevoel was ergens thuis te horen. Het fotograferen zelf gaf hem het gevoel deel uit te maken van een groter geheel – een gemeenschap, een broederschap. Toen maakte hij foto's om te zien waar in die nieuwe orde zijn plekje was. Hij had jaren onder een repressief regime geleefd waar alles gemedieerd en gecontroleerd werd. Yasser wilde meer zien.

Maar mooie liedjes duren nooit lang. Het post-revolutionaire hedonisme van Long Street, aanvankelijk zo feestelijk, werd nihilistisch. De 'euforie van 1994' was voorbij. Net als *Lola's* Café. We werden volwassen en cynisch. Zij die dit moment van bevrijding hadden meegemaakt en er – hoe kortstondig ook – van hadden genoten, zouden het voor altijd met zich meedragen.

Ik heb al die jaren contact gehouden met Yasser. Ik zag hoe hij van iemand die puur voor zichzelf foto's maakte, veranderde in iemand die zijn werk met zelfvertrouwen ten dienste stelde van kranten en NGO's. Deze overgang veranderde nauwelijks iets aan de stijl en de toon van zijn foto's. Wat me verwondert, is dat hij nog

victimes des "trance parties". Une "ménagerie" complète de marginaux baignant dans un mélange de genres, d'orientations sexuelles et de cultures aux frontières floues. Il flottait un sentiment d'abandon et de liberté sans limites.

Yasser était l'un des principaux habitués du *Lola's*. Toujours élégant, il s'asseyait à une table en terrasse avec sa cigarette (ou quelque chose de ressemblant), son café et son appareil photo. Plongé dans l'atmosphère grisante, il s'immergeait dans le bouillon hybride de la sous-culture. Au début, il faisait des photos simplement, comme pour trouver sa place dans ce nouvel espace. La photographie a donné à Yasser, enfant issu de la communauté musulmane conservatrice de Bo-Kaap, une excuse pour sortir et explorer le monde. Elle a satisfait sa soif de voyage. Et il a trouvé sa tribu dans un café situé à l'angle de Long Street et Buiten Street.

Yasser semblait ne s'être fixé aucune limite dans son travail. Couleur, noir et blanc, développement croisé, film, diapo, numérique, 35 mm, moyen format, comme au début de l'après-1994, tout et n'importe quoi était acceptable. Pourquoi se limiter? Selon moi, le plus important du processus photographique de Yasser était le sentiment d'appartenance. L'acte de photographier l'a fait participer à quelque chose de plus grand : une communauté, une fraternité. Au début, il faisait des photos, comme pour trouver sa place dans ce nouvel espace. Après avoir vécu durant des années dans un régime répressif où tout était maîtrisé et contrôlé, Yasser voulait voir davantage.

Mais tout ce qui monte finit par redescendre. L'hédonisme postrévolutionnaire de Long Street, d'abord festif, s'est mué en nihilisme. L'"euphorie de 1994" a disparu. Et le café *Lola's* avec elle. Nous avons grandi et nous sommes devenus plus cyniques. Ceux d'entre nous qui ont connu ce moment de libération et joui – même brièvement – de cette liberté anarchique, ont été marqués à jamais.

Je suis resté en contact avec Yasser tout au long de ces années. Je l'ai vu prendre des clichés simplement pour lui, puis gagner en assurance en travaillant pour des journaux et des ONG. Le style et le ton

frühmorgens schon wieder ein Frühstück bekommen – oder auch ein Bier, wenn die Nacht besonders lang geworden war. Es war ein Ort, wo man zu jeder Zeit transgender Servicekräfte, muslimische Hipsters, Kunststudenten, Rastafari, Lebenskünstler, Gangster, Rave Queens, Straßenkinder und die von der letzten Trance Party Übriggebliebenen antraf. Eine bunte Mischung von Menschen am Rande der Gesellschaft, wo die Grenzen zwischen den Geschlechtern und Kulturen verwischten. Es herrschte ein Gefühl von Hemmungslosigkeit und absoluter Freiheit.

Yasser gehörte zu den treuesten Stammgästen des *Lola's*. Stets elegant gekleidet und eine Zigarette (oder etwas ähnlich Aussehendes) in der Hand haltend saß er mit einem Kaffee und seiner Kamera an einem Tisch draußen auf dem Bürgersteig und sog die faszinierende Atmosphäre in sich auf, tauchte ein in diesen hybriden, subkulturellen Mix. Zunächst diente ihm die Fotografie lediglich als Mittel, seinen Platz in diesem neu entstandenen Raum zu finden. Die Fotografie gab dem Jungen aus der konservativen muslimischen Gemeinde von Bo-Kaap einen Grund, hinauszugehen und die Welt zu erforschen. Sie befriedigte seinen Entdeckergeist und führte ihn schließlich zu seinem „Tribe" in einem Café auf der Ecke von Long Street und Buiten Street.

Yasser ließ sich nicht von irgendeiner bestimmten Arbeitsmethode einengen. Farbe, Schwarz-Weiß, Crossentwicklung, Film, Dia, digital, 35 mm, Mittelformat – wie in den ersten Jahren nach 1994 war auch hier einfach alles möglich. Warum sich beschränken? Mir schien es, als ob für Yasser das Gefühl der Zugehörigkeit der wichtigste Teil des fotografischen Prozesses war. Der Akt des Fotografierens vermittelte ihm das Gefühl zu einem größeren Ganzen zu gehören, einer Gemeinschaft oder Bruderschaft. Damals machte er Bilder, um herauszufinden, wo sein Platz in dieser neuen Ordnung war. Nachdem er jahrelang unter einem repressiven Regime gelebt hatte, unter dem alles streng kontrolliert war, wollte Yasser jetzt die Welt entdecken.

Doch die Zeit der Unbeschwertheit sollte nicht von Dauer sein. Der zunächst fröhliche, post-revolutionäre Hedonismus der Long Street wich einer zusehends nihilistischer werdenden Stimmung. Die Euphorie von 1994 verschwand und mit ihr auch *Lola's* Café.

questioning its own veracity, it is refreshing to still find practitioners who photograph purely for the joy of looking at the world, with a truly humanistic and sympathetic eye. Yasser's voice is an authentic one. He genuinely loves people. He loves Cape Town. He loves his community – a very, very large one! This monograph has been a long time in the making. What you see here is Yasser's world. And it is a world filled with affection, togetherness, brotherhood, sisterhood and unity. I feel proud to be part of his world.

PIETER HUGO, *photographer*

steeds fotografeert om dezelfde reden als toen hij ermee begon. In een tijdperk waarin de fotografie geplaagd wordt door twijfels over haar eigen waarheidsgetrouwheid, is het verfrissend om fotografen te kennen die hun vak nog altijd uitoefenen omwille van het plezier dat ze beleven aan het kijken naar de wereld met een waarachtig humanistisch en sympathiserend oog. Yassers stem is authentiek, zijn liefde voor mensen oprecht. Hij houdt van Kaapstad. Hij houdt van zijn gemeenschap, en die is heel groot! Deze monografie is al lang op til. Wat je ziet is Yassers wereld. Een wereld vol affectie, samenhorigheid, broederschap, zusterschap en eenheid. Ik ben trots er deel van uit te maken.

PIETER HUGO, *fotograaf*

de ses photos n'ont guère changé pendant cette période de transition. Ce qui me sidère, c'est qu'il continue à prendre des photos pour la même raison qu'à ses débuts. À une époque où la photographie remet en question sa propre véracité, il est rafraîchissant de trouver encore des professionnels mus par le simple plaisir de regarder le monde, d'un œil vraiment humaniste et sympathique. La voix de Yasser est authentique. Il aime authentiquement les gens. Il aime Le Cap. Il aime sa communauté, qui est très, très grande ! Cette monographie a constitué un travail de longue haleine. Elle vous présente le monde de Yasser. Un monde plein d'affection, de vivre ensemble, de fraternité et d'unité. Je suis fier de faire partie de son monde.

PIETER HUGO, *photographe*

Man wurde erwachsen und zynischer. Doch diejenigen unter uns, die, wenn auch vielleicht nur kurz, die Zeit der Befreiung – dieses anarchistische Gefühl der Freiheit – erlebt und genossen hatten, sind davon für immer geprägt.

In all diesen Jahren blieb ich mit Yasser in Verbindung und konnte beobachten, wie er sich von jemandem, der nur für sich selbst Bilder machte zu einem selbstbewussten Fotografen entwickelte, der für Zeitungen und Organisationen arbeitete. Durch diese Transformation haben sich jedoch der Stil und die Sprache seiner Bilder kaum verändert. In einer Zeit, in der die Fotografie hauptsächlich damit beschäftigt ist, ihre eigene Wahrhaftigkeit zu hinterfragen, ist es erfrischend, Fotografen zu sehen, deren Bilder allein durch die Freude am Sehen, durch ein wahrhaft humanistisches und verständnisvolles Auge geprägt sind. Yassers Sprache ist authentisch. Er liebt die Menschen. Er liebt Kapstadt. Er liebt seine Community und die ist in der Tat sehr groß. Es hat lange gedauert, bis diese Monographie zustande kam. Was Sie hier sehen, ist Yassers Welt: Eine Welt geprägt von Zuneigung, Zusammengehörigkeit, Brüderlichkeit, Schwesterlichkeit und Einheit. Ich bin stolz darauf, ein Teil dieser Welt zu sein.

PIETER HUGO, *Fotograf*

OBSERVING LIVES AND CRAFTING COMMUNITY – REFLECTIONS ON THE PHOTOGRAPHY OF YASSER BOOLEY

In 1993, when Booley started producing photographs, it was the eve of what was called the 'new' South Africa. Some of his earlier photographs reflect the symbols and sentiments of this moment, the excitement and anticipation of the populace. Most of his later photographs, however, have little to do with spectacular moments. The later photographs are sober and intimate observations of ordinary people, mainly on the periphery, going about their ordinary lives. The images serve as testimonies to the differentiated lives and times that exist in this city and country, while also highlighting the rituals and enactments that ordinary people participate in, including the photographer, in the constitution of the family, the community and the nation (and the boundaries thereof). To a certain extent, Booley's documentary poetics (and his concerns with social conditions) are evocative of some of the Afrapix photographers.[1]

Many of the images here were produced in public, shared spaces. As a result, Booley could also be classified as a street photographer, straddling and complicating the lines between self and other, producer and spectator, privacy and exposure, and between catching and constituting moments. The images, many of which are part of larger bodies of work, also give clues to moments of suspension and unresolvedness between those photographed and their social environments. Even when the moment is fleeting and the 'subject' or context is obscure, there are traces about social class and position. Look, for instance, at the image with a group of men on the beach, perhaps catching the last sun. The encroaching apartment blocks in the background look impenetrable. There is something in this image, perhaps in the body language of the men, which signals that they do not 'belong' there.

In many cases, those photographed often do not have private and comfortable spaces to speak of, to play and love in, to imagine and dream in, and sometimes just to rest in. The private moments

1 The collective and agency Afrapix, active between 1982 and 1991, is credited with playing a seminal role in the development of a socially informed school of documentary photography in apartheid South Africa. For some accounts on Afrapix, see http://www.sahistory.org.za/topic/afrapix-timeline-1978-1991 and Hayes, P. 'Power, Secrecy, Proximity: A Short History of South African Photography', in *Kronos*, vol. 33, November 2007, pp139-162.

OBSERVATIES VAN HET LEVEN EN BOUWEN AAN DE GEMEENSCHAP – REFLECTIES OVER DE FOTOGRAFIE VAN YASSER BOOLEY

1993, toen Booley foto's begon te maken, was de vooravond van het zogenaamde 'nieuwe' Zuid-Afrika. Een deel van zijn vroege werk weerspiegelt de symbolen en het gevoel van dat moment, de opwinding en verwachtingen van het gewone volk. Het merendeel van zijn latere foto's hebben echter weinig te maken met spectaculaire momenten. Het zijn eenvoudige en intieme observaties van alledaagse mensen, vooral in de marge, in de weer met hun alledaagse leven. De beelden doen dienst als getuigen van de versnipperde levens en tijden in Kaapstad en dit land en zetten de handelingen van gewone mensen in de verf – die van de fotograaf inbegrepen – die horen bij het bouwen aan familie, gemeenschap en de natie (en de grenzen daartussen). In zekere zin doet de documentaire poëzie (en de bezorgdheid om sociale omstandigheden) van Booley aan de Afrapix fotografen denken.[1]

Veel van deze beelden werden gemaakt in de openbare ruimte en op publieke plaatsen. Booley kan daarom ook worden ondergebracht bij de straatfotografen; op de vage lijnen tussen zichzelf en de ander is het onbeslist of hij het moment vastlegt dan wel construeert. De beelden, die vaak deel uitmaken van een groter geheel, tonen momenten waarin de onderwerpen hangend en onopgelost zijn in hun sociale omgeving. Zelfs wanneer het moment vluchtig is, het 'onderwerp' of de context onduidelijk, zijn er sporen van sociale klasse en status. Zoals bijvoorbeeld in het beeld van een groep mannen op het strand. Misschien pikken ze de laatste zonnestralen mee. De oprukkende appartementsgebouwen op de achtergrond lijken ondoordringbaar. Iets in dit beeld, misschien is het de lichaamstaal van de mannen, verraadt dat zij hier niet thuishoren.

In veel gevallen hebben de mensen op de foto's geen comfortabele of private plaats die naam waardig. Geen plekje om in lief te hebben, in te fantaseren en te dromen of zelfs maar uit te rusten. De privémomenten die Booley 'vangt' doen zich vaak voor in de openbare ruimte. Kijk nog eens, nu naar de arbeiders op de stoep

1 Het collectief agentschap Afrapix, actief tussen 1982 en 1991, legde de kiemen voor de ontwikkeling van een sociaal geëngageerde school voor verslaggevende fotografie ten tijde van het apartheidsregime in Zuid-Afrika. Een deel van het verhaal van Afrapix vindt u op http://www.sahistory.org.za/topic/afrapix-timeline-1978-1991 en in Hayes, P. 'Power, Secrecy, Proximity: A Short History of South African Photography', in *Kronos*, vol. 33, november 2007, pp.139-162.

L'OBSERVATION DE LA VIE ET DU MONDE DES CRÉATEURS – RÉFLEXIONS SUR LA PHOTOGRAPHIE DE YASSER BOOLEY

En 1993, lorsque Booley a commencé à réaliser des photos, nous étions à la veille de ce que l'on a appelé la "nouvelle" Afrique du Sud. Certains de ses premiers travaux reflètent les symboles et les sentiments de ce moment, l'enthousiasme et l'impatience de la population. Mais par la suite, la plupart de ses photos n'ont plus grand-chose à voir avec des moments enivrants. Ces photos plus tardives sont des observations sobres et intimes de gens ordinaires, notamment de la banlieue, dans leur vie ordinaire. Les images sont le témoignage des différentes vies et époques qui existent dans cette ville et ce pays, tout en soulignant les rites et les événements auxquels participent les gens ordinaires – y compris le photographe – dans la constitution de la famille, de la communauté et de la nation (et des frontières entre elles). Dans une certaine mesure, la poétique documentaire de Booley (et ses préoccupations pour les conditions sociales) évoque certains photographes d'Afrapix.[1]

Beaucoup de clichés ont été pris dans des espaces publics, des lieux partagés. C'est pourquoi Booley peut également être considéré comme un photographe de rue, qui chevauche et embrouille les lignes entre lui et les autres, entre le réalisateur et le spectateur, l'intimité et l'exposition, les moments de capture et de constitution. Les photos, qui pour beaucoup font partie de travaux plus importants, donnent aussi des indices sur des moments de suspension et d'irrésolution entre les sujets et leur environnement social. Même lorsque le moment est fugace et le "sujet" ou le contexte est obscur, on observe des traces de classes et de positions sociales. Voyez, par exemple, le cliché présentant un groupe d'hommes sur la plage, profitant peut-être des derniers rayons de soleil. À l'arrière-plan, les immeubles à appartements envahissants semblent impénétrables. Quelque chose dans cet instantané, peut-être dans le langage corporel des hommes, indique qu'ils n'"appartiennent" pas à l'endroit.

Dans bien des cas, les sujets des photos n'ont pas d'espaces privés et confortables pour s'exprimer, jouer et s'aimer, imaginer et rêver, et parfois simplement se reposer. Les moments privés "saisis" par Booley se situent

1 Le collectif / l'agence Afrapix, actif entre 1982 et 1991, est connu pour avoir joué un rôle crucial dans la création d'une école de photographie documentaire axée sur le social dans l'Afrique du Sud de l'apartheid. Pour certaines informations sur Afrapix, voir http://www.sahistory.org.za/topic/afrapix-timeline-1978-1991 et Hayes, P. 'Power, Secrecy, Proximity : A Short History of South African Photography', in *Kronos*, vol. 33, novembre 2007, p. 139-162.

LEBEN BEOBACHTEN – GEMEINSCHAFT HERSTELLEN GEDANKEN ZUM FOTOGRAFISCHEN WERK VON YASSER BOOLEY

Als Booley 1993 zu fotografieren begann, befand sich das Land an der Schwelle zum „neuen" Südafrika. In einigen seiner frühen Fotografien finden sich die Symbole und Gefühle dieses historischen Moments wieder, die Begeisterung und Erwartungshaltung der Menschen. Die meisten seiner späteren Bilder haben jedoch nur wenig mit spektakulären Momenten zu tun, vielmehr stellen sie alltägliche und zugleich intime Beobachtungen dar, in denen er das Leben einfacher Menschen einfängt, zumeist solcher, die am Rand der Gesellschaft leben. Die Bilder zeugen von den unterschiedlichen Lebensweisen und Zeiten, die in dieser Stadt und diesem Land existieren und beleuchten dabei die von ganz gewöhnlichen Menschen – und auch dem Fotografen selbst – durchgeführten alltäglichen Rituale und Handlungen, über die Familie, Gemeinschaft und die Nation (sowie deren Grenzen) hergestellt wird. In gewisser Weise erinnert Booleys dokumentarische Poesie (und sein Interesse an sozialen Verhältnissen) an einige der Afrapix-Fotografen.[1]

Viele der hier gezeigten Bilder sind im öffentlichen Raum entstanden. Von daher könnte man Booley auch als Straßenfotografen einstufen, der die Grenzen zwischen dem Selbst und dem Anderen, zwischen Produzent und Zuschauer, Privatheit und Zurschaustellung und zwischen schwierigen und aufbauenden Momenten überbrückt und verschwimmen lässt. Die Bilder, von denen viele zu größeren Werksreihen gehören, deuten Momente der Anspannung und des Gespaltenseins zwischen den Menschen und ihrem sozialen Umfeld an. Selbst wenn der Augenblick flüchtig ist und die „Subjekte" oder der Kontext nicht klar zu erkennen sind, finden sich Andeutungen von sozialer Klasse und Status. Zum Beispiel in dem Bild, das eine Gruppe von Männern am Strand zeigt, die vielleicht die letzten Sonnenstrahlen genießen wollen: Die aus dem Hintergrund in das Bild hereinragenden Wohnhäuser wirken abweisend. Etwas in diesem Bild – vielleicht die Körpersprache der Männer – signalisiert, dass sie nicht an diesen Ort „gehören". Oft haben die von Booley fotografierten Menschen keinen wirklich privaten und komfortablen Raum, in dem sie spielen,

1 Die Kollektiv-Agentur „Afrapix" (1982-1991) spielte eine entscheidende Rolle in der Entstehung einer sozial ausgerichteten Dokumentarfotografie in Südafrika zur Zeit der Apartheid. Für mehr Informationen über Afrapix siehe http://www.sahistory.org.za/topic/afrapix-timeline-1978-1991 und Hayes, P. „Power, Secrecy, Proximity: A Short History of South African Photography" in *Kronos*, Vol. 33, November 2007, S. 139-162.

Booley 'catches' often occur in public spaces. Look again, this time at the workers enjoying their tea break from a factory (which has since closed) on a street pavement. Look, also, at the many people photographed in the middle of a bustling taxi rank, packed bus or train. Many black people spend a significant amount of their time in transit, travelling between the CBDs and the dispersed townships reserved for 'their kind' in South Africa. The congested, dangerous and dilapidated trains in Ernest Cole's images of the 1960s are still a reality for many commuters in 2016.[2] The effects of spatial apartheid planning, which continue to this day in Cape Town and many South African cities, are brought to light in Booley's images.

Booley's concerns are not just about revealing the difficult lives of self and others (and appealing to human rights interventions) or the craft of photography. The varying strategies he employs in producing these images point to a model of social documentary where the photographer is aware of his privileged position and the power dynamics at play within the photography complex.[3] In some photographs, those represented are clear and completely at ease, and we can also observe their social environments and experiences. At other times, the faces and details of those photographed are not discernible. Take, for instance, the image of a television in a make-shift camp, erected after fires destroyed homes in informal settlements in Joe Slovo Park.

What we see in the framing of this image, like in many others, seems to reflect the exchange and negotiation between the photographer and the photographed (and many others), and the circumstances surrounding the production of the image. Over the years, what seems central to Booley's photographic practice is the crafting of a range of communities and networks.

In the mid 2000s, he co-founded the collective Camissa, which – like Afrapix – sought to 'democratise' the production, presentation and consumption of photographs. For their *Month of People's Photography* (MOPP) interventions, they proposed economies of photography that were beyond the disciplinary and institutional elitism that characterises the arts and culture 'market'.

MOPP offered fresh and different ways of seeing. It presented a separate – and arguably more legitimate – 'claim the city',

2 See Cole, Ernest, House of Bondage (A Ridge Press Book). New York, Random House, 1967.

3 In his elaboration of the photography complex, Hevia insist that we have to look beyond the photograph (as isolated and passive) and to pay attention to the ideologies and technologies, institutions and networks that participate in the reproduction, circulation and consumption of images. Hevia, J.L. 'The Photography Complex' in Rosalind Morris (ed.), *Photographies East: The Camera and its Histories in East and Southeast Asia* (Durham: Duke University Press, 2009).

die genieten van hun koffiepauze tijdens het werk in de (inmiddels gesloten) fabriek. Kijk ook naar de vele mensen in de drukte van de taxistandplaats, op overvolle bussen en treinen. Veel zwarten brengen hun tijd pendelend door, tussen de kantoorgebouwen in het centrum en de verspreide *townships* van de stad, voorbehouden voor 'hun soort'.

De overvolle, gevaarlijke en vervallen treinen in Ernest Coles beelden uit de jaren 1960 zijn anno 2016 voor veel pendelaars nog altijd een dagelijkse realiteit.[2] De effecten van de ruimtelijke apartheidplanning, nog altijd voelbaar in Kaapstad en vele Zuid-Afrikaanse steden, komen aan bod in Booleys beelden.

Het gaat Booley niet alleen om onthullingen over het moeilijke bestaan dat hij en anderen leiden (en het pleidooi voor mensenrechten) of de kunst van de fotografie. De variatie in de strategie volgens dewelke hij zijn beelden maakt, duidt op een vorm van sociale verslaggeving waarbij de fotograaf zich bewust is van zijn bevoorrechte positie en de machtsdynamiek achter het fotografiecomplex.[3]
Op sommige foto's zien de modellen er duidelijk helemaal ontspannen uit en kunnen we hun sociale omgeving en ervaringen mee observeren. Op andere momenten zijn de gezichten en details van de gefotografeerden niet te onderscheiden. Neem bijvoorbeeld het beeld van een televisie in een geïmproviseerd kamp, dat werd opgericht na een verwoestende brand van informele nederzettingen in Joe Slovo Park.

Wat we in dit beeld en in vele andere zien, lijkt een weerspiegeling van de uitwisseling en negotiatie tussen de fotograaf en de gefotografeerde. In Booleys werk blijkt mettertijd het construeren van een reeks gemeenschappen en netwerken centraal te staan.

Midden jaren 2000 richt Booley mee het Camissa collectief op dat – net als Afrapix – de productie, presentatie en consumptie van fotografie wil 'democratiseren'. Voor hun *Month of People's Photography* (MOPP) interventies stellen ze een economie van de fotografie voor die het disciplinaire en institutionele elitarisme dat typerend is voor de kunst- en cultuurmarkt overstijgt.

De MOPP toont andere, frisse manieren van kijken.
Haar aparte – en mogelijk meer legitieme – 'claim the city' is een alternatieve, opzettelijk contradictorische aanpak tegenover die van de geïnstitutionaliseerde jaarlijkse *Month of Photography* (MOP). Een guerrilla van jonge wolven biedt er een sociaal antwoord

2 Zie Cole, Ernest, House of Bondage (A Ridge Press Book). New York, Random House, 1967.

3 In zijn uiteenzetting over het fotografiecomplex hamert Hevia erop dat we voorbij de (geïsoleerde en passieve) foto moeten kijken en aandacht moeten besteden aan de ideologie, technologie, instituten en netwerken die meespelen bij de reproductie, circulatie en consumptie van beelden. Hevia, J.L. 'The Photography Complex' in Rosalind Morris (ed.), *Photographies East: The Camera and its Histories in East and Southeast Asia* (Durham: Duke University Press, 2009).

souvent dans des espaces publics. Regardez maintenant les ouvriers sur le trottoir de cette usine (désormais fermée) prenant leur pause thé. Observez aussi cette foule grouillante prise sur le vif dans une station de taxis, une gare de bus ou ferroviaire. En Afrique du Sud, une grande partie de la population noire passe le plus clair de son temps en transit, à se déplacer entre les quartiers d'affaires et les bidonvilles réservés aux gens de la même "espèce". Les trains bondés, dangereux et délabrés des photos d'Ernest Cole, dans les années 1960, restent une réalité pour beaucoup de navetteurs en 2016.[2] Les effets de l'aménagement du territoire sous l'apartheid, qui sont toujours visibles au Cap et dans bien d'autres villes sud-africaines, sont mis en lumière dans les clichés de Booley.

Booley ne se préoccupe pas seulement de révéler ses propres difficultés de vie ou celles des autres (et d'appeler à intervenir pour le respect des droits de l'homme) ou de la technique de la photographie. Les différentes stratégies utilisées pour produire ces clichés reflètent un modèle de documentaire social où le photographe est conscient de sa position privilégiée et de la dynamique de pouvoir qui est en jeu dans le complexe photographique.[3] Dans certaines photos, les sujets sont clairs et totalement à l'aise, et l'on peut également observer leur environnement social et leurs expériences. D'autres fois, il est impossible de discerner les visages et les détails des sujets. Prenez, par exemple, l'image d'un téléviseur dans un camp de fortune, installé juste après que le feu ait détruit des habitations dans les installations informelles de Joe Slovo Park.

Ce que l'on voit dans le cadrage de cette photo, comme dans beaucoup d'autres, semble refléter le dialogue et la négociation entre le photographe et le sujet (et beaucoup d'autres), et les circonstances qui entourent la production de la photo. Au fil des ans, le thème central de la pratique photographique de Booley semble être la création d'un éventail de communautés et de réseaux.

Au milieu des années 2000, il a cofondé le collectif Camissa qui – comme Afrapix – a cherché à "démocratiser" la production, la présentation et la consommation de photos. Dans leurs contributions au *Month of People's Photography* (MOPP), ils ont proposé une économie de la photographie qui allait au-delà de l'élitisme disciplinaire et institutionnel qui caractérise le "marché" de l'art et de la culture.

Le MOPP a proposé des manières de voir originales et différentes. Une "revendication de la ville" distincte – et sans conteste plus légitime –,

2 Voir Cole, Ernest, House of Bondage (A Ridge Press Book). New York, Random House, 1967.

3 Dans sa conception du complexe photographique, Hevia souligne que nous devons regarder au-delà de la photo (comme isolée et passive) et prêter attention aux idéologies et aux technologies, aux institutions et aux réseaux qui participent à la reproduction, la diffusion et la consommation des images. Hevia, J.L. 'The Photography Complex' in Rosalind Morris (ed.), *Photographies East: The Camera and its Histories in East and Southeast Asia* (Durham: Duke University Press, 2009).

lieben, träumen oder einfach nur entspannen können. Die von ihm eingefangenen privaten Momente finden zumeist im öffentlichen Raum statt: Fabrikarbeiter, die ihre Mittagspause auf der Straße verbringen, Menschenmengen an einem belebten Taxistand, in einem vollgepackten Bus oder Zug. Viele schwarze Südafrikaner verbringen einen Großteil ihrer Zeit damit, zwischen den Innenstädten und den verstreut liegenden Townships zu pendeln, die für „ihre Art" vorgesehen sind. Die überfüllten, gefährlichen und maroden Züge in Ernest Coles Bildern aus den 1960er Jahren sind für viele Pendler auch heute noch Realität.[2] Die Folgen der Stadtplanung unter dem Apartheidsregime, die nach wie vor in Kapstadt und vielen anderen südafrikanischen Städten sichtbar sind, werden in Booleys Bildern deutlich.

Dabei geht es ihm nicht nur darum, die eigenen Probleme oder die der anderen darzustellen (und zu Menschenrechtsaktionen aufzurufen), oder allein um das fotografische Handwerk: Die von ihm eingesetzten Produktionsstrategien verweisen auf ein Modell der Sozialdokumentation, bei dem sich der Fotograf seiner privilegierten Position und der Machtdynamiken innerhalb des fotografischen Komplexes bewusst ist.[3]Während in einigen Bildern die Dargestellten klar zu erkennen und völlig entspannt sind, und auch ihr soziales Umfeld sowie ihre Erfahrungen sichtbar werden, sind in anderen die Gesichter und andere Details der Fotografierten nicht zu erkennen, z. B. in dem Bild, auf dem ein Fernsehgerät in einer Notunterkunft zu sehen ist, die errichtet wurde, nachdem Wohnhäuser in informellen Siedlungen im Joe Slovo Park-Bezirk durch Brände zerstört worden waren. Was in diesem und in vielen anderen Bildern zu sehen ist, scheint die Interaktion, die Übereinkunft zwischen Fotograf und Fotografierten sowie die Umstände, unter denen das Bild zustande kam, widerzuspiegeln. Im Laufe der Jahre hat sich das Zustandekommen, die Entstehung von Gemeinschaften und Netzwerken zum zentralen Thema von Booleys fotografischer Praxis entwickelt.

Um 2005 war er Mitbegründer des Kollektivs „Camissa", das – wie Afrapix – versuchte, die Produktion, Präsentation und den Konsum von Fotografie zu demokratisieren. Mit dem *Month of People's Photography* (MOPP) zeigten sie alternative Marktmodelle für Fotografie auf, die jenseits der Disziplinstrukturen und des institutionellen Elitismus liegen, die den Kunst- und Kultur-„Markt" bestimmen.

MOPP zeigte neue und frische Formen des Sehens und präsentierte einen eigenen – und wohl auch legitimeren – „Anspruch auf Stadt",

2 Siehe Cole, Ernest: House of Bondage (A Ridge Press Book). New York, Random House, 1967.

3 In seinen Ausführungen zum Fotografie-Komplex betont Hevia, dass wir über das Foto selbst (als isoliertes und passives Artefakt) hinausschauen müssen und auf die Ideologien und Technologien, die Institutionen und Netzwerke achten müssen, die in die Reproduktion, Verbreitung und den Konsum von Bildern verwickelt sind. Hevia, J.L. „The Photography Complex" in: Rosalind Morris (Hg.), *Photographies East: The Camera and its Histories in East and Southeast Asia* (Durham: Duke University Press, 2009).

a deliberate contradictory fringe approach to the established annual *Month of Photography* (MOP). It was a young wolves' guerrilla-tactic, a social commentary to the established art world. Their choice of photographers (many not considered professional), exhibition sites and display techniques were focused on inclusion and access, participation and dialogue.[4]

In a similar vein, photographing mainly in public spaces as he does, with cameras and lenses that require proximity, these transactions no doubt attract and draw a range of unintended participants - observers, protectors, potential audiences and consumers, and more. This open and collective ethos, committed to a politics of mutuality and plurality, has remained at the core of his practice, even as his notions and experiences of community have shifted in his life and work over the years (in photography and film).

Regrettably, the discourse on social documentary is still mainly focused on the object (the photograph), the agency and dignity of those photographed and the claim that humanism and justice are intrinsic to the genre, while the subjectivity of the photographer (and other players) is left unchecked.[5] In Booley's images, these tensions are made visible, especially with regards to positionality, privacy and access. Like with Ernest Cole and some of the Drum and Afrapix photographers before him, the ethical, political, affective and aesthetic complexities faced by an insider, photographing their own communities, are again brought to the fore here.

On the main, the effects of these observations and 'exposures' on the various actors in the photography complex are unknown. What these images do, for now, is to compel us to look at ordinary lives, denied 'full' citizenship. Most of us have been trained to look away or not too closely, and to consider these lives and conditions as not part of our making. Perhaps Booley presents the kind of looking that can yield us to reflect on our notions of community and nation-state, and ultimately, yield us to action.

INGRID MASONDO, *curator*

op het gevestigde kunstwereldje. Door de fotografen die zij kiezen (vaak mensen die niet als professionelen erkend zijn), hun tentoonstellingsruimten en -technieken, focussen ze op inclusie en toegankelijkheid, op participatie en dialoog.[4]

In diezelfde lijn ligt Booleys gewoonte om vooral op openbare plaatsen te fotograferen met camera's en lenzen die de nabijheid van het onderwerp vereisen. Deze werkwijze trekt ongetwijfeld veel onbedoelde deelnemers aan : waarnemers, beschermers, een potentieel publiek en klanten, enzovoort. Deze ethiek van openheid en collectivisme, Booleys toewijding aan een politiek van wederkerigheid en pluraliteit, blijft de kern van zijn werk, al deed zich met de jaren een verschuiving voor in zijn opvattingen over en ervaringen met de gemeenschap en daarmee ook in zijn leven en werk (fotografie en film).

Jammer genoeg gaat het discours omtrent sociale documentaire nog altijd over het object (de foto), de tussenkomst en de waardigheid van het model en over het humanisme en de rechtvaardigheid die intrinsiek zijn aan het genre. De subjectiviteit van de fotograaf (en andere actoren) krijgt nog steeds weinig aandacht.[5] Booleys beelden maken deze spanning zichtbaar, vooral wat betreft positionering, privacy en toegankelijkheid. Zoals bij Ernest Cole en nog vroeger bij sommige Drum en Afrapix fotografen, valt ook hier op hoe de insider die zijn eigen gemeenschap vastlegt onvermijdelijk botst op de ethische, politieke, affectieve en esthetische complexiteit ervan.

Voor het grote publiek zijn de effecten van deze waarnemingen en 'onthullingen' van de verschillende actoren in het fotografiecomplex onbekend. Wat deze beelden op dit moment vooral doen, is ons doen kijken naar de levens van gewone mensen die een volwaardig burgerschap wordt ontzegd. De meesten onder ons zijn het gewoon om weg te kijken, of van niet te dichtbij, en om deze levens en omstandigheden te beschouwen als niet onze verantwoordelijkheid. Booley's manier van kijken doet ons nadenken over onze manier van samenleven, van gemeenschap vormen en natiestaat. Misschien zet die reflectie ons uiteindelijk wel aan tot actie.

INGRID MASONDO, *curator*

4 The Camissa collective operated mainly in Cape Town in the mid 2000s. For other takes on Camissa, see http://mg.co.za/article/2005-03-04-visual-divide and http://mg.co.za/article/2006-07-06-the-peoples-pictures.

5 For several decades now, many theorists have challenged claims about social documentary. For an earlier elaboration on this, see Solomon-Godeau, A. 'Who is speaking thus? Some questions about documentary photography' in *Photography at the dock. Essays on photographic history, institutions and practices* (Minneapolis : University of Minnesota Press, 1991).

4 Het Camissa collectief was vooral actief midden jaren 2000 in Kaapstad. Voor meer informatie zie ook http://mg.co.za/article/2005-03-04-visual-divide and http://mg.co.za/article/2006-07-06-the-peoples-pictures.

5 Sinds tientallen jaren hebben academici de theorieën over sociale documentaire in vraag gesteld. Voor een vroegere uiteenzetting hierover, zie Solomon-Godeau, A., 'Who is speaking thus? Some questions about documentary photography' in *Photography at the dock. Essays on photographic history, institutions and practices* (Minneapolis : University of Minnesota Press, 1991).

une approche marginale et délibérément opposée au *Month of Photography* (MOP) annuel et à son côté bien installé. Il s'agissait d'une tactique de guérilla menée par de jeunes loups, un commentaire sur le monde de l'art établi. Le choix des photographes (beaucoup n'étant pas considérés comme des professionnels), les lieux d'exposition et les techniques de présentation étaient centrés sur l'inclusion et l'accès, la participation et le dialogue[4].

Dans le même esprit, le fait de photographier essentiellement dans des espaces publics comme il le fait, avec des appareils et des optiques qui exigent une proximité, attire assurément l'attention de participants inattendus : observateurs, mécènes, publics potentiels, consommateurs... Cet éthos ouvert et collectif, engagé en faveur d'une politique de mutualité et de pluralité, est resté au cœur de sa pratique, même si ses idées et ses expériences de la communauté ont marqué sa vie et son oeuvre au fil du temps (dans la photo et le cinéma).

Malheureusement, le discours sur le documentaire social reste centré sur l'objet (la photo), la capacité d'agir et la dignité des sujets, ainsi que sur l'affirmation que l'humanisme et la justice sont intrinsèques au genre, alors que la subjectivité du photographe (et d'autres acteurs) demeure invérifiée[5]. Les clichés de Booley montrent cette tension, tout particulièrement en ce qui concerne le positionnement, la vie privée et l'accès. Comme Ernest Cole et certains photographes de Drum and Afrapix avant lui, Booley met en exergue les complexités éthiques, politiques, affectives et esthétiques d'un photographe qui saisit sur le vif sa propre communauté.

Pour l'essentiel, les effets de ces observations et de ces "expositions" sur les divers acteurs du complexe photographique, sont inconnus. En tout cas, ces photos nous obligent à regarder des vies ordinaires, à qui l'on nie une citoyenneté "à part entière". La plupart d'entre nous avons été formés à regarder ailleurs ou pas de trop près, et à considérer ces vies et ces conditions comme étrangères à notre parcours. Booley nous montre peut-être le type de regard qui nous pousse à réfléchir à notre notion de communauté et d'État-nation et qui, au bout du compte, nous fait passer à l'action.

INGRID MASONDO, *curatrice*

der dem etablierten, jährlich stattfindenden *Month of Photography* (MOP) als alternativer Ansatz, als subversive Taktik einer jungen Generation und als Sozialkommentar zur etablierten Kunstwelt bewusst gegenübergestellt wurde. Die Auswahl an Fotografen (von denen viele nicht als professionell galten), Ausstellungsorten und Darstellungstechniken basierte auf Inklusion und Offenheit, auf Teilhabe und Dialog.[4]

In ähnlicher Weise zieht auch das Fotografieren im öffentlichen Raum wie Booley es tut, mit Kameras und Objektiven, die Nähe erfordern, zweifellos viele eigentlich Unbeteiligte an : Beobachter, Beschützer, potenzielle Zielgruppen usw. Diese offene und kollektiv ausgerichtete Einstellung, die einer Politik der Gegenseitigkeit und Pluralität verpflichtet ist, bildet den Kern von Booleys Arbeit, auch wenn sich seine Vorstellungen und Erfahrungen von Gemeinschaft im Laufe seines Lebens und Wirkens geändert haben (sowohl in Bezug auf Fotografie als auch auf Film).

Bedauerlicherweise konzentriert sich der Diskurs über Sozialdokumentation immer noch hauptsächlich auf das Objekt (das Foto), aufdie Darstellung und Würde der Fotografierten sowie auf den Anspruch, dass Humanismus und Gerechtigkeit zum Wesen des Genre gehören, während die Subjektivität des Fotografen (und anderer Beteiligter) unberücksichtigt bleibt.[5] In Booleys Bildern werden diese Spannungen sichtbar, insbesondere in Bezug auf Haltung, Privatsphäre und Zugang. Wie auch bei Ernest Cole und anderen Fotografen von Drum und Afrapix werden auch hier die komplexen ethischen, politischen, emotionalen und ästhetischen Herausforderungen sichtbar, mit denen sich ein Insider konfrontiert sieht, der seine eigene Lebenswelt fotografiert.

Welche Auswirkungen Booleys Beobachtungen und „Beleuchtungen" auf die verschiedenen Akteure innerhalb des Fotografie-Komplexes haben mögen, ist schwer zu sagen. Doch eins ist sicher : Seine Bilder zwingen uns, das Leben gewöhnlicher Menschen anzuschauen, denen immer noch bestimmte Bürgerrechte verwehrt werden. Die meisten von uns haben sich angewöhnt, wegzuschauen oder zumindest nicht zu genau hinzuschauen und diese Art von Leben und Lebensumständen als etwas zu sehen, womit wir selbst nichts zu tun haben. Booleys Art des Sehens könnte uns dazu veranlassen, über unsere Vorstellungen von Gemeinschaft und Nationalstaat nachzudenken und entsprechend zu handeln.

INGRID MASONDO, *Kuratorin*

4 Le collectif Camissa a travaillé surtout au Cap au milieu des années 2000. Pour plus d'informations sur Camissa, voir http://mg.co.za/article/2005-03-04-visual-divide et http://mg.co.za/article/2006-07-06-the-peoples-pictures.

5 Depuis plusieurs décennies, de nombreux théoriciens remettent en cause les revendications du documentaire social. Pour une réflexion antérieure sur le sujet, voir Solomon-Godeau, A. 'Who is speaking thus ? Some questions about documentary photography' in *Photography at the dock. Essays on photographic history, institutions and practices* (Minneapolis : University of Minnesota Press, 1991).

4 Das „Camissa"-Kollektiv war ab ca. 2005 für mehrere Jahre hauptsächlich in Kapstadt aktiv. Für mehr Informationen zu Camissa siehe http://mg.co.za/article/2005-03-04-visual-divide und http://mg.co.za/article/2006-07-06-the-peoples-pictures.

5 5 Bereits seit einigen Jahrzehnten stellen viele Theoretiker den Anspruch der Sozialdokumentation infrage. Siehe z.B. Solomon-Godeau, A. „Who is speaking thus ? Some questions about documentary photography" in : *Photography at the dock. Essays on photographic history, institutions and practices* (Minneapolis : University of Minnesota Press, 1991).

THE DELICIOUSNESS OF AUDACITY: A PHOTOGRAPHIC RETROSPECTIVE OF WORK BY SOUTH AFRICAN PHOTOGRAPHER YASSER BOOLEY

I have been following Yasser Booley's professional career for the last three years. A self-acclaimed 'modern day anthropologist', the photographer developed his practice and honed his skills on the streets of Cape Town, choosing to work largely in obscurity for the past two decades. It is hard to believe how this artist, or photojournalist if you will, has escaped national and international acclaim his work so deserves. He is a man of deliberate contradictions. While you see him taking photographs in Cape Town's urban peripheries, you may first mistake Booley for a reckless *skollie*[1]. Spend any significant time with him, however, and it becomes undeniable that the artist is full of surprises and is a deliciously complex maverick. This Bo-Kaap native is a renaissance man – highly intelligent, a focused romantic, suave and a devout Muslim – who on any good day enjoys a clean, crisply ironed shirt and tailored jacket. As a self-published writer, photographer and filmmaker he boasts a sophisticated eye that characterises his approach to storytelling.

Raised within the tension of a conservative Cape Malay home in a political fraught South Africa, the artist's parents' political and religious tenets had a profound influence on his view of the world at an early age. Following his matric[2], supported by his mother, Booley travelled across Europe visiting cities such as London, Zurich and Vienna, an experience that opened up his understanding to the multiple ways of seeing the world. Dubbed a 'meerkat' (the artist would use the Afrikaans word 'mierkat', red.) in his youth because of his social and observant behaviour, the artist's innate desire to document and record the life and narratives around him, saw him pick up his first Yashica F X-D at the tender age of 17 years, taking his first shots of mourners and political activists at Chris Hani's memorial service in Cape Town, arguably one of South Africa's most potent fallen heroes. Since then, he has never looked back and has been privileged over the years to work on commissions for some of the big boys: BBC, Mail & Guardian, The Cape Town International Jazz Festival and the Design Indaba Magazine to name a few.

1 Hooligan usually part of a gang.

2 The final year of high school in South Africa.

HEERLIJKE DURF: EEN FOTOGRAFISCHE RETROSPECTIEVE VAN HET WERK VAN ZUID-AFRIKAANS FOTOGRAAF YASSER BOOLEY

Ik volg de professionele carrière van Yasser Booley sinds drie jaar. De zelfverklaarde 'hedendaagse antropoloog' ontwikkelde zijn vak en perfectioneerde zijn vaardigheden in de straten van Kaapstad. De laatste twee jaar koos hij ervoor om uit het licht van de schijnwerpers te werken. Het is verwonderlijk dat deze artiest, af en toe ook fotojournalist, ontsnapte aan nationale en internationale bijval, terwijl zijn werk dat zo verdient. Booley is de man van de opzettelijke tegenstelling. Zie je hem foto's maken in de buitenwijken van Kaapstad, dan zou je hem voor een roekeloze *skollie*[1] kunnen houden. Breng je wat meer tijd met hem door, dan kan je er niet omheen dat deze kunstenaar vol verrassingen zit en een heerlijk gecompliceerde vrijbuiter is. Geboren in de Bo-Kaap is hij een renaissancefiguur: zeer intelligent, een doelgerichte romanticus, *suave* en een vrome moslim die op goede dagen een schoon gesteven hemd en op maat gemaakt jasje weet te waarderen. Een in eigen beheer gepubliceerd auteur, fotograaf en filmmaker met een gesofisticeerde blik die zijn vertelstijl typeert.

Booley groeide op te midden van de spanningen van een conservatief gezin Kaapse Maleiers in een politiek gewrongen Zuid-Afrika. De politieke en religieuze principes van zijn ouders hebben zijn kijk op de wereld vanaf heel jonge leeftijd sterk beïnvloed. Na zijn *matric*[2] vertrekt hij met de steun van zijn moeder op reis naar Europa, waar hij steden als Londen, Zurich en Wenen bezoekt. Deze ervaring opent zijn ogen voor de verschillende manieren waarmee je naar de wereld kan kijken. Als jongeling krijgt hij de bijnaam 'meerkat' (hijzelf schrijft het Afrikaanse woord voor stokstaartje als 'mierkat', red.) wegens zijn sociale en observerende gedrag. Van nature gebrand om de levens en verhalen rondom zich vast te leggen, hanteert hij op zijn zeventiende voor het eerst een camera, een Yashica F X-D. Zijn eerste foto's neemt hij van rouwende mensen en politieke activisten op een herdenkingsdienst in Kaapstad voor Chris Hani, een van Zuid-Afrika's meest inspirerende, vermoorde helden. Sindsdien kijkt hij niet meer achterom en heeft hij het geluk opdrachten te mogen uitvoeren voor grote kleppers waaronder BBC, Mail & Guardian, The Cape Town International Jazz Festival en Design Indaba Magazine.

1 Hooligan, meestal lid van een bende.

2 Het laatste jaar middelbaar onderwijs in Zuid-Afrika.

LES DÉLICES DE L'AUDACE: UNE RÉTROSPECTIVE PHOTOGRAPHIQUE DE L'ŒUVRE DU PHOTOGRAPHE SUD-AFRICAIN YASSER BOOLEY

J'ai suivi la carrière professionnelle de Yasser Booley au cours des trois dernières années. Le photographe, qui s'autoproclame "anthropologue d'aujourd'hui", a développé sa pratique et perfectionné ses connaissances dans les rue du Cap, choisissant de travailler largement dans l'ombre ces vingt dernières années. Il est difficile de croire que cet artiste – ou photojournaliste si vous le souhaitez – ait pu échapper à la reconnaissance nationale et internationale que son œuvre mérite. Yasser Booley est délibérément un homme de contradictions. Lorsqu'on le voit prendre des photos dans la périphérie du Cap, on peut le prendre au premier regard pour un *skollie*[1] insouciant. Mais si on passe assez de temps avec lui, on se rend indéniablement compte que l'artiste est plein de surprises et se révèle être un anticonformiste délicieusement complexe. Cet enfant de Bo-Kaap est un homme de la Renaissance – extrêmement intelligent, romantique, délicat et un fervent musulman – qui ne rechigne pas à porter une veste élégante sur une chemise éclatante et parfaitement repassée. Écrivain publié à compte d'auteur, photographe et réalisateur, Booley pose un œil raffiné qui caractérise son approche de la narration.

Élevé dans la tension d'un foyer malais conservateur du Cap dans une Afrique du Sud en pleine tourmente politique, les principes politiques et religieux des parents de l'artiste ont eu une profonde influence sur sa vision du monde. Son *matric*[2] en poche, aidé par sa mère, Booley a sillonné l'Europe, visitant Londres, Zurich et Vienne, une expérience qui lui a fait découvrir les multiples manières de voir le monde. Surnommé "suricate" durant sa jeunesse en raison de son attitude d'observateur social, et de son désir inné de documenter le récit de vie des gens qui l'entourent, l'artiste s'est procuré son premier Yashica FX-D à seulement 17 ans. Il a consacré ses premiers clichés aux personnes endeuillées et aux activistes politiques participant à un service commémoratif célébré au Cap en l'honneur de Chris Hani, incontestablement l'un des plus grands héros sud-africains. Depuis, il n'a cessé de progresser et a eu le privilège de travailler au fil des ans pour de très grands noms : BBC, Mail & Guardian, The Cape Town International Jazz Festival et le Design Indaba Magazine, entre autres.

1 Espèce de voyou, faisant souvent partie d'une bande.

2 La dernière année des études secondaires en Afrique du Sud.

DIE SCHÖNHEIT DES LEBENSMUTS: EINE RETROSPEKTIVE ZUM WERK DES SÜDAFRIKANISCHEN FOTOGRAFEN YASSER BOOLEY

Ich habe Yasser Booleys Karriere über die letzten drei Jahre hinweg verfolgt. Der Fotograf, der sich selbst als „moderner Anthropologe" bezeichnet und sein Handwerk auf den Straßen Kapstadts entwickelte und verfeinerte, arbeitete im Laufe der letzten zwei Jahrzehnte freiwillig größtenteils im Hintergrund. Es ist nur schwer zu begreifen, dass die Arbeit dieses Künstlers – oder Fotojournalisten – weder in Südafrika, noch international, die Beachtung gefunden hat, die sie so unzweifelhaft verdient. Booley ist ein Mann der selbstgewählten Widersprüche. Wenn man ihn dabei beobachtet, wie er in den Randbezirken von Kapstadt seine Bilder schießt, kann man ihn zunächst fälschlicherweise für einen leichtsinnigen *Skollie*[1] halten. Verbringt man jedoch längere Zeit mit ihm, wird klar, dass dieser Künstler voller Überraschungen steckt und ein wunderbar komplexer Individualist ist. Der in Kapstadts Bo-Kaap Viertel geborene Booley ist ein Universalgenie – hochintelligent, ein aufmerksamer Romantiker von weltgewandter Höflichkeit und ein gläubiger Muslim –, ein Mann, der stets ein perfekt gebügeltes Hemd und Jackett trägt. Als Autor, Fotograf und Filmemacher publiziert er seine Arbeiten selbst, in denen eine Form des Erzählens zum Ausdruck kommt, die von einem feinen, hoch entwickelten Blick charakterisiert ist.

Booley wuchs im Spannungsfeld eines konservativen kap-malaiischen Elternhauses während einer politisch brisanten Zeit in Südafrika auf. Die politische und religiöse Einstellung der Eltern hat sein Weltbild entscheidend geprägt. Mit Unterstützung seiner Mutter reiste er nach seinem Schulabschluss durch Europa und besuchte Städte wie London, Zürich und Wien. Durch diese Erfahrung entwickelte er ein Verständnis für unterschiedliche Weltanschauungen. Aufgrund seines sozialen Verhaltens und seiner Beobachtungsgabe nannte man ihn damals „Erdmännchen".[2] Sein innerer Drang, das Leben und die Lebensgeschichten in seinem sozialen Umfeld zu dokumentieren, brachte ihn bereits im Alter von 17 Jahren dazu, seine erste Kamera in die Hand zu nehmen und auf der Beerdigung von Chris Hani in Kapstadt – sicherlich einer der einflussreichsten gefallenen Helden Südafrikas – die dort versammelten Trauernden und politischen Aktivisten zu fotografieren. Von diesem Zeitpunkt an war seine Laufbahn vorprogrammiert, und in den folgenden Jahren genoss Booley das Privileg,

1 Hooligan oder Gangmitglied

2 Engl. „meerkat", er selbst benutzte das Afrikaans Wort „mierkat" Anm.d. Red.

Booley's signature is the intimacy with which he captures his subject matter. An important contribution to the iconography of the everyday life in post-apartheid South Africa, this photographic anthology is marked by an untamed wildness, offering a raw and provocative voice for the vulnerable, broken and misunderstood engaged in a basic struggle for survival on the city margins. Photographs include tender moments between street children, exhausted commuters crammed in trains and buses ; factory workers on recess ; the tension of protestors during political rallies ; the unemployed ; the pride of barbers cutting their clients' hair ; the youthful energy of fans at musical concerts ; as well as family and friends. A collection of images that addresses complex realities of identity, belonging and self-expression in the artist's homeland.

Across the wide spectrum of his work, Booley's images reveal a deep engagement and empathy on the level of the individual. His subject's acknowledgement of the camera, suggests a degree of agency – these are real people, devoid of artifice and theatrics, who in their own right own their space and have maintained a sense of dignity that not even the harshest circumstances can erode. This anthology invites the reader to meet a community of individuals young and old across ethnicities who are attempting to navigate a meaningful existence for themselves in a free South Africa. While many of their lives are obviously imperfect, a resolute and hopeful determination to progress and move forward is apparent.

Some readers may level a degree of criticism at the book's seemingly beautiful portrayal of human suffering. They would inevitably claim that these images are a form of exoticism, the sort that belittles and undermines the struggle and pain these subjects are enduring. Quite the contrary is true. To correctly understand Booley's approach, one must better view this collection as a self-reflection by the photographer, drawing his thoughts and concerns on human resilience and transformation two decades after the advent of democracy in South Africa. The photographer's work therefore exists as a proposition to disrupt myopic 'Afro-pessimism', intentionally eclipsing preconceptions of a bleak and hopeless South African reality where its citizens would have little to no agency.

The retrospective makes no attempt to offer a concise narrative telling a simple chronological story. More appropriately, each picture remains strong enough to be complete in itself. The arresting image of a gutsy young street child bearing a deep gash on his head and returning the gaze of the camera in strong defiance, is one of Booley's best loved pictures. This photograph of a young man, whose life has obviously aged him prematurely, portrays an audacity, a unique strength and a fearless demand to be noticed and remembered.

Booleys handelsmerk is de intimiteit waarmee hij zijn onderwerp vastlegt. Deze fotografische anthologie vormt een belangrijke bijdrage aan de iconografie van het dagelijkse leven in post-apartheid Zuid-Afrika. Ze toont een ongetemde wildheid en is een rauwe, provocerende schreeuw om aandacht voor de kwetsbaren, de gebroken, onbegrepen bevolking van de stedelijke periferie, gevangen in een aanhoudende strijd om te overleven. Op zijn foto's zien we tedere momenten tussen straatkinderen, uitgeputte pendelaars opeengepakt in treinen en bussen, fabrieksarbeiders tijdens hun pauze, de spanning onder betogers tijdens politieke manifestaties, werklozen, de fierheid van de barbiers terwijl ze klanten knippen, de jeugdige energie van fans tijdens concerten, maar ook familie en vrienden. Een verzameling beelden die de gecompliceerde realiteit weergeeft van identiteit, verbondenheid en zelf-expressie in het vaderland van de kunstenaar.

Het brede spectrum van Booleys werk onthult een diepe betrokkenheid en empathie voor het individu. Zijn onderwerpen weten dat de camera er is, wat een zekere graad van tussenkomst verraadt. Dit zijn echte mensen, niets is gemaakt of gespeeld. Ze bewegen in hun eigen ruimte en weten een waardigheid te bewaren die zelfs de moeilijkste omstandigheden niet kunnen aantasten. Deze anthologie nodigt de lezer uit tot kennismaking met een gemeenschap van individuen, jong en oud, etnisch verscheiden, die een zinvol bestaan trachten uit te bouwen in een vrij Zuid-Afrika. Hun levens mogen dan lang niet perfect zijn, er is duidelijk sprake van een vastberadenheid en hoop op vooruitgang.

Sommige lezers zullen mogelijk kritiek hebben op de schijnbare verheerlijking van het lijden in dit boek. Ze zullen beweren dat de beelden blijk geven van een soort exotisme dat deze mensen in hun pijn betuttelt en hun strijd ondermijnt. Het tegengestelde is waar. Om Booleys aanpak echt te begrijpen kan je deze collectie beter beschouwen als een zelfreflectie van de fotograaf, die zijn bedenkingen en zorgen om menselijke veerkracht en transformatie, twee decennia na de invoering van de democratie in Zuid-Afrika, verbeeldt. Het werk van de fotograaf verstoort het bijziende 'Afro-pessimisme' en dekt opzettelijk de vooroordelen af van een naargeestig, hopeloos Zuid-Afrika waar de inwoners weinig tot geen inspraak zouden hebben.

De retrospectieve probeert geen beknopte vertelling van een eenvoudig chronologisch verhaal te zijn. Elk beeld is sterk en volledig op zichzelf. Het schokkende beeld van een stoer, jong straatkind met een diepe snee in zijn voorhoofd dat uitdagend de blik van de camera beantwoordt, is een van Booleys meest geliefde foto's. Deze foto van een jonge man die duidelijk te vroeg volwassen moest worden, portretteert een dapperheid, een unieke kracht en een onbevreesde eis om opgemerkt en herinnerd te worden. Veel gelijkaardige verhalen

La griffe de Booley, c'est l'intimité avec laquelle il saisit son sujet. Remarquable contribution à l'iconographie de la vie quotidienne de l'Afrique du Sud d'après l'apartheid, cette anthologie photographique est marquée par une nature sauvage, qui parle d'une voix brute et provocante pour les vulnérables, les démunis et les incompris, engagés dans une lutte pour la survie aux lisières de la ville. Certaines œuvres versent davantage dans la tendresse : enfants des rues, navetteurs épuisés entassés dans des bus et des trains bondés, ouvriers d'usine en congé, contestataires lors de rassemblements politiques, chômeurs, coiffeurs posant fièrement avec leurs clients, jeunes fans déchaînés lors de concerts, mais aussi des membres de la famille et des amis. Une collection d'images qui traite des réalités complexes de l'identité, l'appartenance et l'auto-expression dans le pays natal de l'artiste.

À travers le large spectre de son œuvre, les photos de Booley révèlent un profond engagement et une empathie pour l'individu. L'acceptation de l'appareil photo par le sujet dénote une volonté d'action : ce sont des gens réels, sans artifices ni théâtralité, qui occupent de plein droit l'espace et conservent un sens de la dignité que même les circonstances les plus rudes ne peuvent altérer. Cette anthologie est une invitation à découvrir une communauté de personnes jeunes et âgées de diverses origines, désireuses de mener une existence pleine de sens dans une Afrique du Sud libre. Même si leur vie est manifestement imparfaite, leur détermination résolue et prometteuse d'aller de l'avant, est criante.

Certains lecteurs pourraient reprocher à ce livre d'être une "jolie" description de la souffrance humaine. Ils prétendront inévitablement que ces photos constituent une forme d'exotisme, le genre d'images qui mine la lutte de ces sujets et sous-estime leur douleur. En réalité, c'est tout le contraire. Pour bien comprendre l'approche de Booley, mieux vaut considérer cette série comme une réflexion personnelle du photographe, qui exprime ses idées et ses préoccupations sur la résistance humaine et la transformation deux décennies après l'avènement de la démocratie en Afrique du Sud. L'œuvre du photographe se présente donc comme une proposition de mettre fin à l'"Afro-pessimisme" à court terme, en éclipsant intentionnellement les idées préconçues d'une réalité sud-africaine triste et désespérée, sur laquelle les citoyens auraient une capacité d'action réduite voire nulle.

La rétrospective ne tente en aucun cas de proposer un récit narratif relatant une histoire chronologique simple. Au contraire, chaque photo est suffisamment forte pour être complète par elle-même. L'image saisissante d'un enfant des rues effronté avec une profonde balafre à la tête, toisant l'appareil d'un air de défiance, est l'une des photos les plus prisées par Booley. Cette photo d'un jeune homme, prématurément vieilli par la vie, révèle une audace,

für einige der weltweit bedeutendsten Presseorgane und Organisationen zu arbeiten, wie zum Beispiel für die BBC, Mail & Guardian, das Cape Town International Jazz Festival und Design Indaba Magazine.

Booleys besondere Handschrift zeichnet sich durch die intime Nähe aus, mit der er Menschen und Motive einzufangen vermag. Als wichtiger Beitrag zur Ikonographie des Alltagslebens in Südafrika nach der Apartheid wird die hier vorliegende Anthologie durch eine ungezügelte Energie bestimmt und zeigt eine unverfälschte und provokative Stimme, die für die Schutzbedürftigen, Gebrochenen und Missverstandenen eintritt, die am Rande der Stadt einen täglichen Überlebenskampf führen. Die Fotografien zeigen einfühlsame Momente der Begegnung mit Straßenkindern, in überfüllten Zügen oder Bussen zusammengepferchte Pendler, Fabrikarbeiter bei der Mittagspause, die Anspannung von Demonstranten während einer politischen Kundgebung, Arbeitslose, den Stolz von Friseuren bei der Arbeit, die jugendliche Energie von Konzertbesuchern sowie Familienmitglieder und Freunde : Eine Sammlung von Bildern, die die komplexen Facetten von Identität, Zugehörigkeit und Selbstentfaltung im Heimatland des Künstlers aufzeigt.

In allen Aspekten von Booleys vielseitigem Werk zeigt sich ein großes Engagement und tiefe Empathie für das Individuum. Die Art und Weise, wie die von ihm fotografierten Menschen auf die Kamera reagieren, legt nahe, dass sie Booley in gewisser Weise als einen der ihren, als Fürsprecher begreifen : Die Bilder zeigen reale Menschen, frei von jeder Künstlichkeit oder Pose, die ihren Platz mit Selbstverständlichkeit einnehmen und eine Würde bewahren, die selbst durch die härtesten Lebensumstände nicht gebrochen werden kann. Das Buch lädt den Leser dazu ein, junge und alte Menschen verschiedenster Ethnien kennenzulernen, die versuchen, sich in einem freien Südafrika eine sinnvolle Existenz aufzubauen. Obwohl für viele das Leben nicht einfach ist, zeigt sich in diesen Bildern eine resolute und von Hoffnung getragene Entschiedenheit, voranzukommen und nach vorne zu schauen.

Mancher mag das Buch dahingehend kritisieren, dass es menschliches Leid auf scheinbar schöne Weise porträtiere und dass die Bilder eine Form von Exotik transportierten, die den Kampf und das Leid der Menschen verharmlost. Das Gegenteil ist der Fall. Um Booleys Werk richtig zu verstehen, muss man diese Bilder vielmehr als eine Selbstbetrachtung des Fotografen sehen, der nach der Einführung der Demokratie in Südafrika zwei Jahrzehnte lang seine Ansichten zur Widerstands- und Transformationsfähigkeit des Menschen aufgezeichnet hat. Indem er bewusst auf Bilder verzichtet, die lediglich das Vorurteil einer trost- und hoffnungslosen südafrikanischen Realität, in der die Bürger wenig oder gar nicht vertreten werden, bestätigen, tritt er einem myopischen „Afro-Pessimismus" entschieden entgegen.

Diese Retrospektive will kein präziser und chronologisch dargestellter, simpler Geschichtsabriss sein. Vielmehr verfügt jedes einzelne Bild über eine Kraft, die es zu einer in sich geschlossenen Geschichte werden lässt. Das eindrucksvolle Bild eines selbstbewussten Straßenjungen,

So many similar stories have been left untold up until now; the artist's work brings value to these unaccustomed narratives.

The South Africa that Booley portrays is of a people caught at a crossroads, living within a delicate liminal space between hope and despair, life and death, games and reality. An understated image of a group of gangsters enjoying a game of dice with a sharp dagger in view captures this well. While it is understood that the participants are engaging in a leisurely game, at any point in time the stakes could change rather sharply. This polarity of realities and ironic contradictions echoes in more than a few of Booley's IMAGES, as seen in an iconic image of young children in Joe Slovo township cheerfully playing in an abandoned car against a backdrop of urban debris. The image tells the story of childhood innocence untainted by utter devastation brought by a fire and the uncertain future that ensues.

Equally, a portrait of an emaciated woman juxtaposed against her overly developed, obese toddler is an oddly disturbing picture. Perhaps living with HIV this woman's hard and gaunt face speaks volumes of the daily exchange of death for life in the urban community Booley's subjects finds themselves in. Then, a delicate picture of the artist's cousin on his wedding day caught in a heavy downpour of rain under an umbrella with his intricately dressed bride in arm reinforces this notion of hope amidst the despair - young love weathering literal and metaphorical storms of life.

The hybrid presentation of colour with black and white images that makes up this anthology creates an interesting visual contrast, as seen with a series of images of the artist's Cape Malay family engaged in various events towards the end of the anthology. The work is very personal and human. It almost demands that the readers consider the ordinariness of their own lives with a similar kind of sacredness as the artist observes his family rituals, reunions and bonds.

The release of this retrospective comes at a significant time, as Booley prepares to turn 40 and celebrates a coming of age. The sense of pride and celebration of his own resilience and personal growth together with the people in his homeland is marked aptly by raised South African flags at the start and close of the book.

TAMBUDZAI LA VERNE NDLOVU, *art historian*

werden nog niet verteld. Het werk van de kunstenaar voorziet deze ongewone vertellingen van waarde.

Booleys Zuid-Afrika is dat van een volk op een kruispunt; hun bestaan speelt zich af in een delicate ruimte op de grens tussen hoop en wanhoop, leven en dood, spel en werkelijkheid. Het Zuid-Afrika ook van een groepje gangsters tijdens een spelletje dobbelen, terwijl een scherpe dolk zichtbaar is. De deelnemers spelen een ontspannend spel, maar de kansen kunnen elk moment drastisch keren. De polariteit van werkelijkheid en ironische tegenstellingen klinkt door in heel wat van Booleys beelden, zoals in de iconische foto van jonge kinderen, spelend in een autowrak in Joe Slovo *township* tegen een achtergrond van stedelijk afval. Dit is het verhaal van kinderlijke onschuld onbezoedeld door de vernietigende kracht van een brand en een toekomst vol onzekerheden.

Nog zo'n verontrustend beeld is dat van een uitgemergelde vrouw naast haar uit de kluiten gewassen, zwaarlijvige kleuter. Misschien is ze seropositief. Haar hard en ingevallen gelaat spreekt boekdelen over de dagelijkse ruilbeurs van dood voor leven waarin Booleys personages wonen. Dan een lieflijke foto van de neef van de kunstenaar op zijn trouwdag. Het regent pijpenstelen en de man staat onder een paraplu met zijn van top tot teen uitgedoste bruid aan zijn arm. Het beeld versterkt de notie van hoop te midden van de wanhoop. Jonge liefde die letterlijk en figuurlijk stormen doorstaat.

De hybride presentatie van kleur tussen zwart-wit beelden in deze anthologie creëert een interessant visueel contrast. Bijvoorbeeld aan het einde van het boek, in een reeks foto's van Booleys 'Kaap-Maleise' familie uit de Bo-Kaap, opgaand in verschillende bezigheden. Dit is heel persoonlijk en menselijk werk. Het noopt de lezer ertoe de banaliteit van zijn eigen leven te overdenken met eenzelfde verering als die waarmee de artiest naar de rituelen, bijeenkomsten en banden in zijn familie kijkt.

Deze retrospectieve verschijnt op een veelbetekenend moment, vlak voor Booleys 40ste verjaardag. Het is een ode aan de volwassenheid. Het boek gaat om de mensen in zijn vaderland, en om het gevoel van trots en feestvreugde door zoveel veerkracht en persoonlijke groei uit moeilijke omstandigheden. Daarom wapperen de Zuid-Afrikaanse vlaggen aan het begin en het einde van dit boek.

TAMBUDZAI LA VERNE NDLOVU, *kunsthistorica*

une force unique, qui demande ouvertement qu'on le remarque et qu'on se souvienne de lui. Tellement d'histoires comme celles-là n'ont pas encore été racontées ; l'œuvre de l'artiste donne de la valeur à ces récits inhabituels.

L'Afrique du Sud dépeinte par Booley est celle de gens à un carrefour, vivant dans un espace liminaire délicat entre espoir et désespoir, vie et mort, jeu et réalité. Cela est parfaitement illustré dans un instantané minimaliste d'un groupe de gangsters jouant aux dés, avec un poignard bien en vue. Même si les sujets s'adonnent tranquillement au jeu, on a l'impression que tout pourrait basculer d'un seul coup. Cette polarité des réalités et des contradictions ironiques apparaît dans plus d'une IMAGE de Booley. C'est le cas, par exemple, d'une photo emblématique d'enfants du bidonville Joe Slovo qui jouent gaiement à l'intérieur d'une voiture abandonnée dans un décor de décombres urbains. L'œuvre raconte l'histoire de l'innocence de l'enfant, étrangère à la dévastation absolue provoquée par un incendie, et du futur incertain qui en découle.

Le portrait d'une femme émaciée, contrastant avec son bambin obèse, est une photo curieusement dérangeante. Cette femme au visage dur et creusé, peut-être porteuse du VIH, en dit long sur la lutte pour la vie qui constitue le quotidien de la communauté urbaine des sujets de Booley. Voyez également cette photo délicate du cousin de l'artiste, prise le jour de son mariage, avec à son bras son épouse habillée avec affectation, tous deux sous un parapluie qui les protège d'une forte averse. Ce cliché renforce la notion d'espoir en pleine détresse : un amour jeune essuyant littéralement et métaphoriquement les tempêtes de la vie.

La présentation hybride de photos en couleur et en noir et blanc qui composent cette anthologie crée un contraste visuel intéressant, comme la série de clichés de la famille malaise de l'artiste au Cap, saisie à l'occasion de divers événements. Le travail est éminemment personnel et humain. Il exige presque que le lecteur considère la banalité de sa propre vie avec le même caractère sacré que l'artiste lorsqu'il observe les rituels, les réunions et les liens de sa famille.

Cette rétrospective est publiée à un moment important. Le moment où Booley s'apprête à fêter ses 40 ans et atteint ainsi l'âge de la maturité. Le sentiment de fierté et la célébration de sa propre résistance et de son épanouissement personnel avec le peuple de son pays d'origine, sont illustrés à merveille par les drapeaux sud-africains hissés au début et à la fin de l'ouvrage.

TAMBUDZAI LA VERNE NDLOVU, *historienne de l'art*

der eine Wunde am Kopf trägt und mit Stolz und Trotz den Blick der Kamera erwidert, gehört zu Booleys bekanntesten Werken. Dieses Foto eines jungen Mannes, der offensichtlich früh erwachsen werden musste, zeugt von Mut, von einer einzigartigen Kraft und der furchtlosen Forderung, wahrgenommen und erinnert zu werden. Es gibt viele solcher Geschichten, die immer noch nicht erzählt worden sind. Durch die Arbeit dieses Künstlers erhalten sie Wert und Bedeutung.

Das von Booley gezeigte Südafrika ist ein Land, in dem die Menschen an einem Scheideweg stehen, im Grenzbereich zwischen Hoffnung und Verzweiflung, Leben und Tod, Spiel und Realität. Das alltäglich anmutende Bild einer Gruppe von Gangstern, die sich, gut sichtbar mit einem Messer bewaffnet, bei einem Würfelspiel entspannen, spiegelt diese Situation wider: Obwohl es klar ist, dass die Teilnehmer lediglich ein Spiel genießen, kann die Situation jeden Moment umkippen. Die Gegenüberstellung von Realitäten und ironischen Widersprüchen zeigt sich in vielen von Booleys Fotografien, wie zum Beispiel in dem ikonischen Bild von Kindern, die im Joe Slovo *Township* vor dem Hintergrund einer zerstörten Stadtlandschaft fröhlich in einem Autowrack spielen. Das Bild erzählt von kindlicher Unschuld, der die schreckliche, durch einen Brand verursachte Zerstörung und die damit verbundene unsichere Zukunft nichts anhaben können.

Das Bild einer ausgezehrten Frau mit ihrem übergewichtigen Kleinkind wirkt auf ähnliche Weise verstörend. Das harte und ausgemergelte Gesicht der Frau, die vielleicht an AIDS erkrankt ist, spricht Bände und erzählt vom täglichen Wechselspiel zwischen Leben und Tod in dem Stadtteil, in dem Booleys Protagonisten leben. Dann wieder sieht man ein zärtliches Bild von Booleys Cousin, der an seinem Hochzeitstag im heftigen Regen unter einem Schirm seine schön gekleidete Braut im Arm hält – ein Bild, das die Idee von Hoffnung angesichts all der Verzweiflung stärkt, eine junge Liebe, die den sprichwörtlichen Stürmen des Lebens trotzt.

Durch den Wechsel von Farb- und Schwarz-Weiß-Fotografie entsteht ein interessanter visueller Kontrast, wie zum Beispiel in einer Serie von Bildern am Ende des Buchs, die Szenen zeigen, in denen die kap-malaiische Familie des Künstlers aus unterschiedlichen Anlässen zusammen gekommen ist. Diese Arbeiten sind sehr persönlich und menschlich. Sie verlangen nahezu danach, dass der Leser der Alltäglichkeit seines eigenen Lebens eine ähnliche Würdigung entgegenbringen möge, wie jene, die in den Bildern zum Ausdruck kommt, in denen Booley die Rituale, Zusammenkünfte und Verbundenheit seiner Familie darstellt.

Die Publikation dieser Retrospektive erfolgt zu einem signifikanten Zeitpunkt, nämlich kurz vor Booleys vierzigstem Geburtstag. Sie feiert den Stolz, die Widerstandsfähigkeit und persönliche Entwicklung eines Künstlers und der Menschen seines Landes und unterstreicht dies mit dem Bild der gehissten südafrikanischen Flagge zu Beginn und zum Ende des Buchs.

TAMBUDZAI LA VERNE NDLOVU, *Kunsthistorikerin*

Direction of the collection / Collectie onder leiding van / Direction de la collection / Leitung dieser Kollection:
Frédéric Jacquemin

Collection on the initiative of / Collectie op initiatief van / Collection à l'initiative de / Auf Initiative von:
Mirko Popovitch

Editing coordination / Redactiecoördinatie / Coordination éditoriale / Koordination der Bearbeitung:
Bjorn Maes

Photographs / Foto's / Photos / Fotografien:
© Yasser Booley

Texts / Teksten / Textes / Texte:
Pieter Hugo, Frédéric Jacquemin, Bjorn Maes, Ingrid Masondo, Tambudzai 'LaVerne' Ndlovu

Selection of the photographs / Selectie van de foto's / Sélection des photos / Auswahl der Fotografie:
Yasser Booley, Pieter Hugo, Bjorn Maes, Raf Thienpont

Biographical notes / Biografische notities / Notices biographiques / Biographische Notizen:
Bjorn Maes

Editing and proofreading / Tekstcorrecties en revisie / Corrections des textes et relecture / Lektorat und Korrektur:
Audrey Brisack, Anja Göbel, Bjorn Maes, Serine Mekoun, Anja Veirman, Annelies Verdoolaeghe

Grafic design / Grafische vormgeving / Conception graphique / Grafikdesign:
Raf Thienpont

Translations / Vertalingen / Traductions / Übersetzung:
Susanne Dickel, Sigrid Gulix, Vertaalbureau Alfabet

Publishers / Uitgevers / Editeurs / Herausgeber:
Africalia asbl/vzw, Stichting Kunstboek

Printing / Druk / Impression / Druck:
PurePrint

Editor-in-chief / Verantwoordelijke uitgever / Editeur responsable / Chefredakteur:
Godelieve (Bambi) Ceuppens, rue du Congrès 13 Congresstraat, 1000 Bruxelles / Brussel

Thanks to / Met dank aan / Merci à / Dank:
see page 8 / zie pagina 8 / voir page 8 / siehe Seite 8
Copyrighting – Royal Library / Depotnummer – Koninklijke Bibliotheek / Dépôt Légal – Bibliothèque Royale de Belgique / Urheberrecht – Königliche Bibliothek:
D/2016/6407/17

ISBN:
978-90-5856-563-1

Info:
www.africalia.be – 00 32 2 412 58 80 – africalia@africalia.be

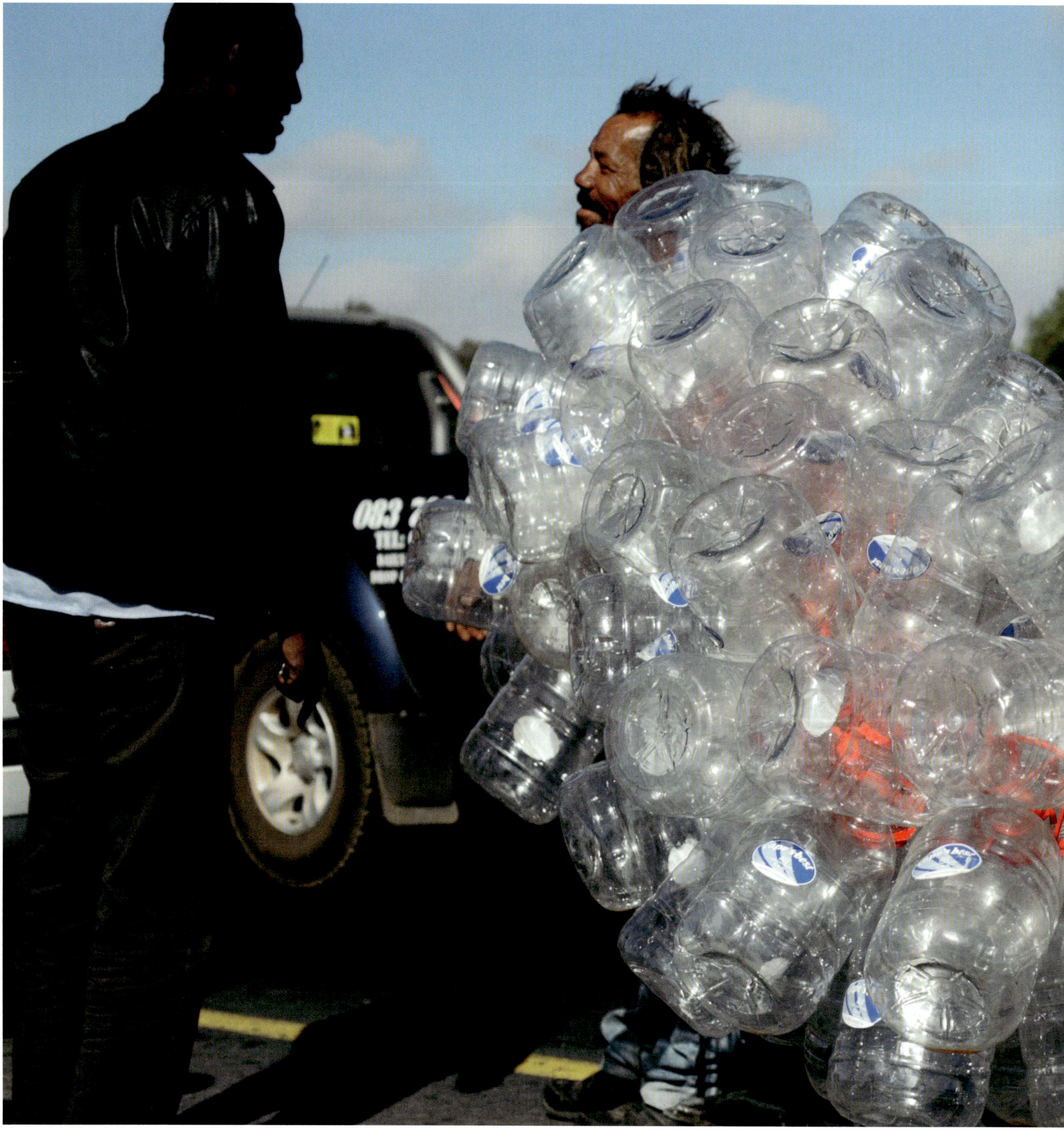

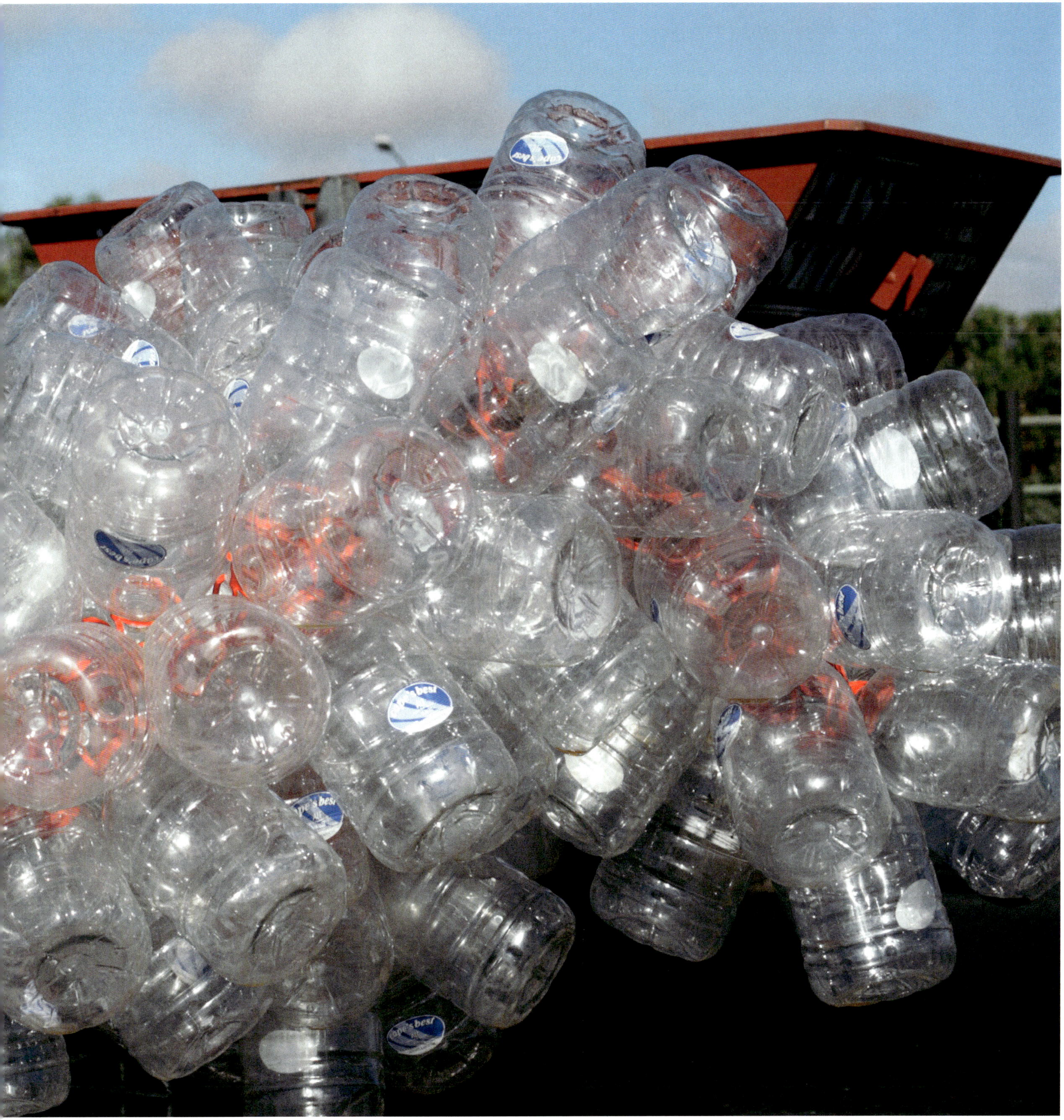

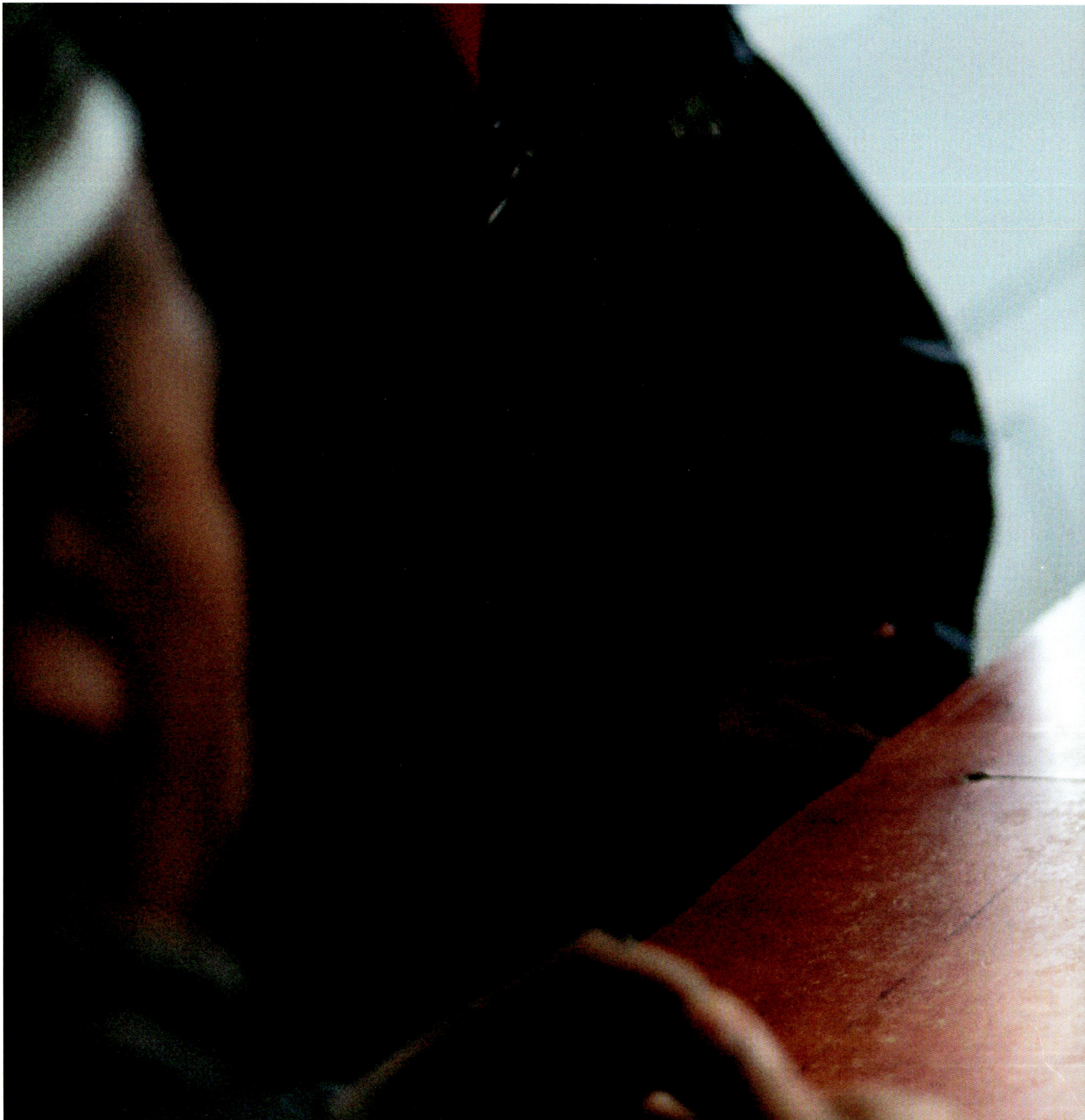

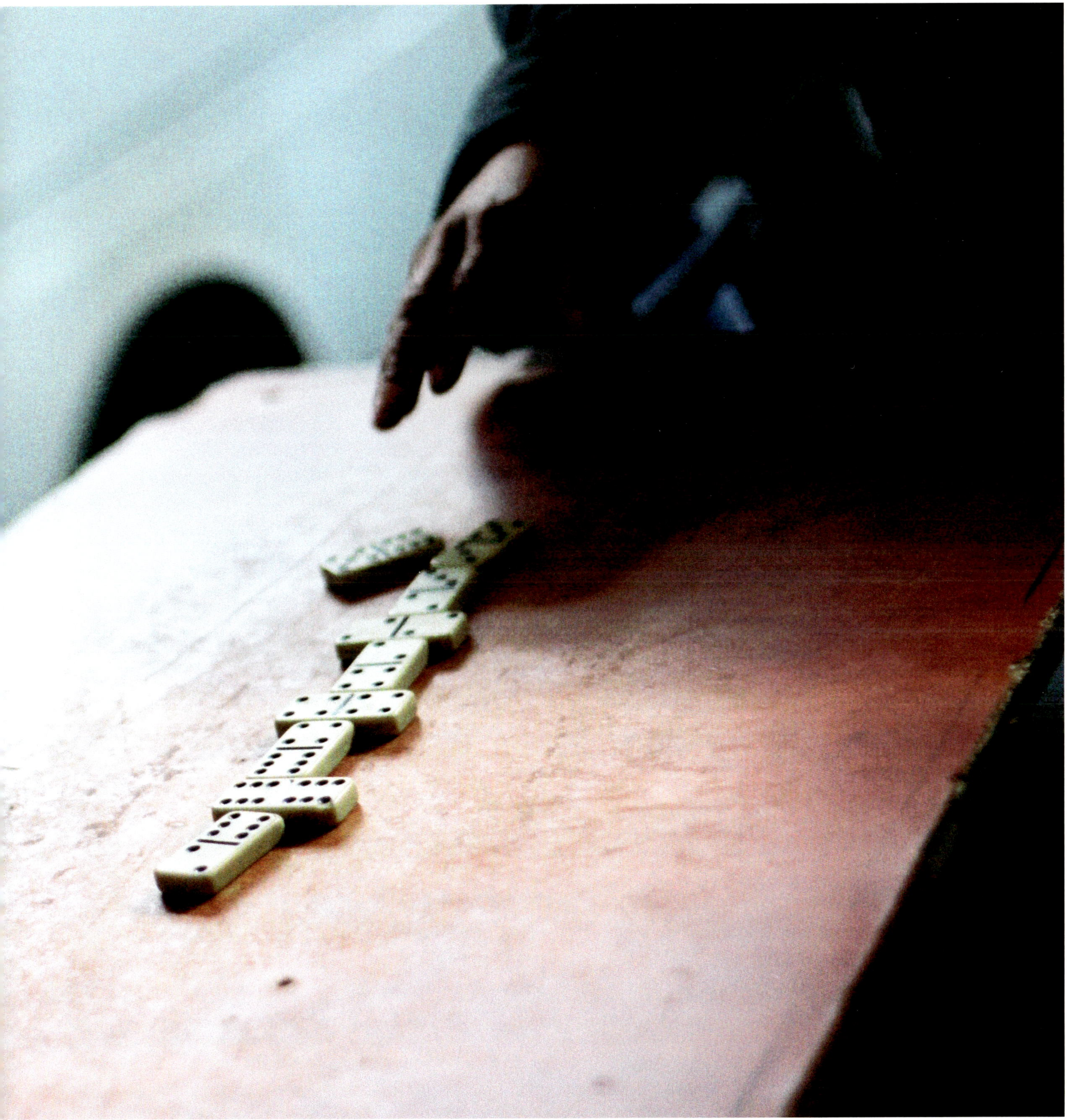

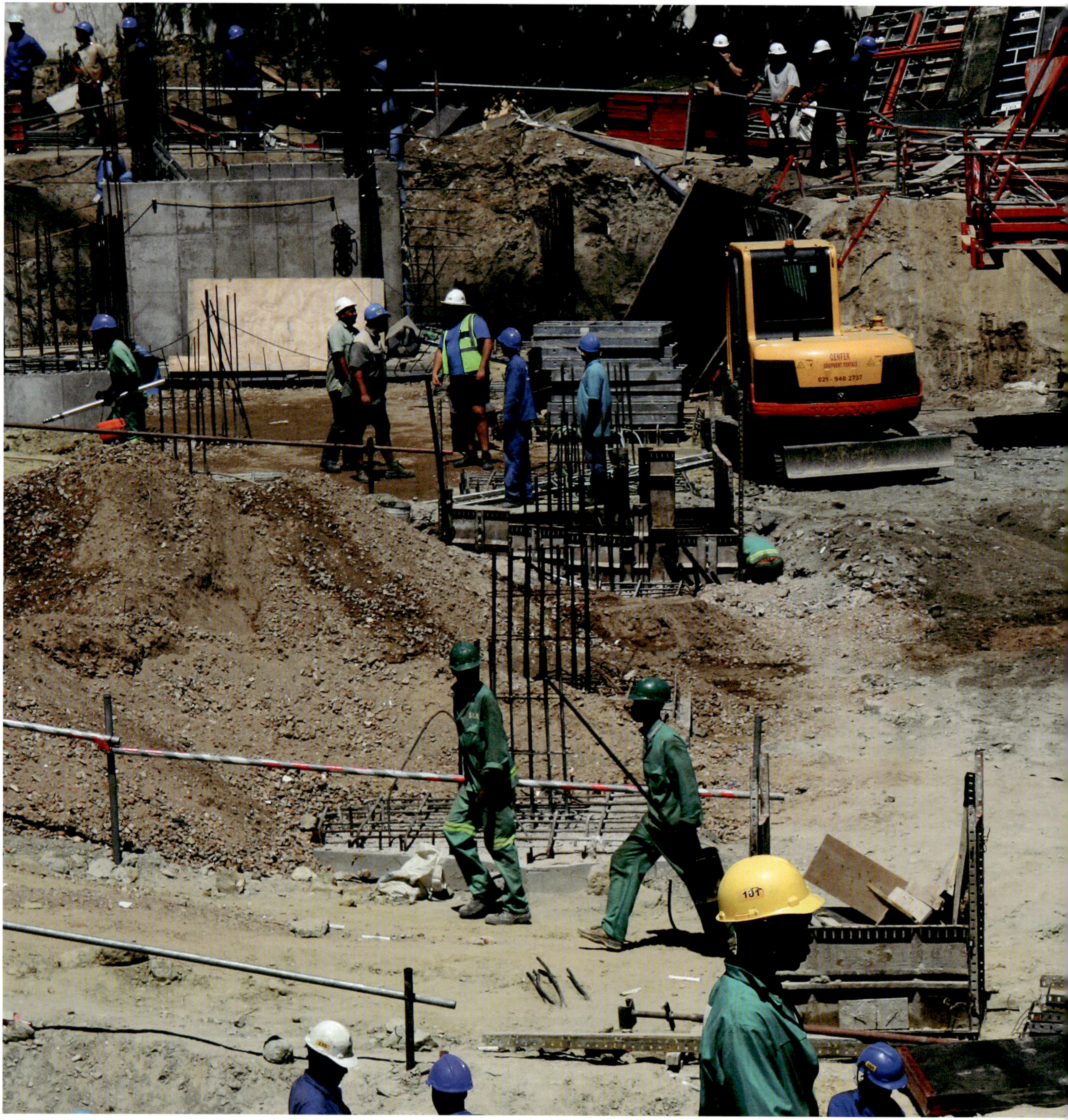
021 - 940 2737

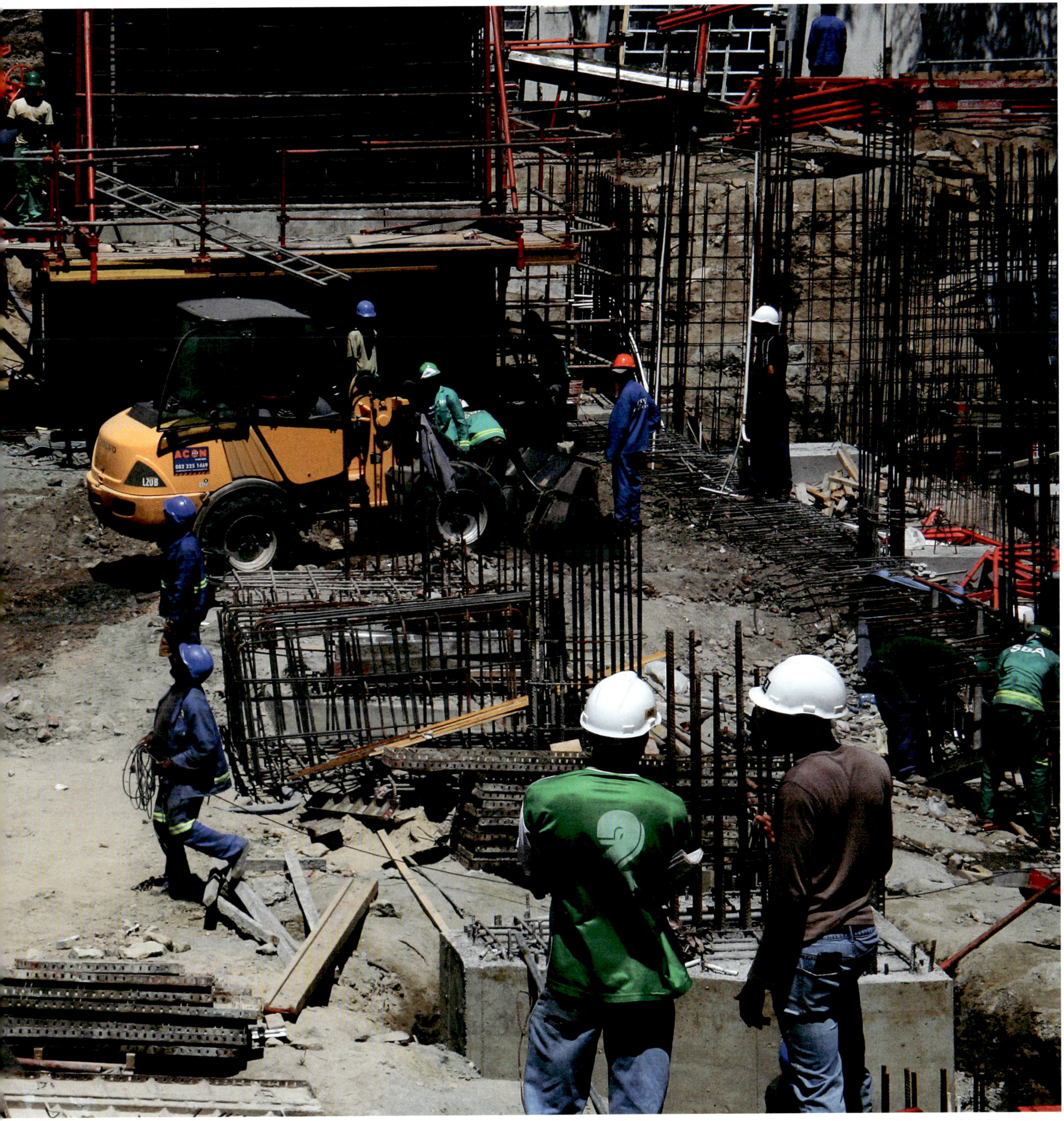
ACON
082 225 1469
L20B

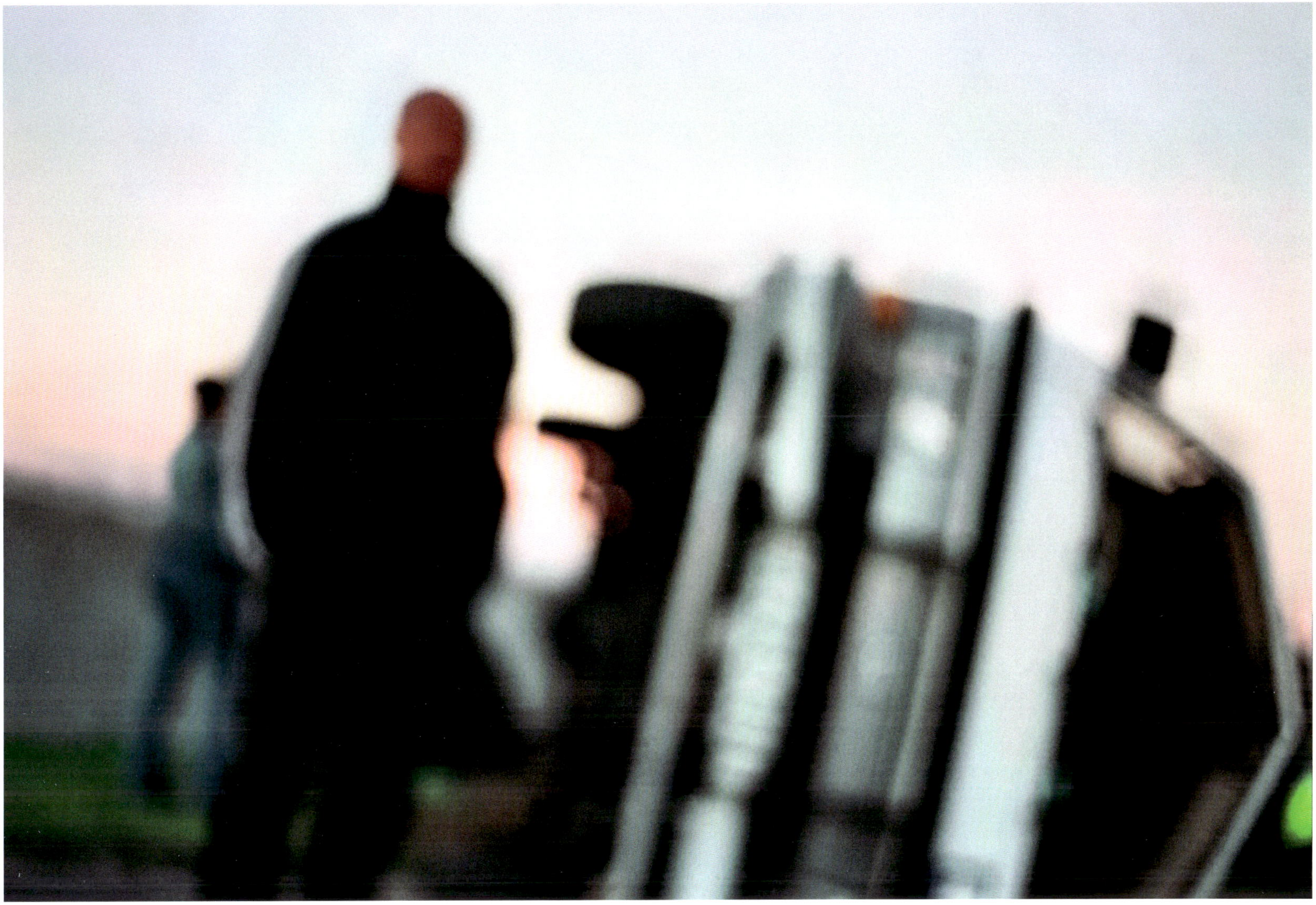

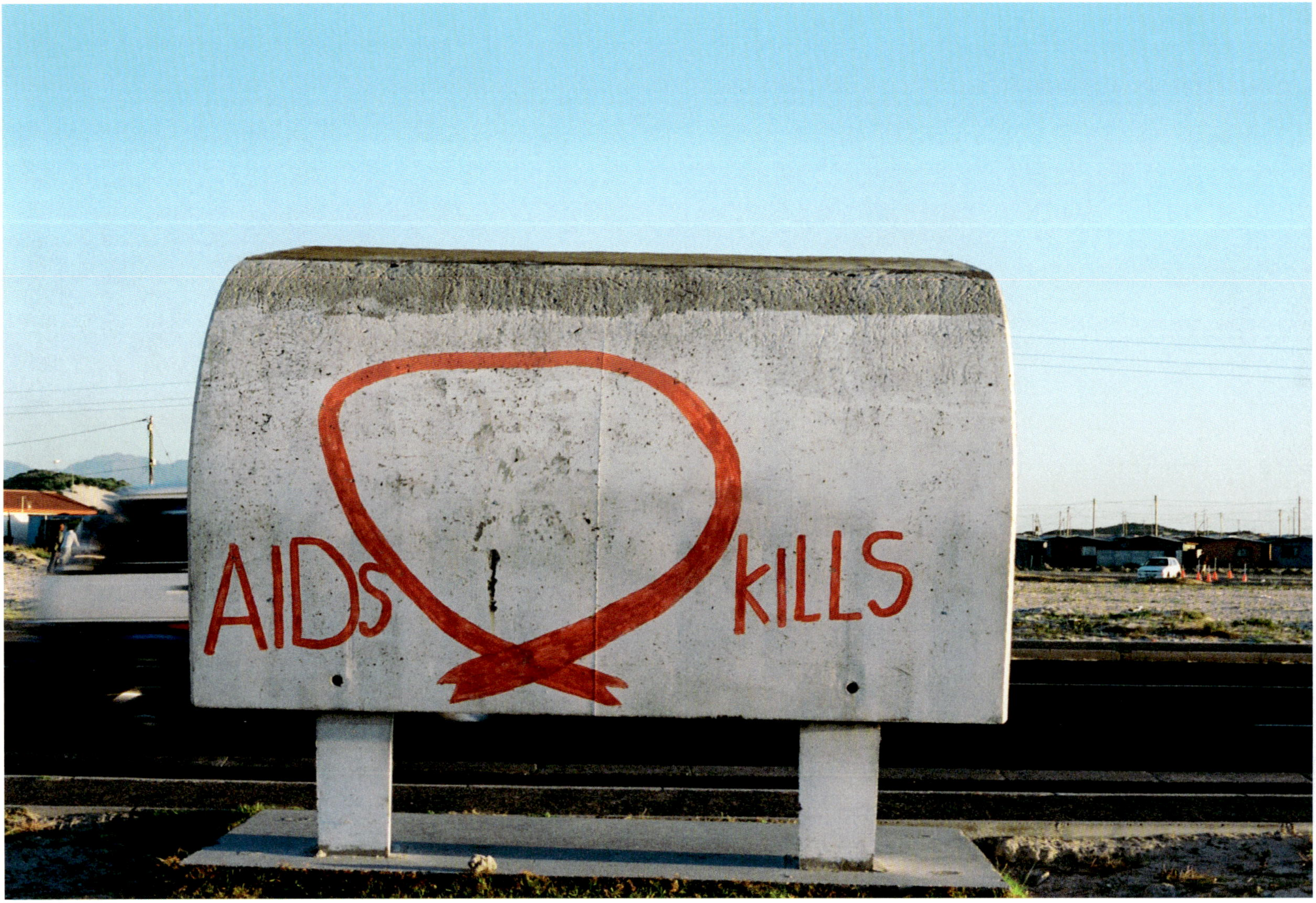
AIDs kILLS

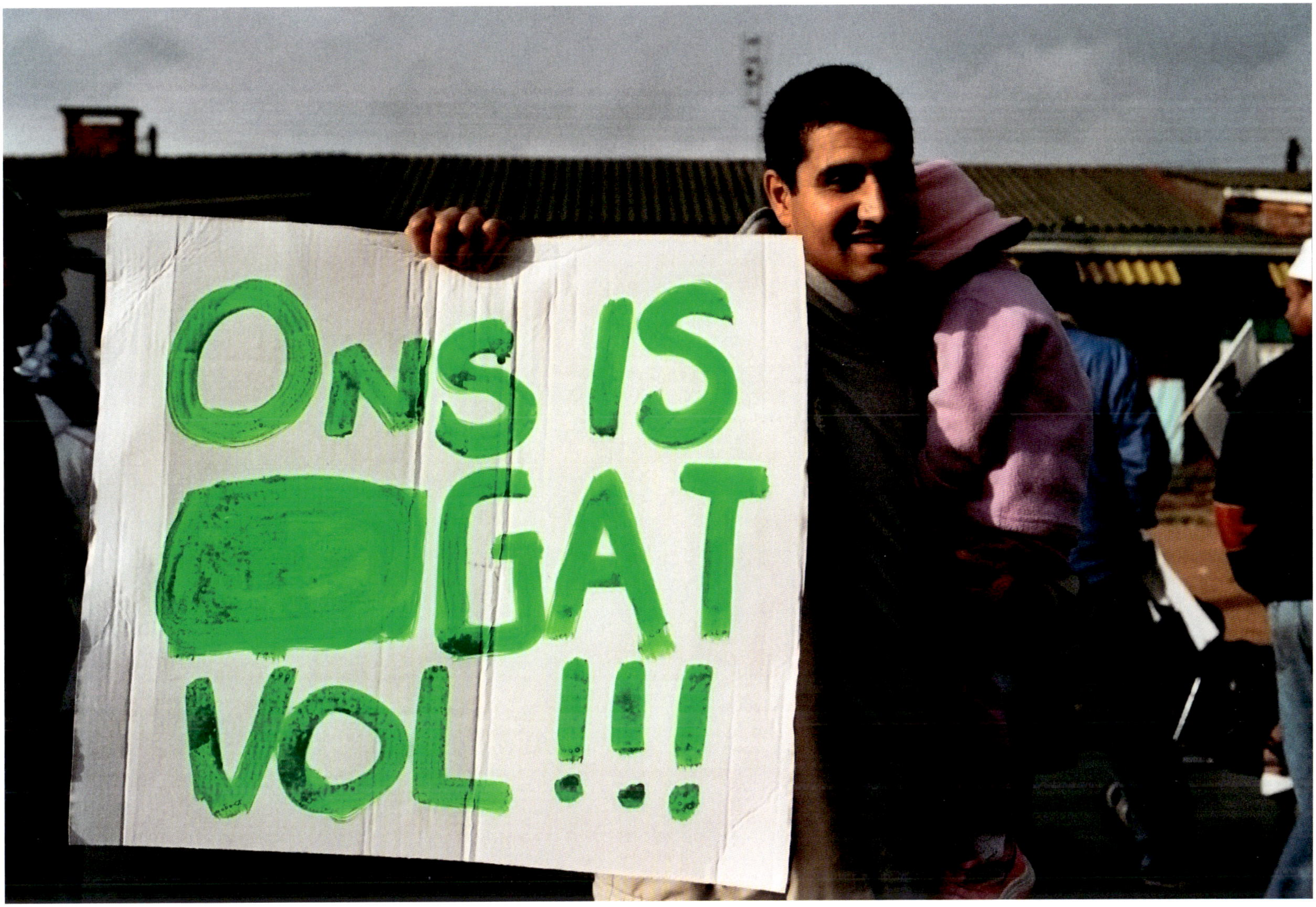
ONS IS
GAT
VOL!!!

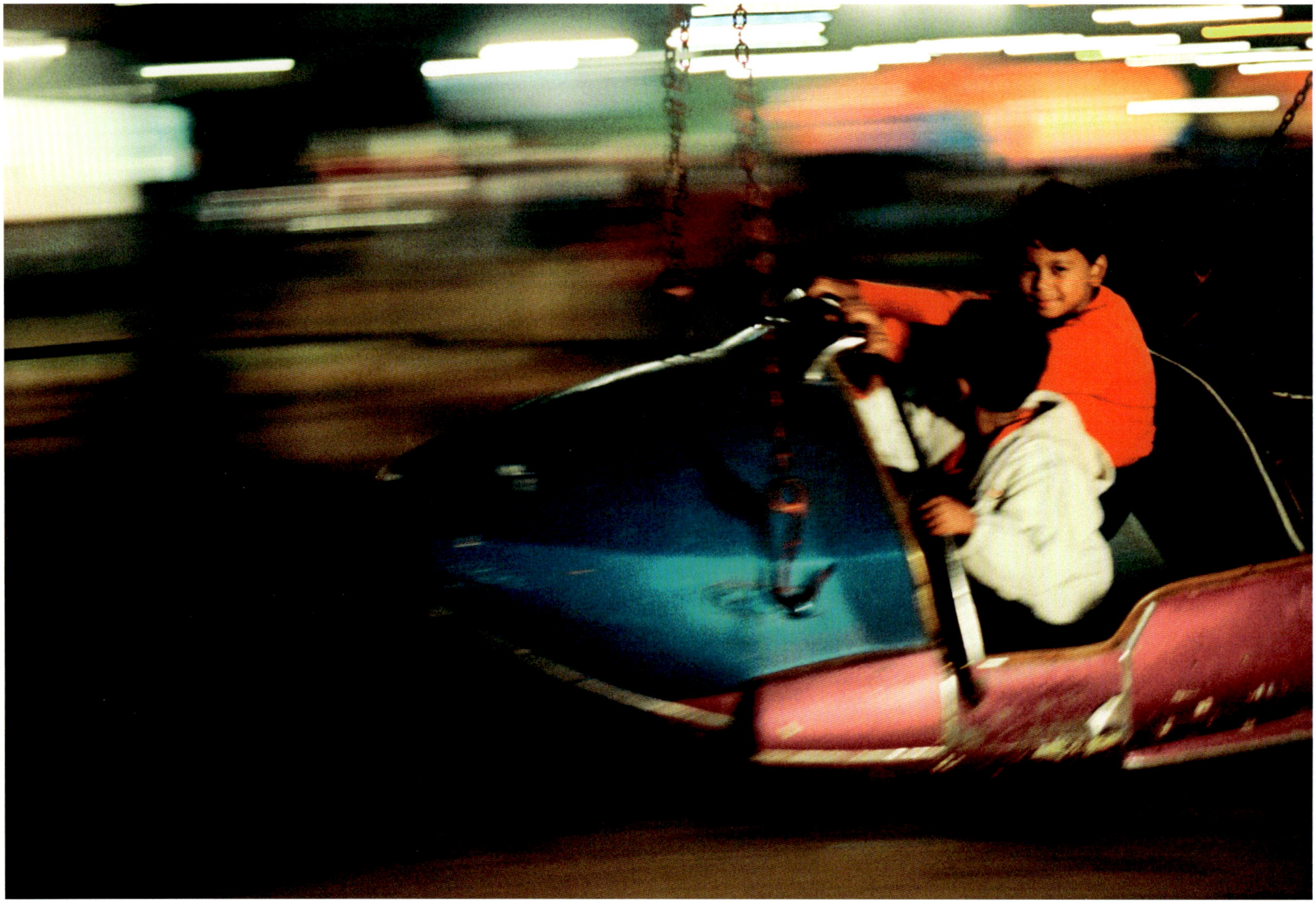

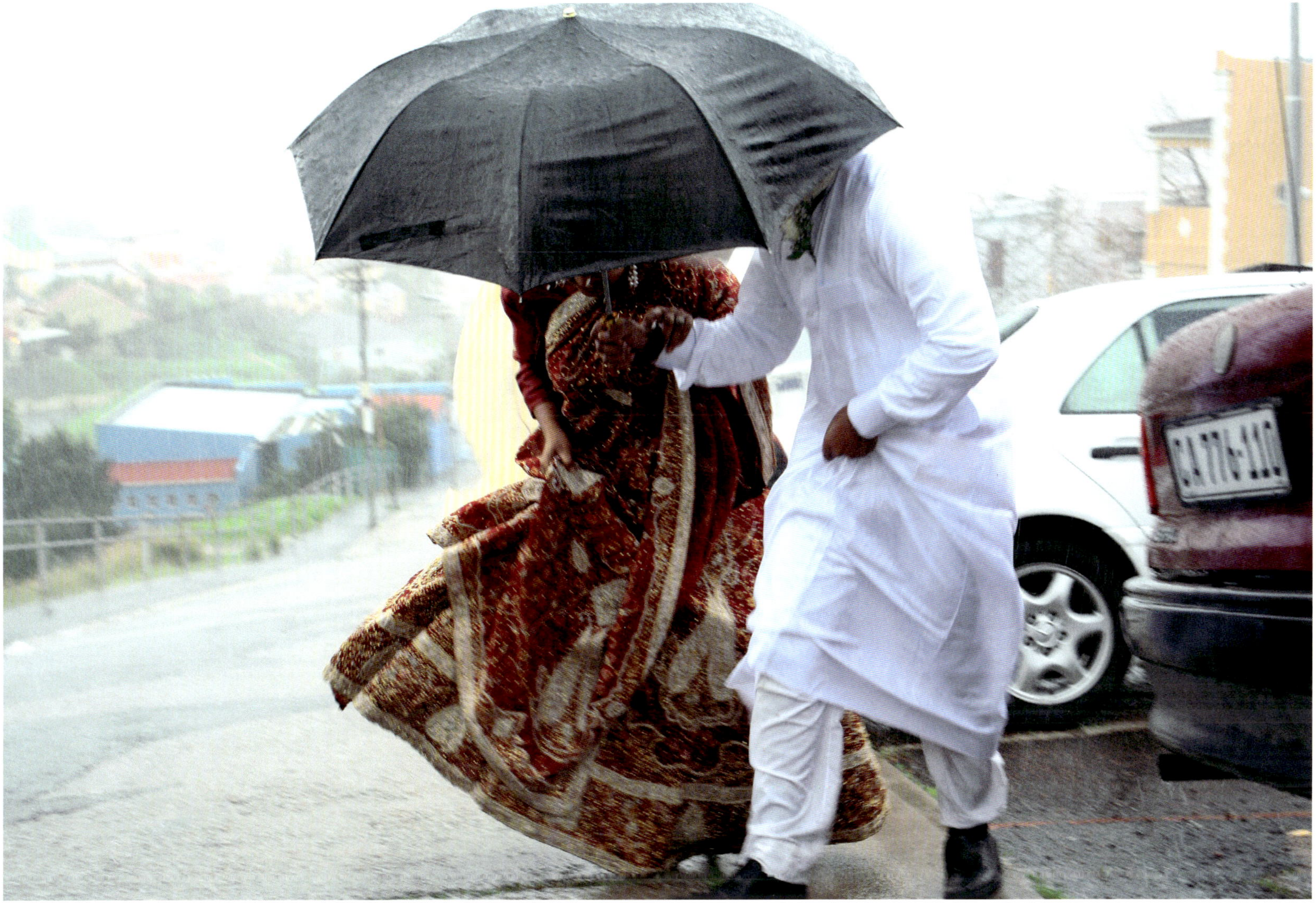

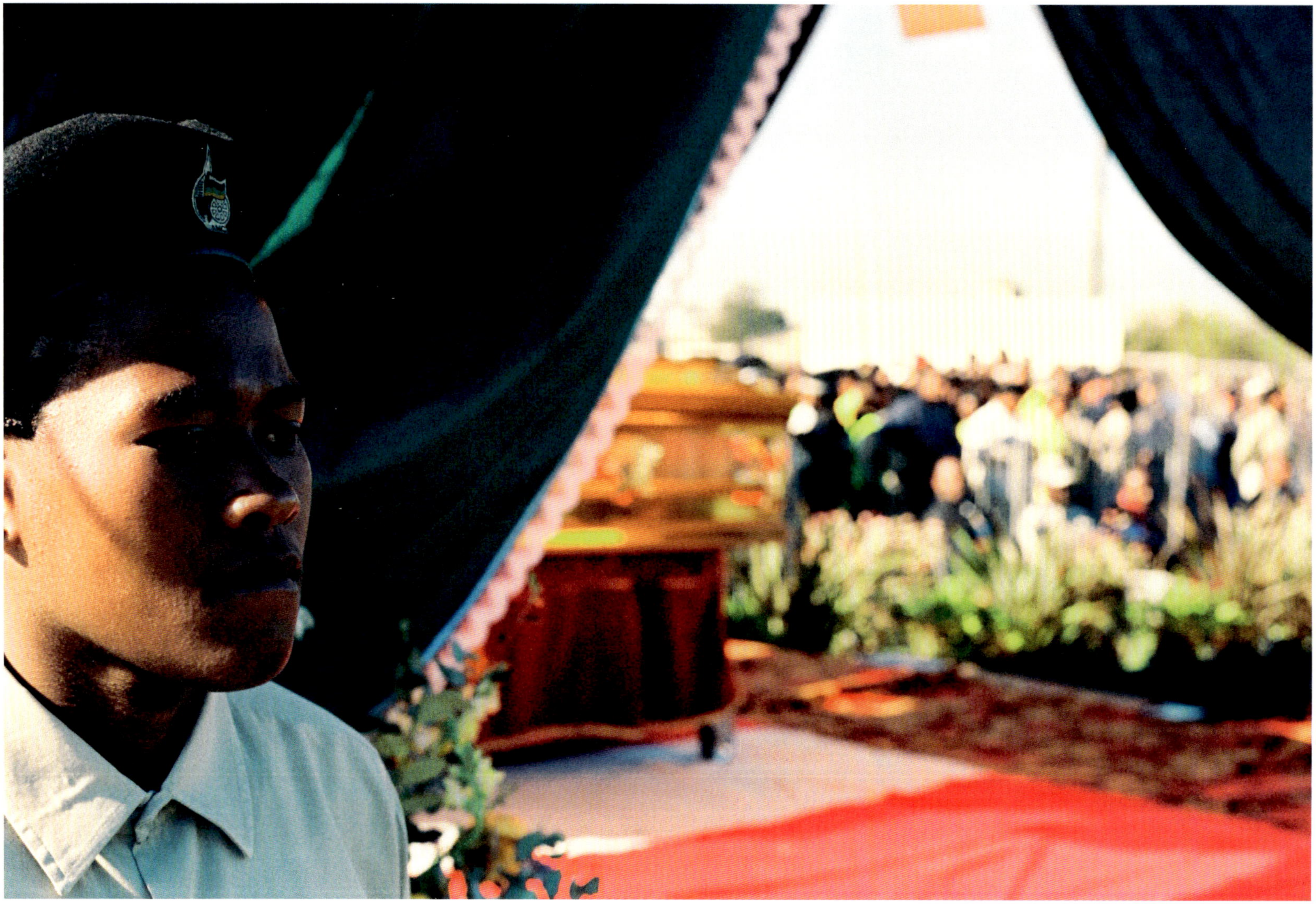

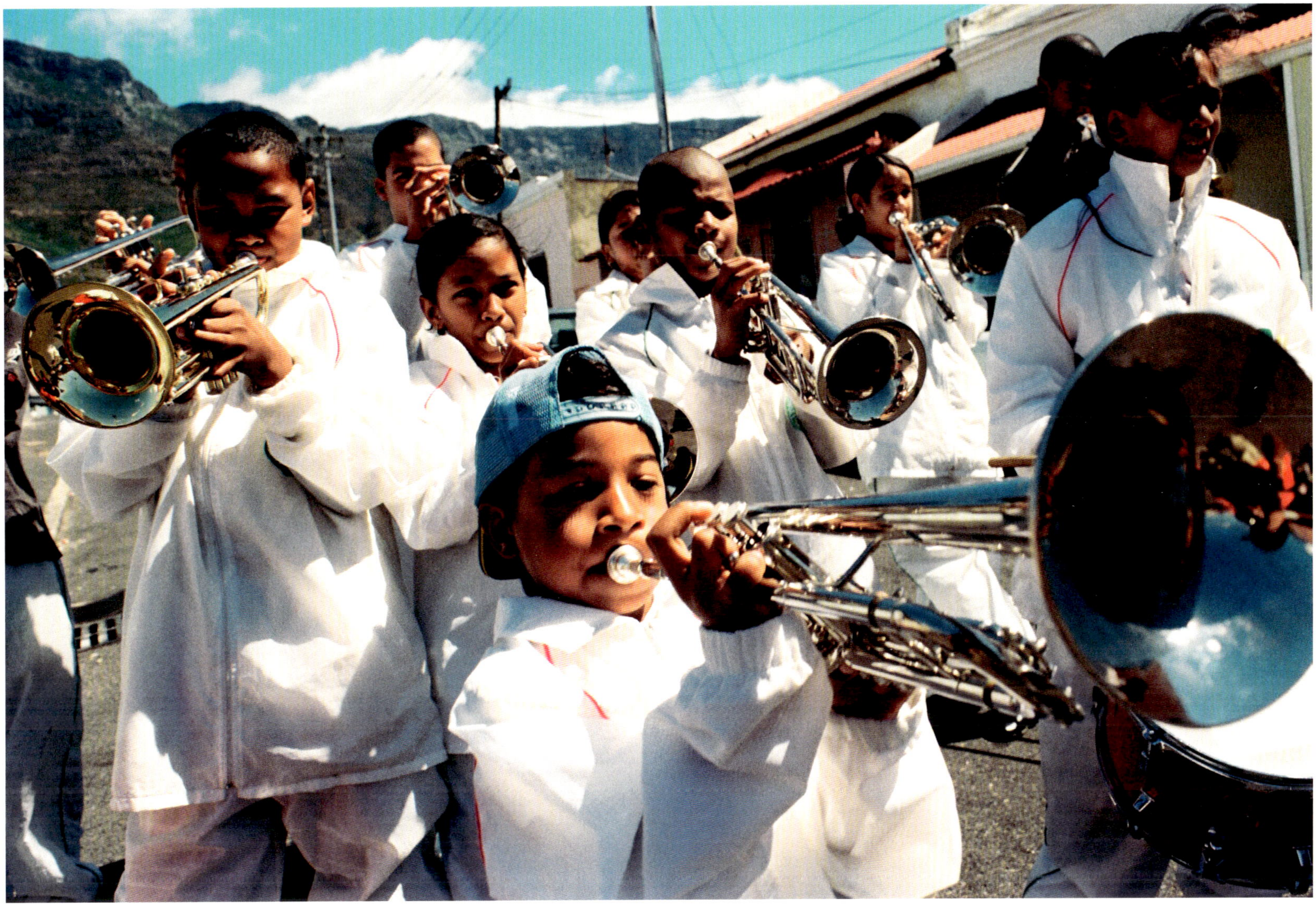

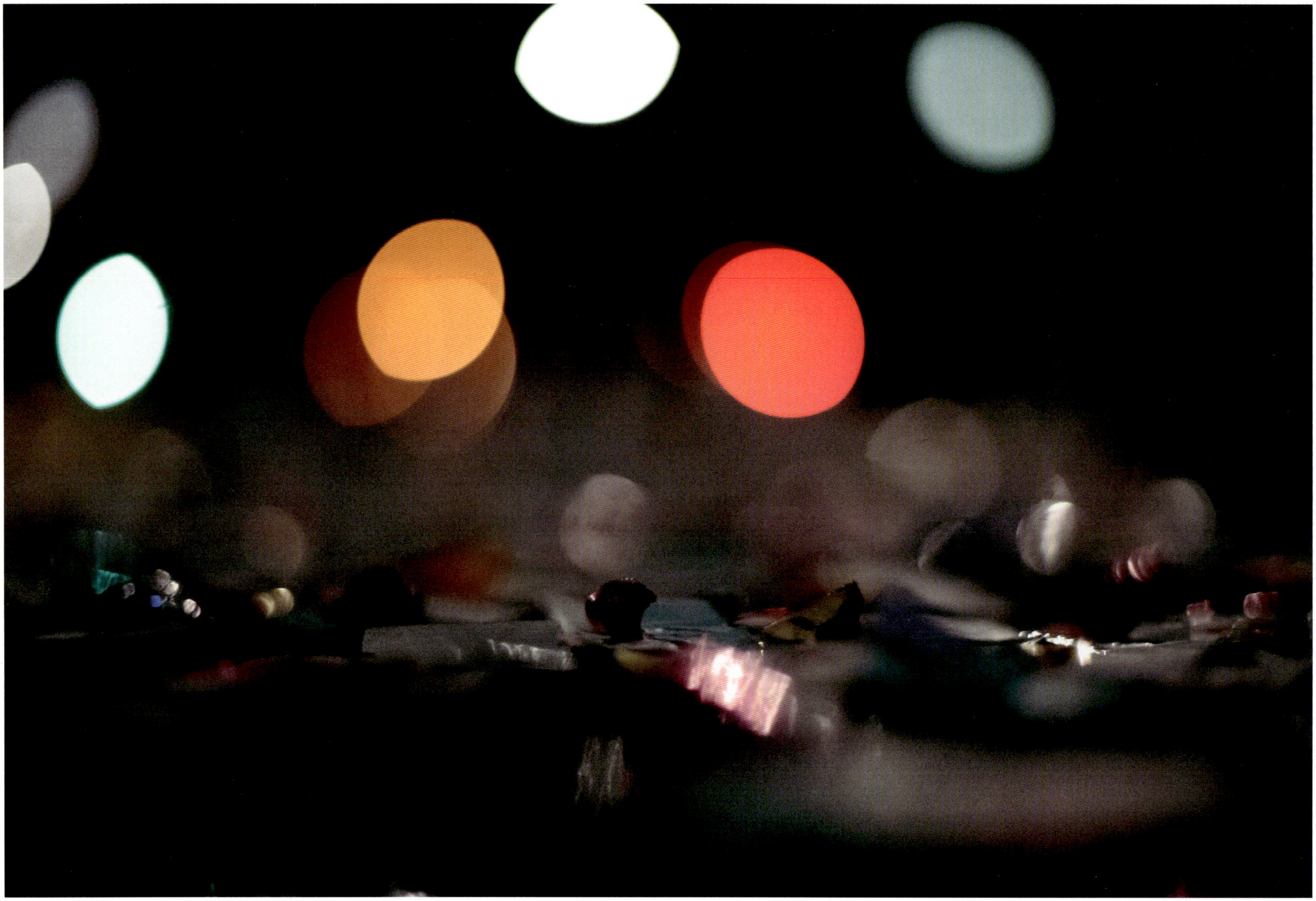

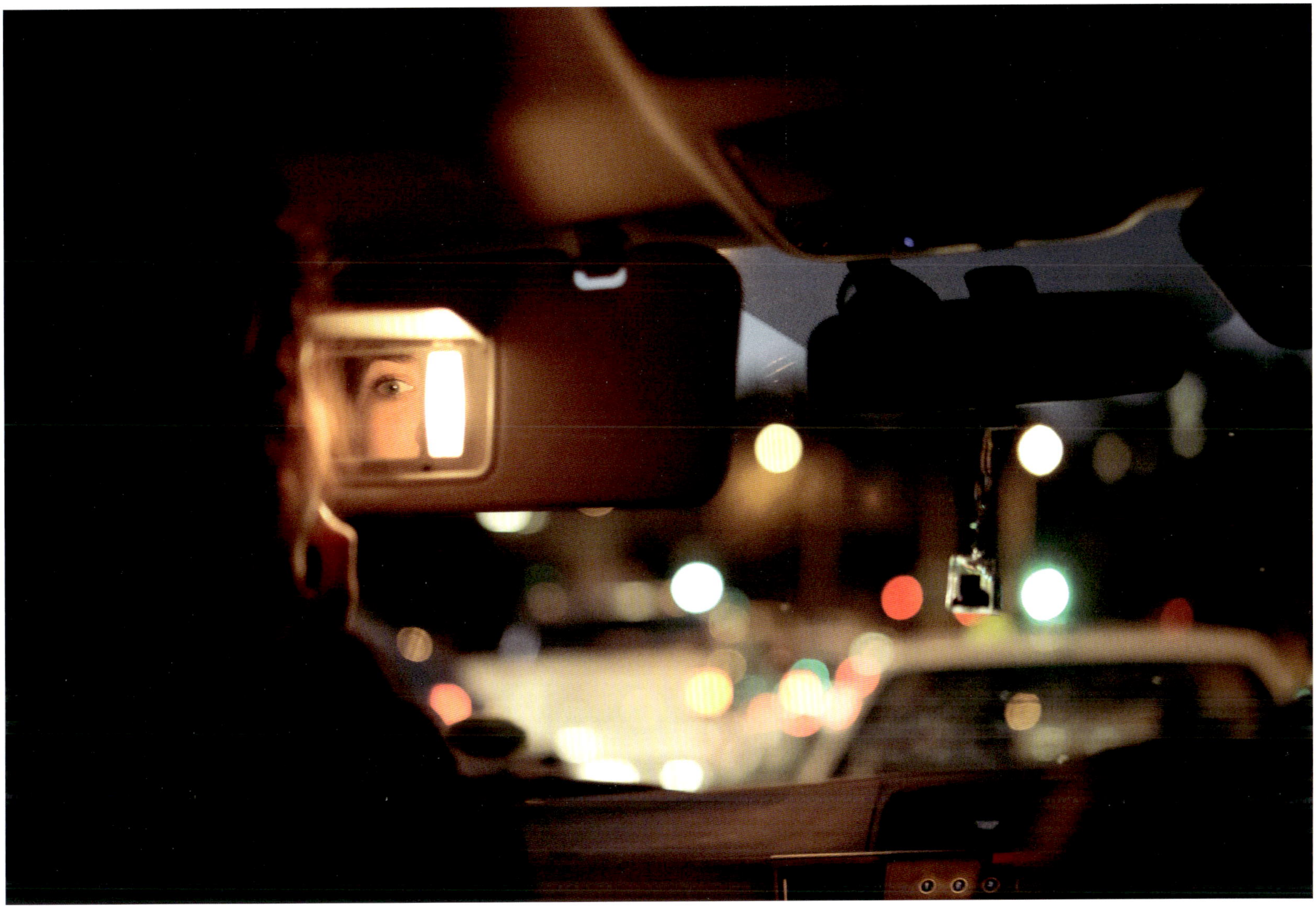

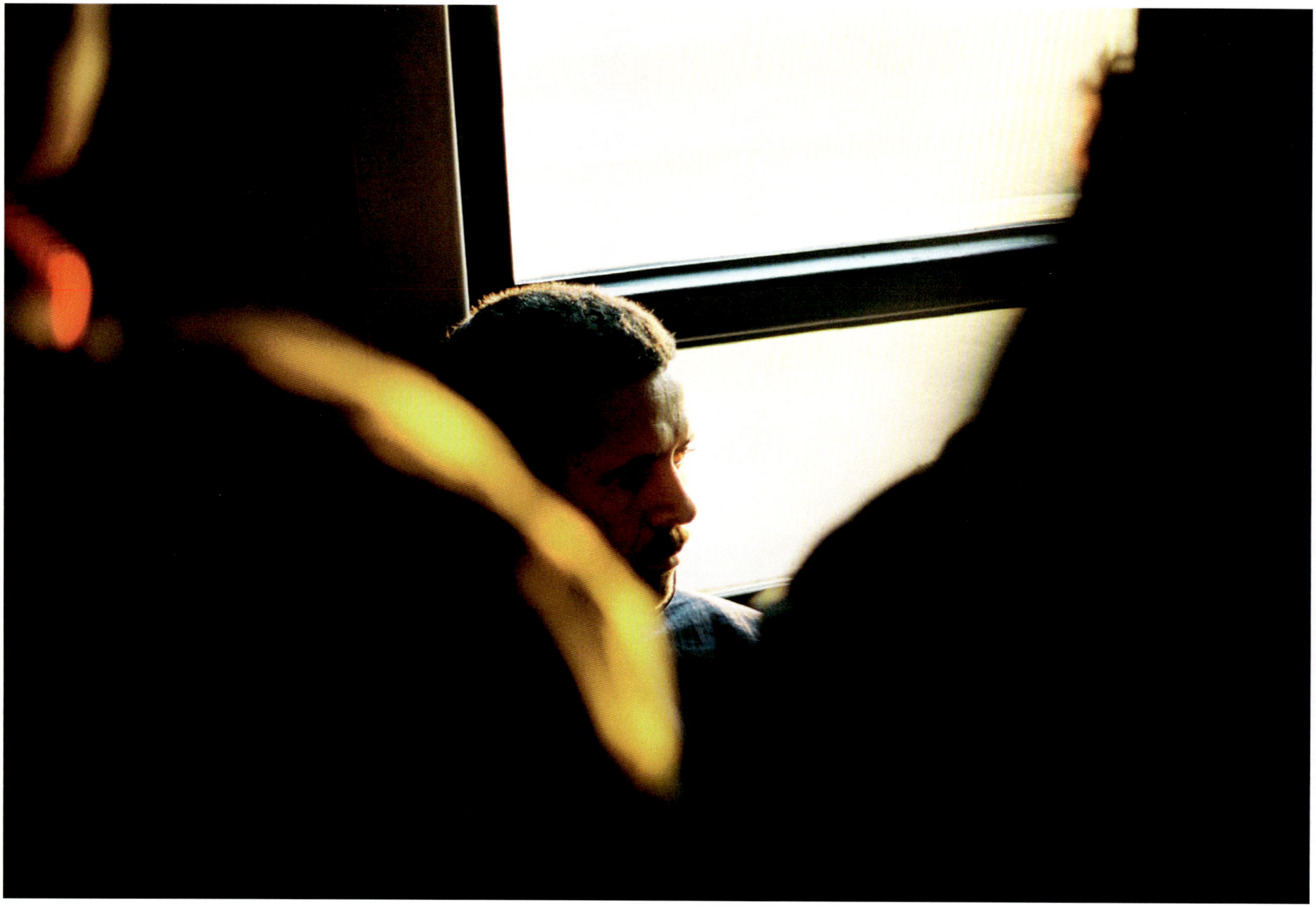

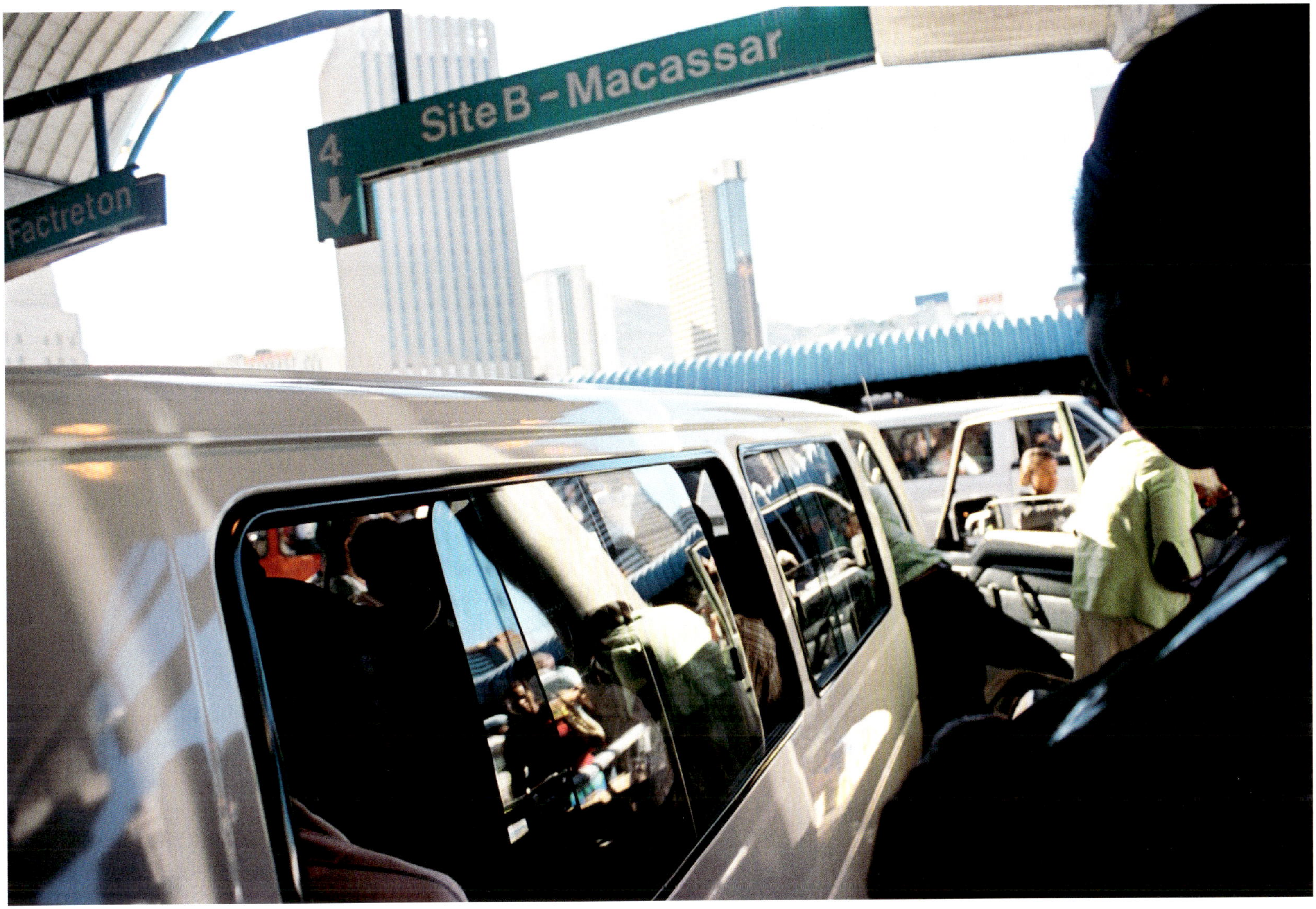
Factreton
4
Site B - Macassar

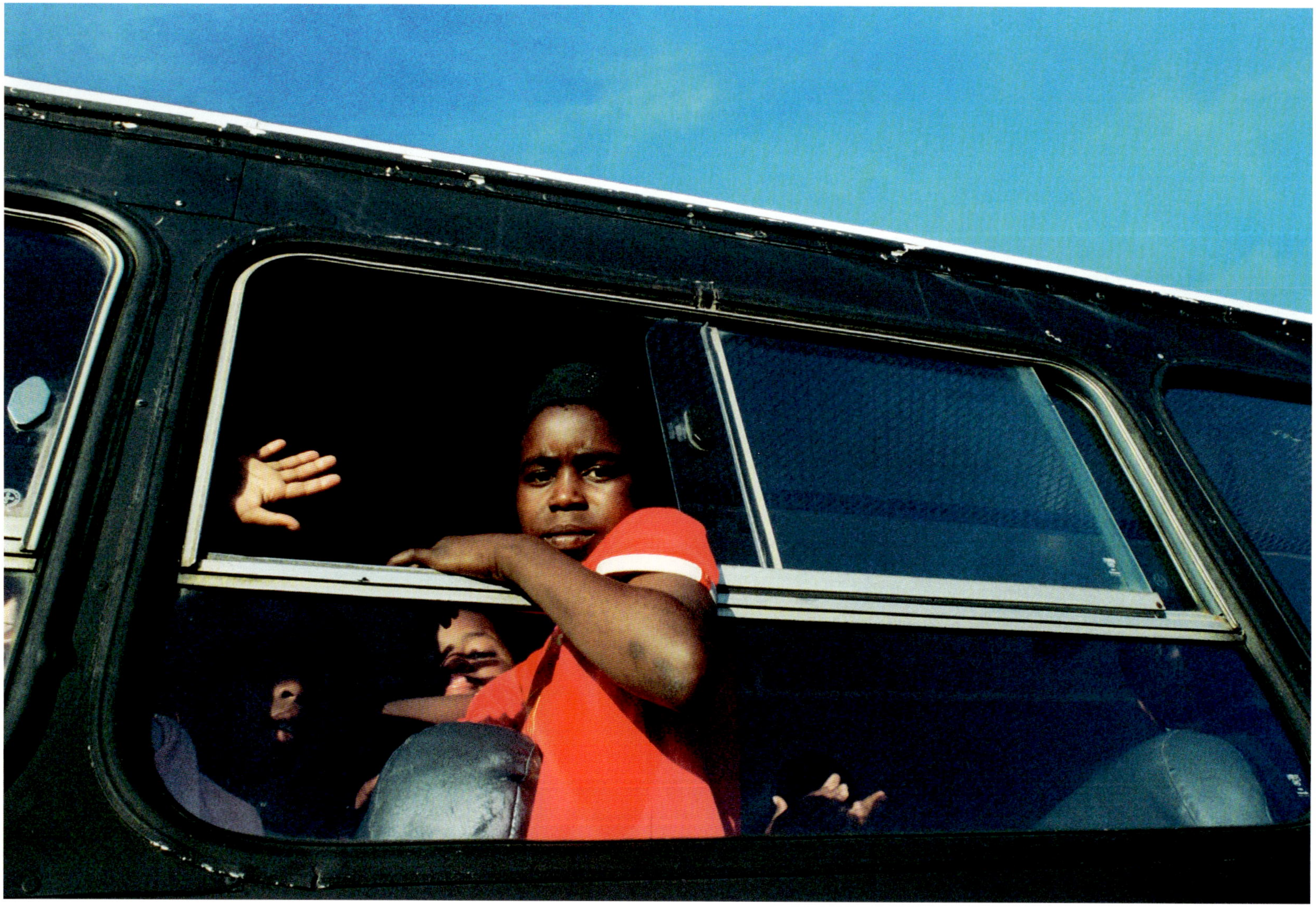

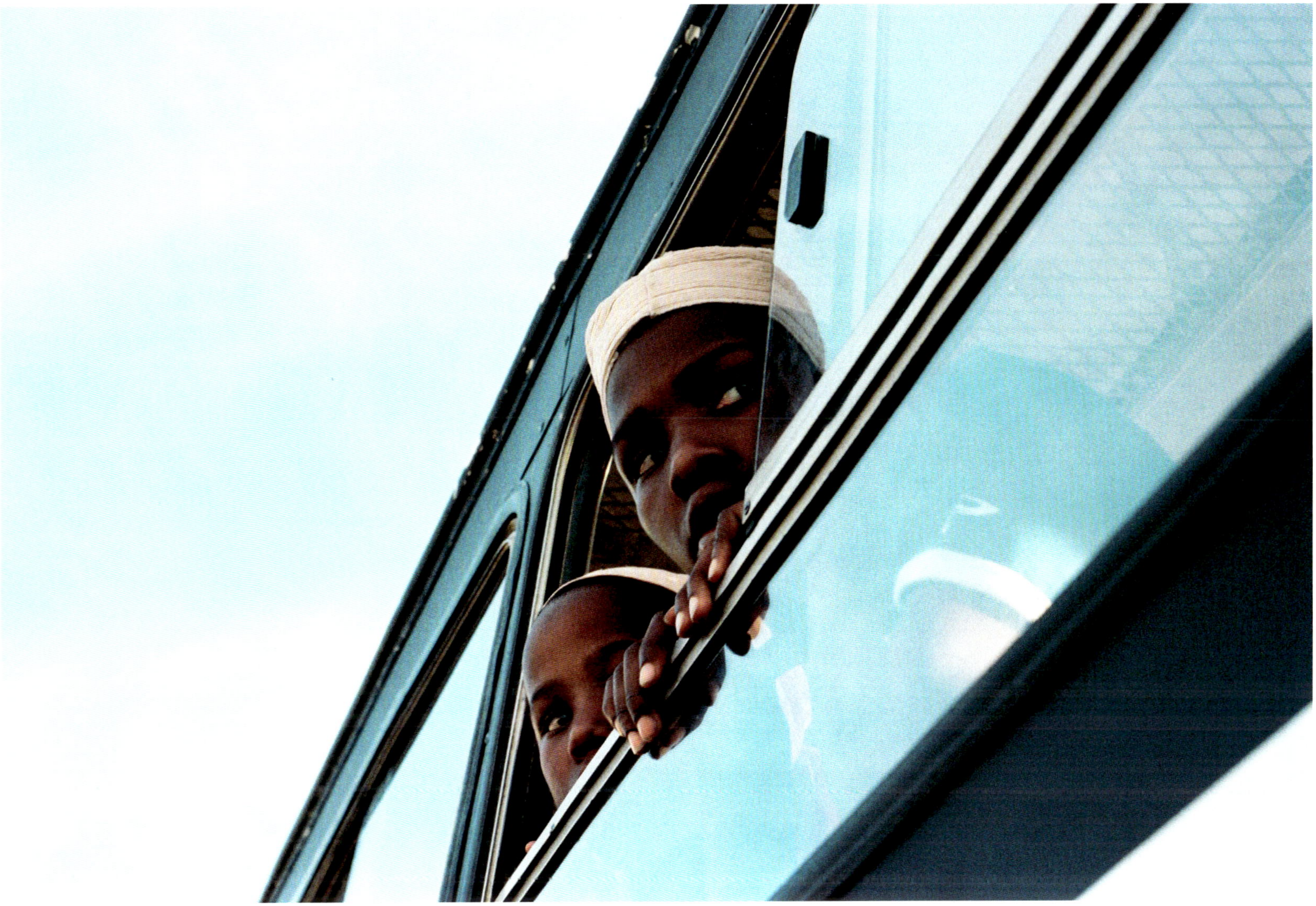

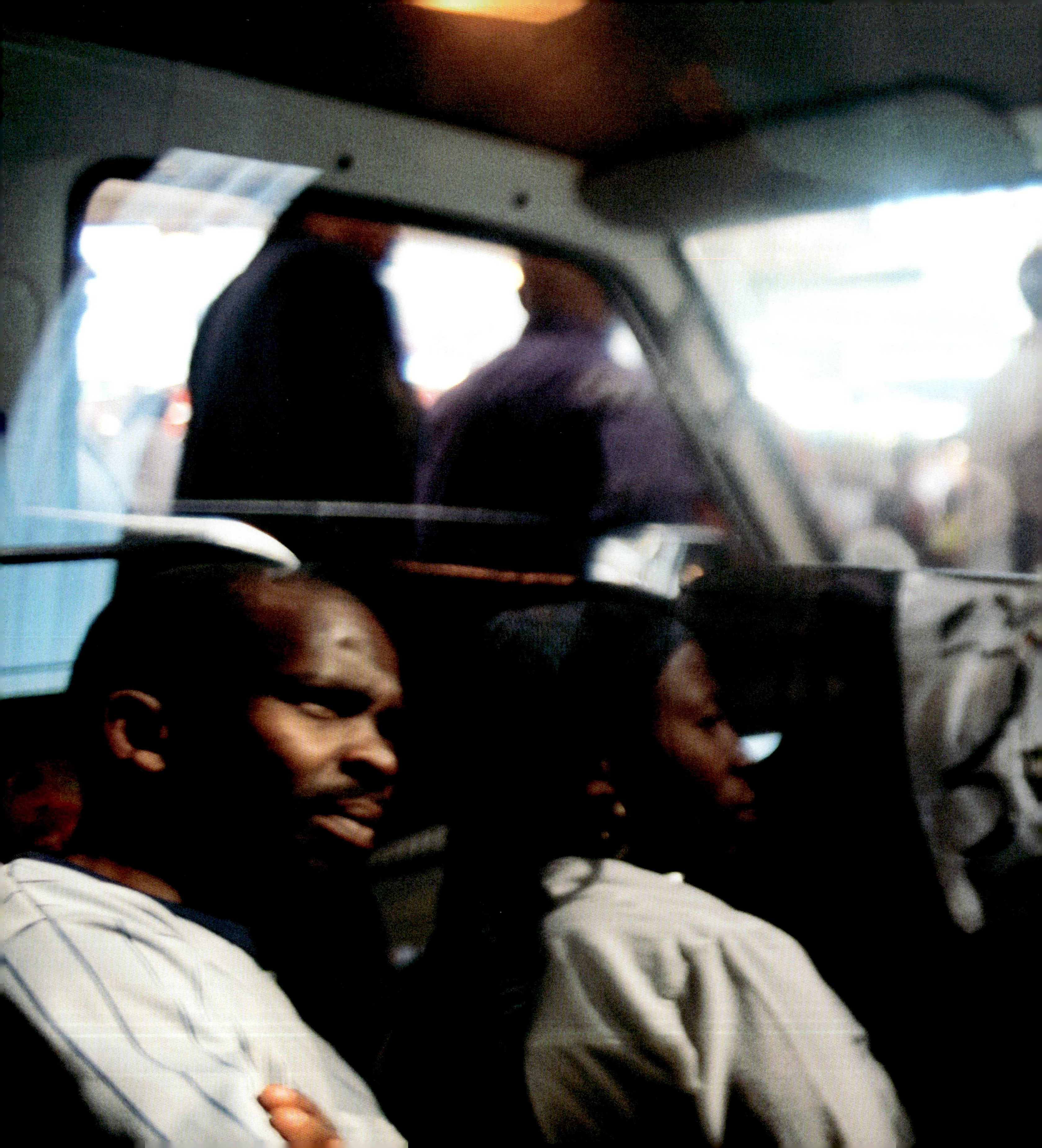

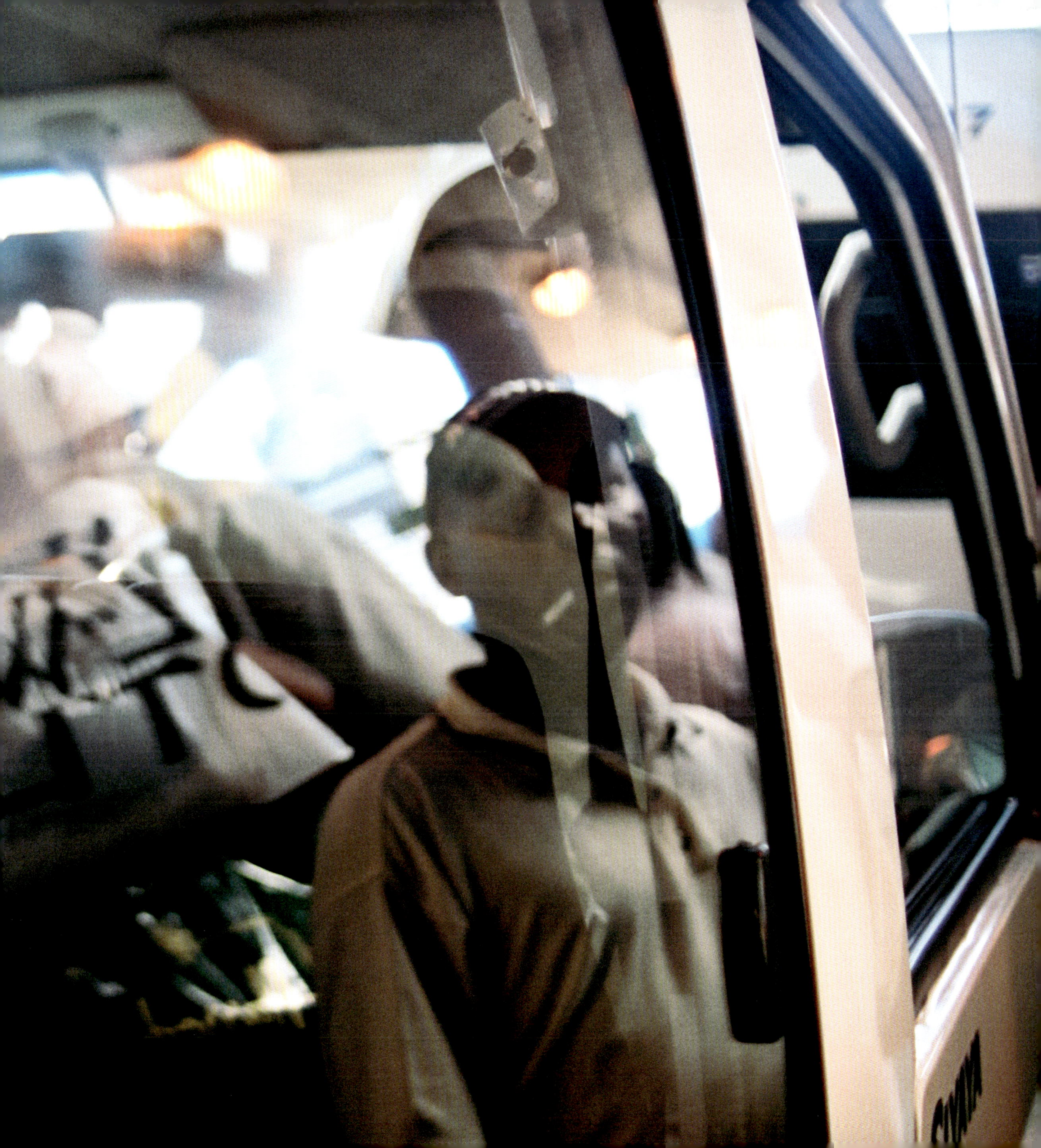

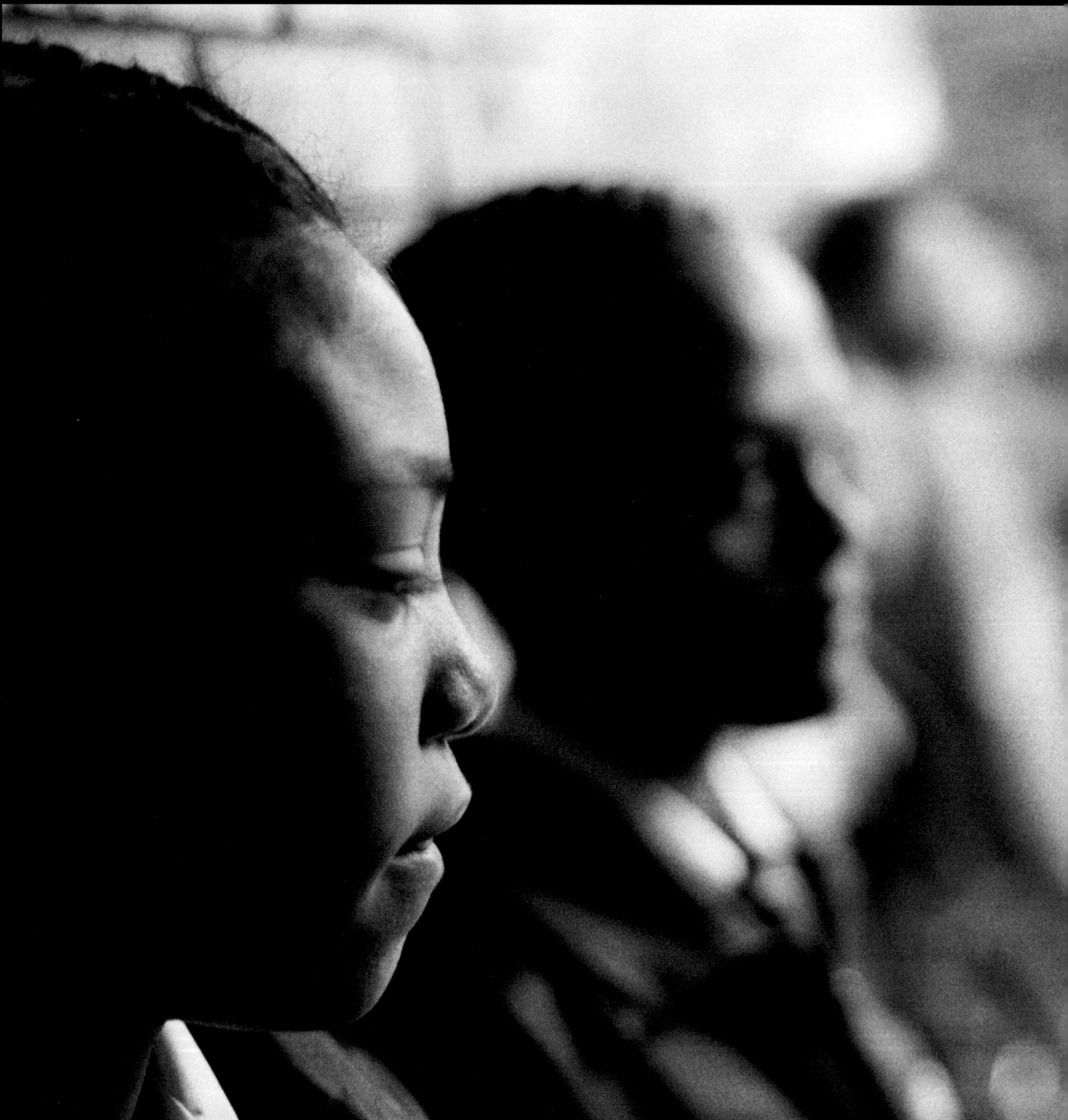

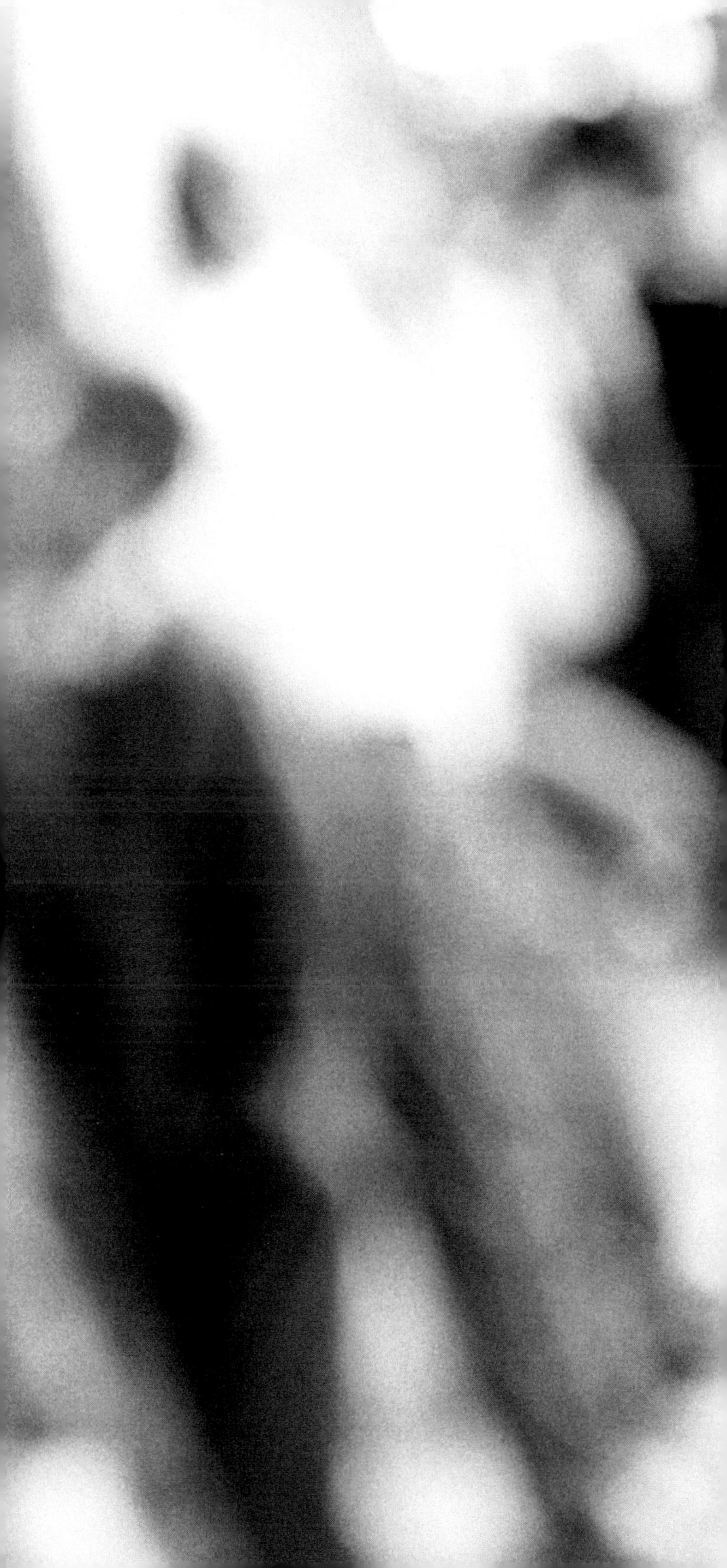

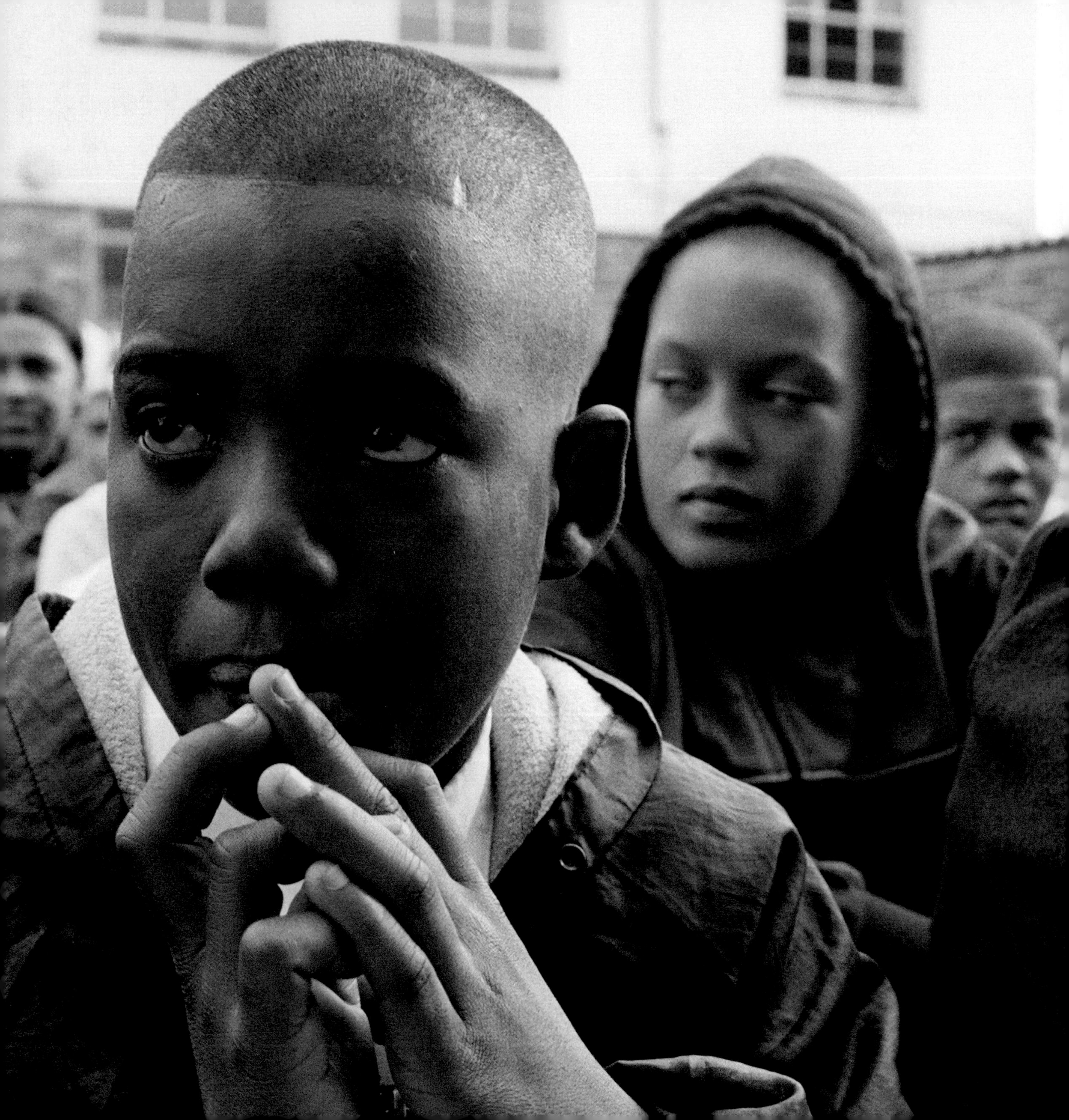

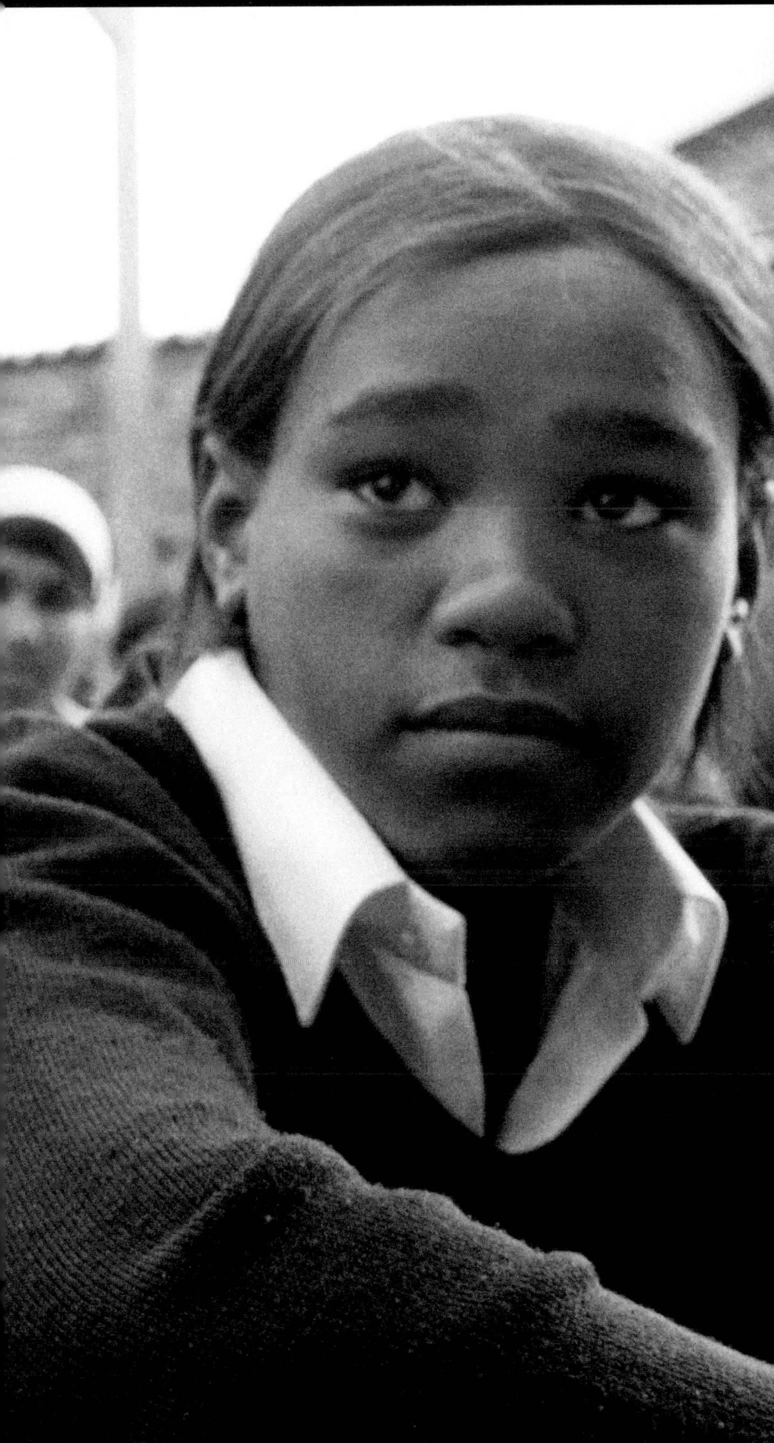

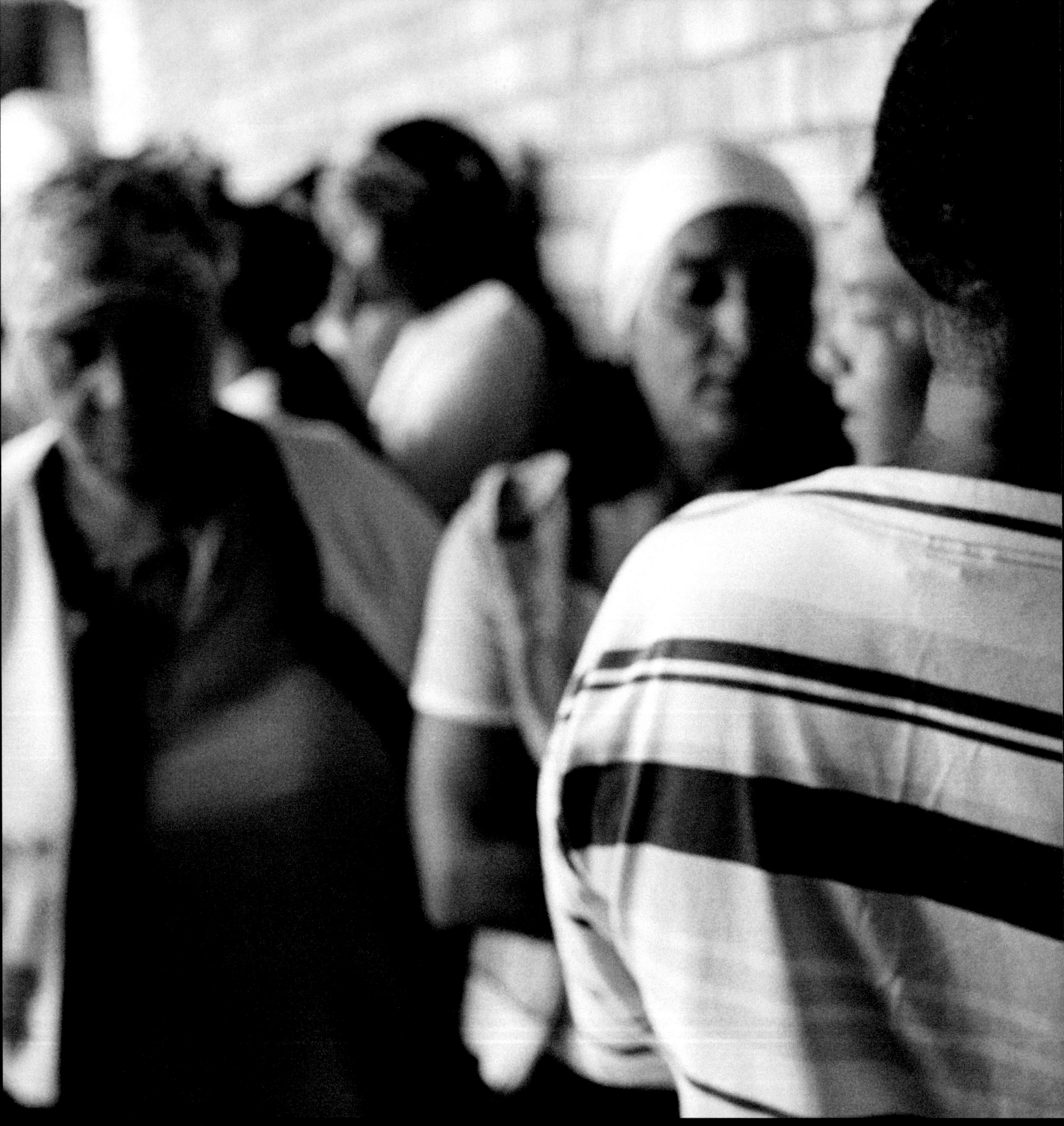

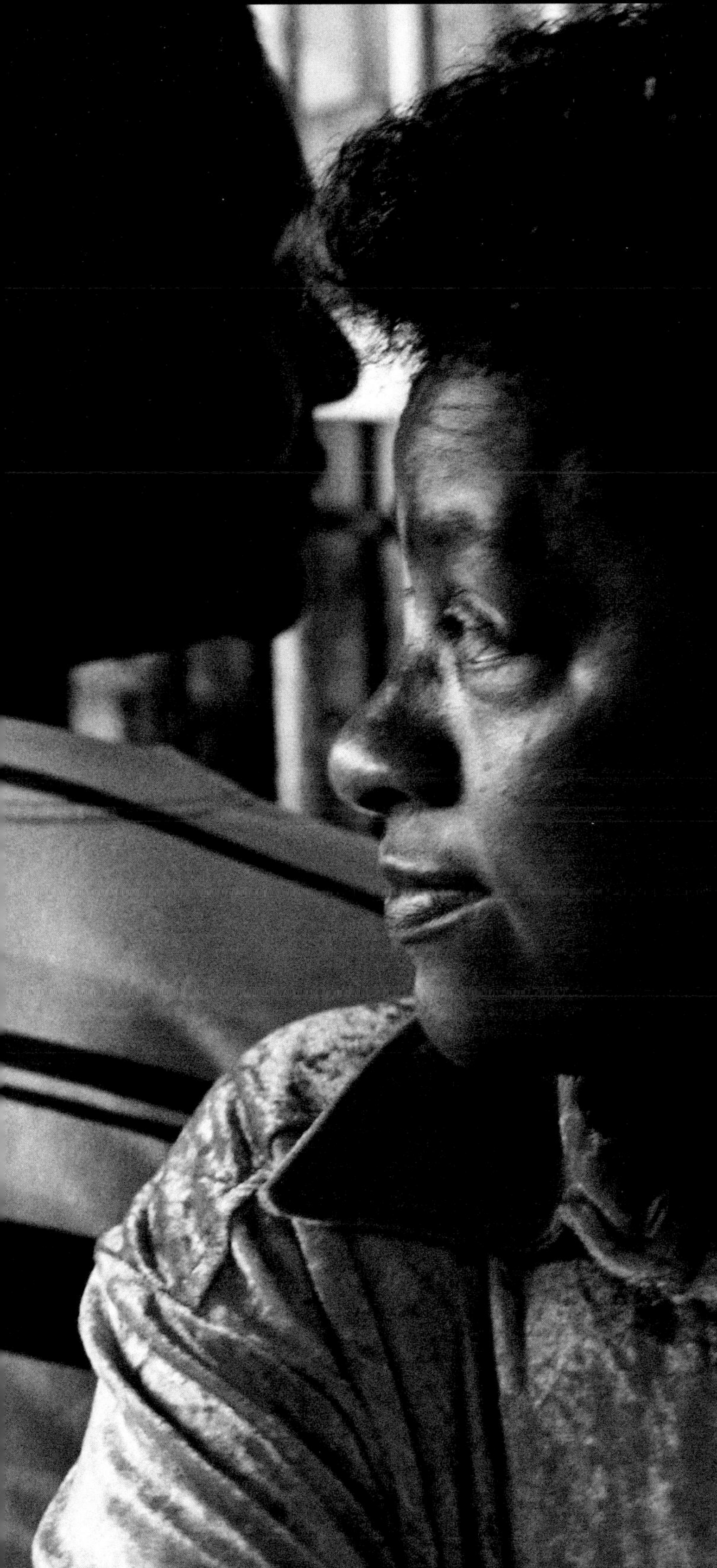

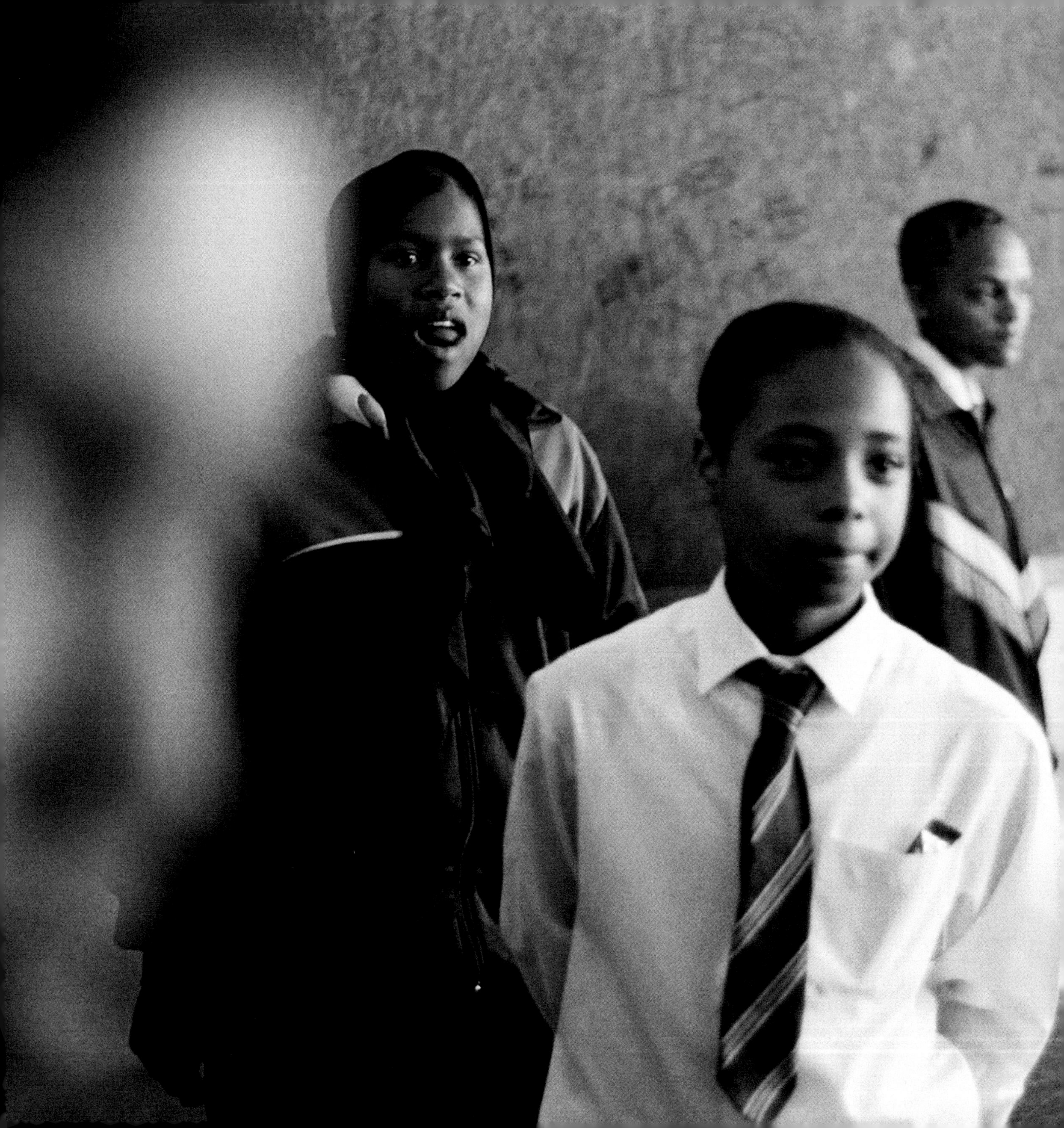

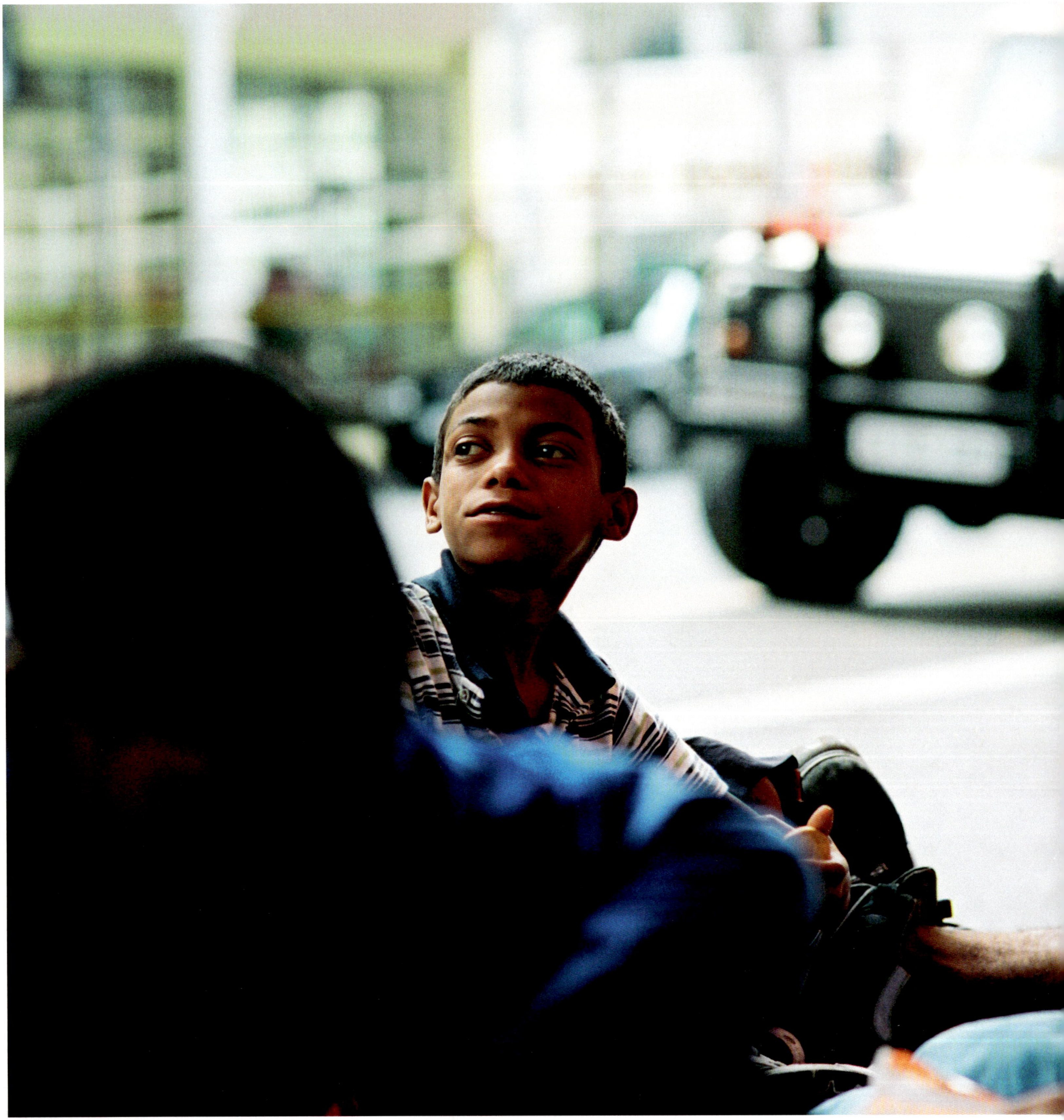

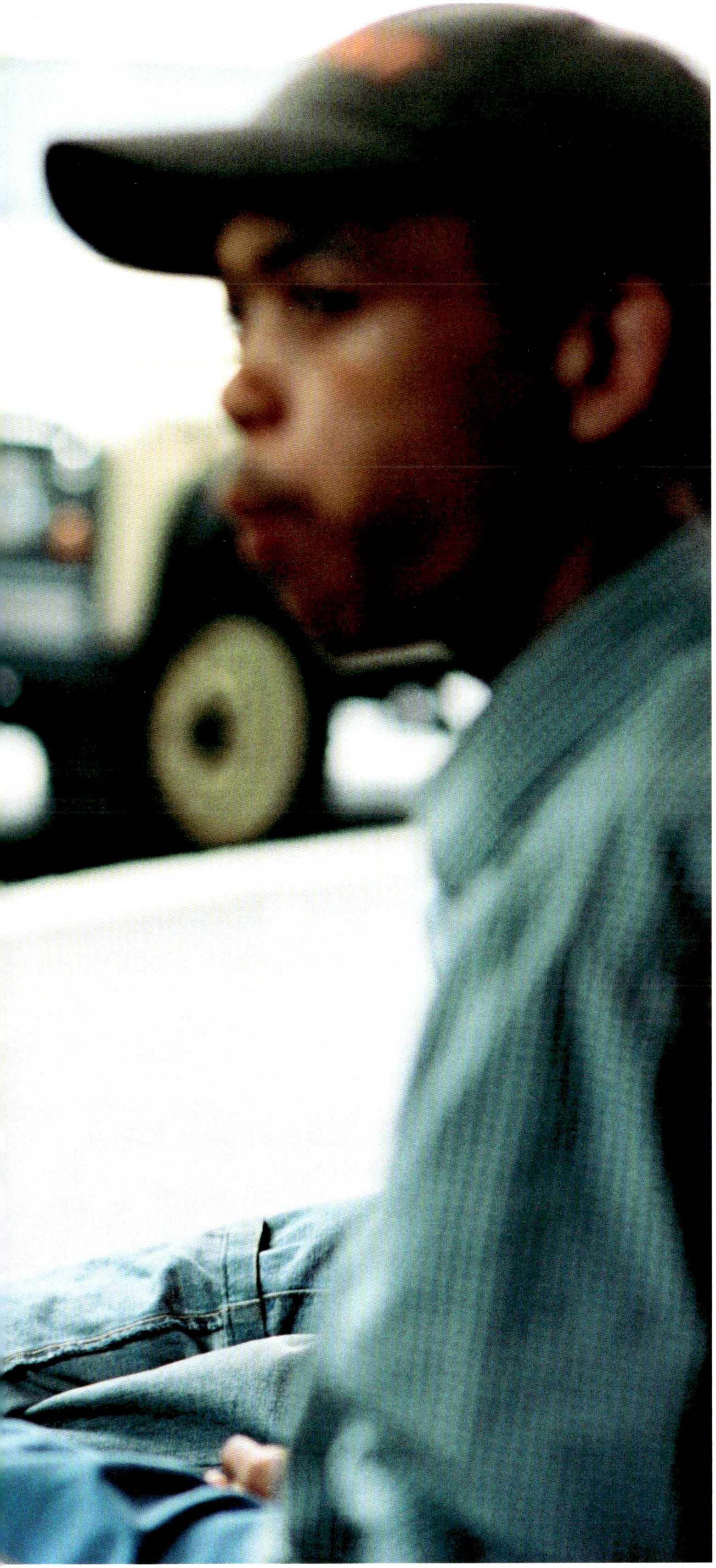

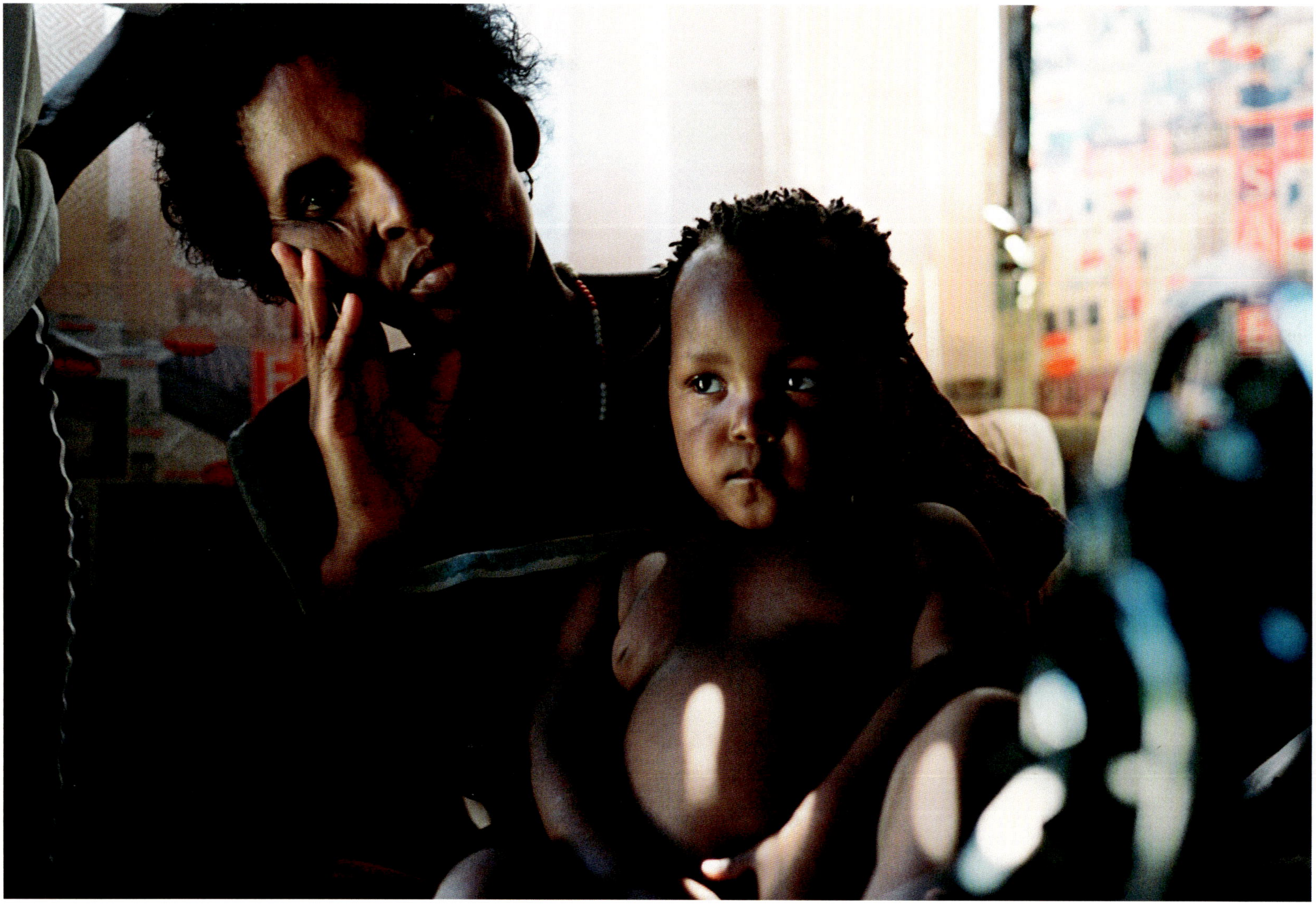

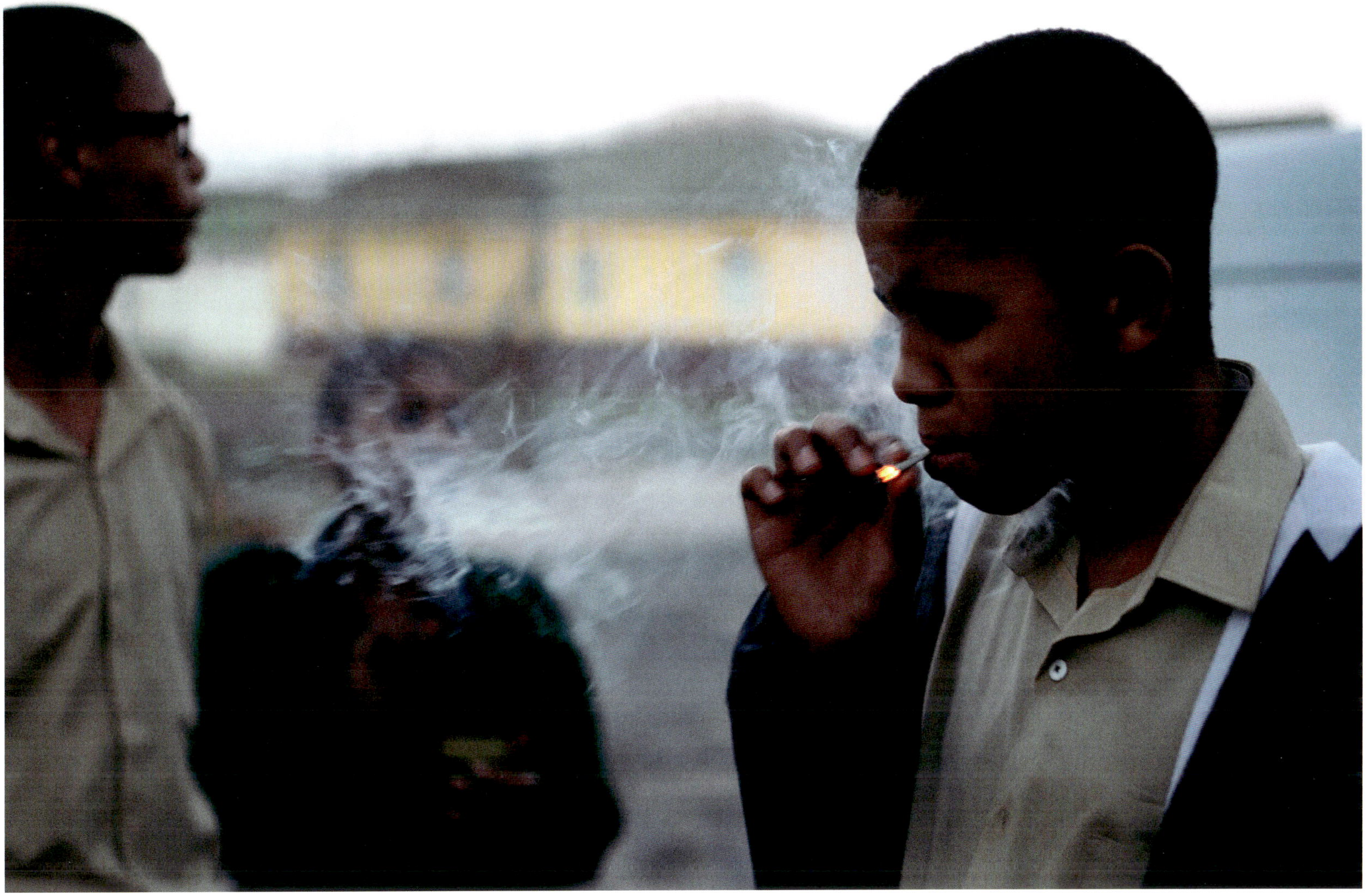

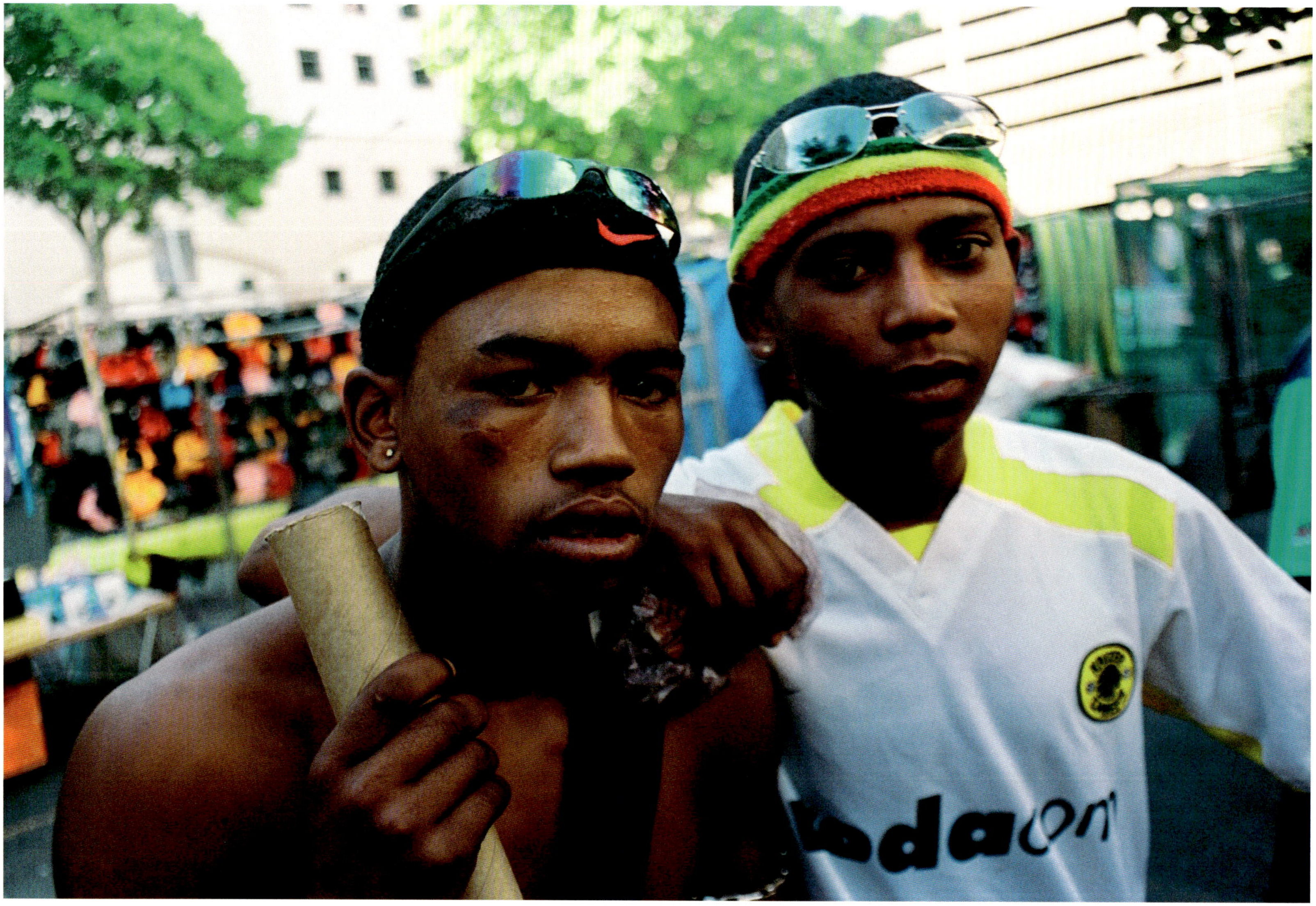

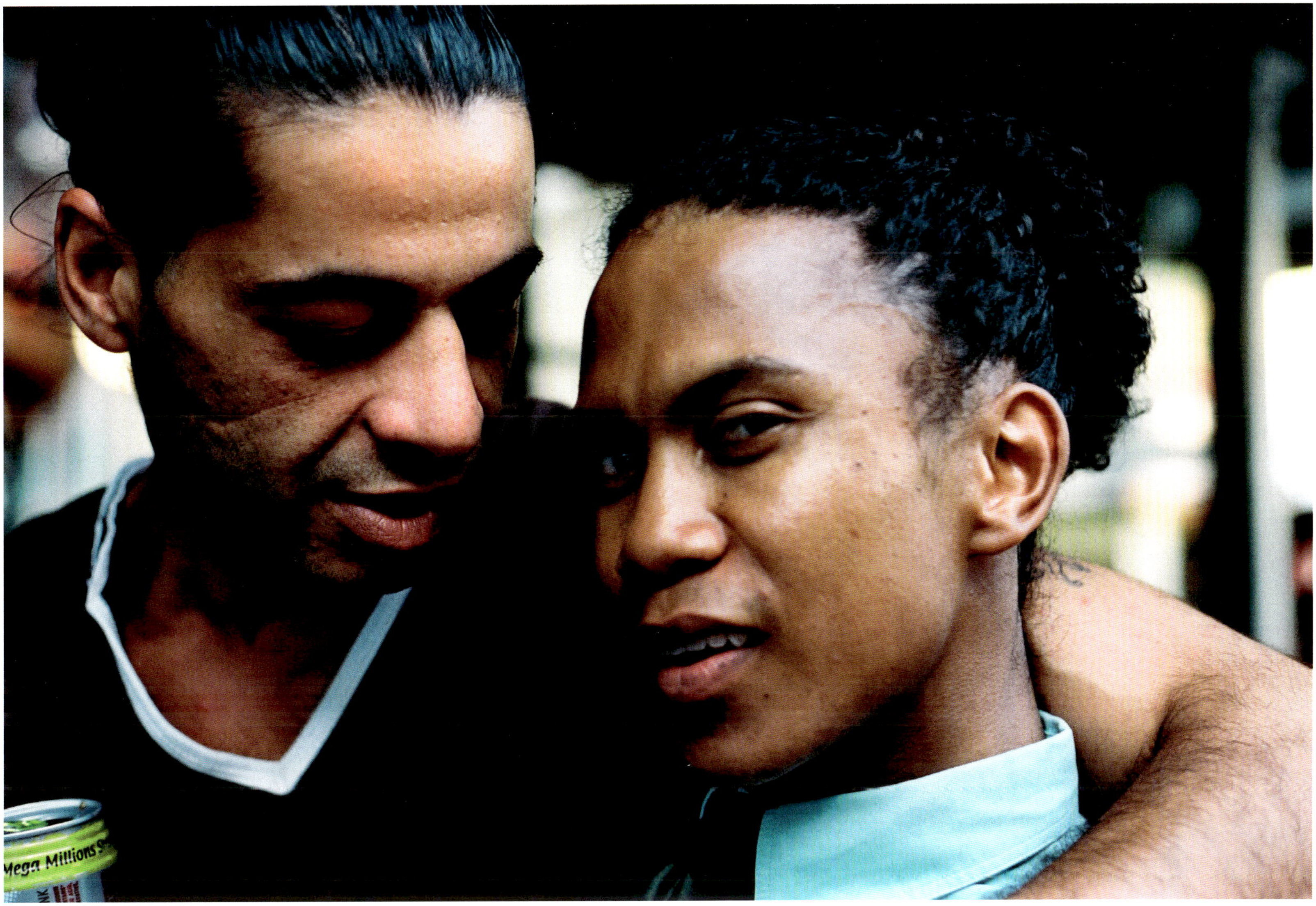
Mega Millions

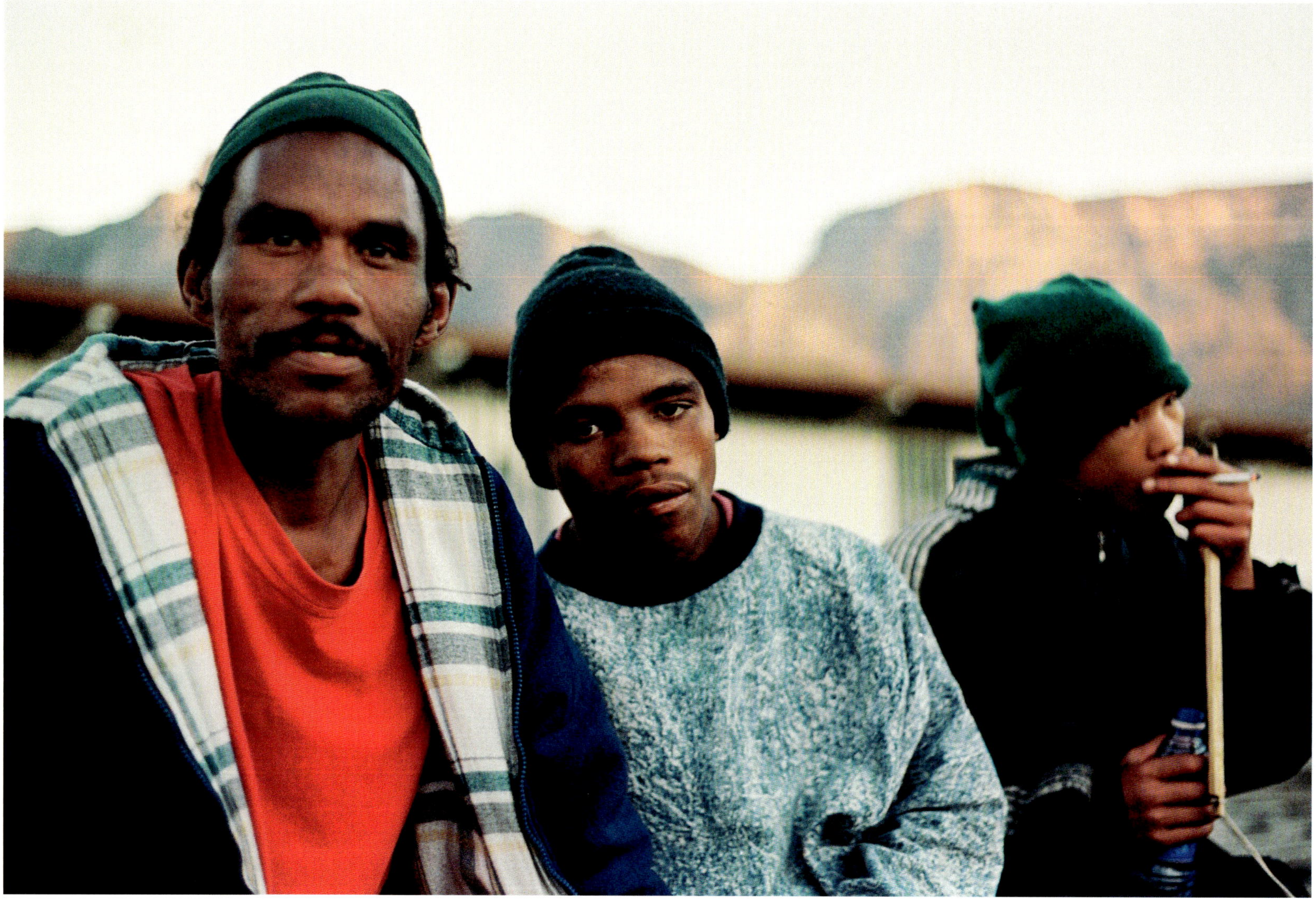

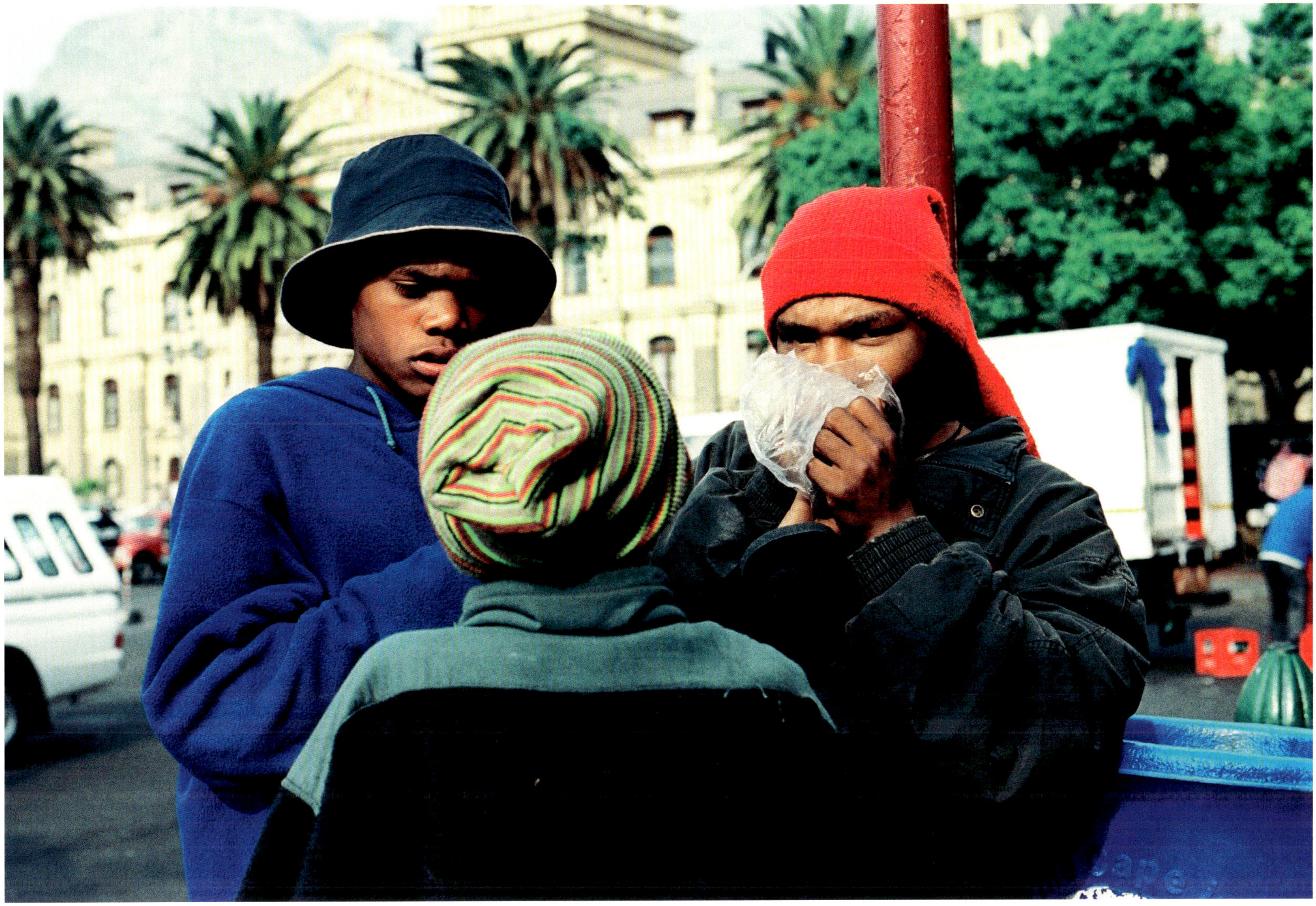

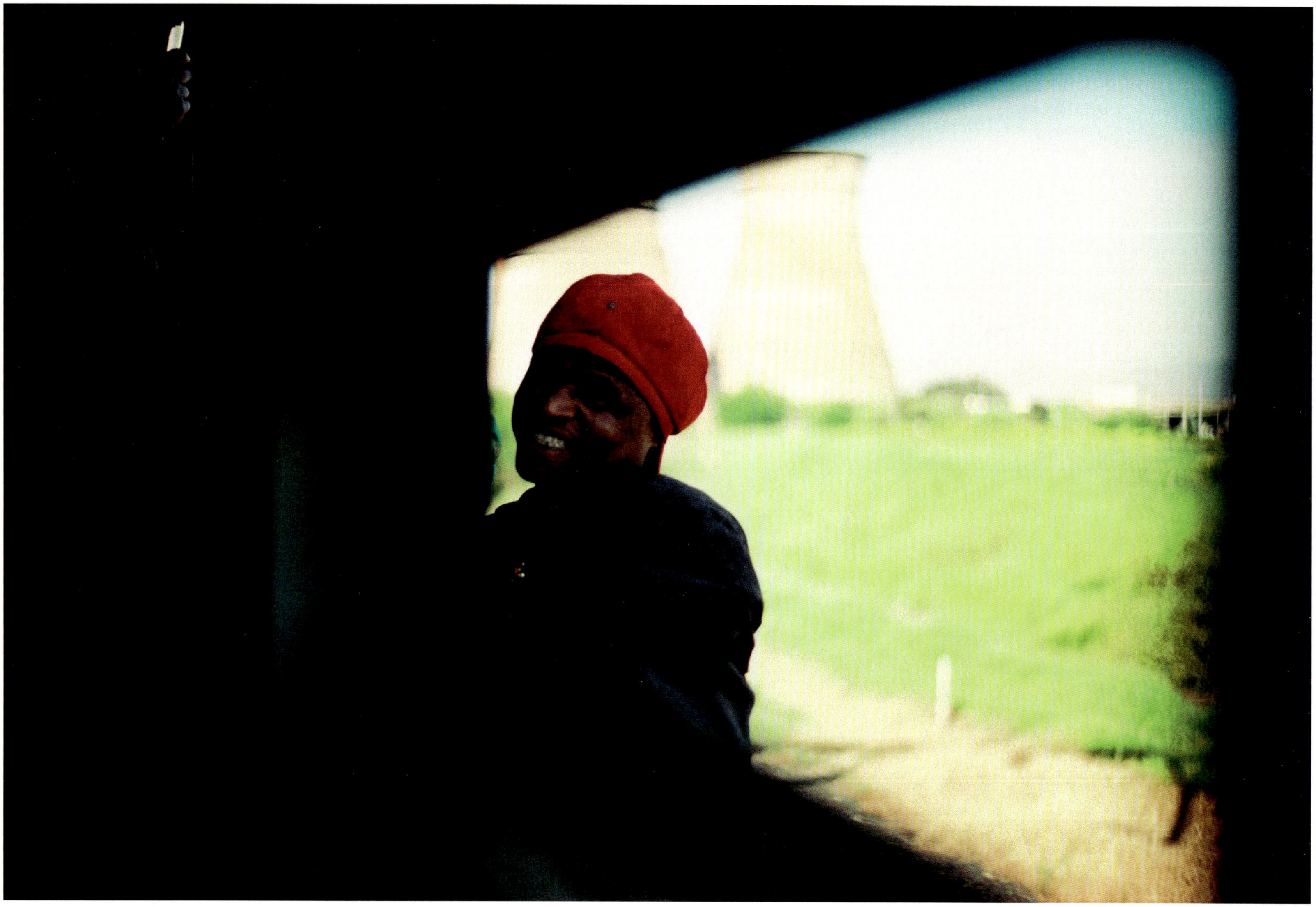

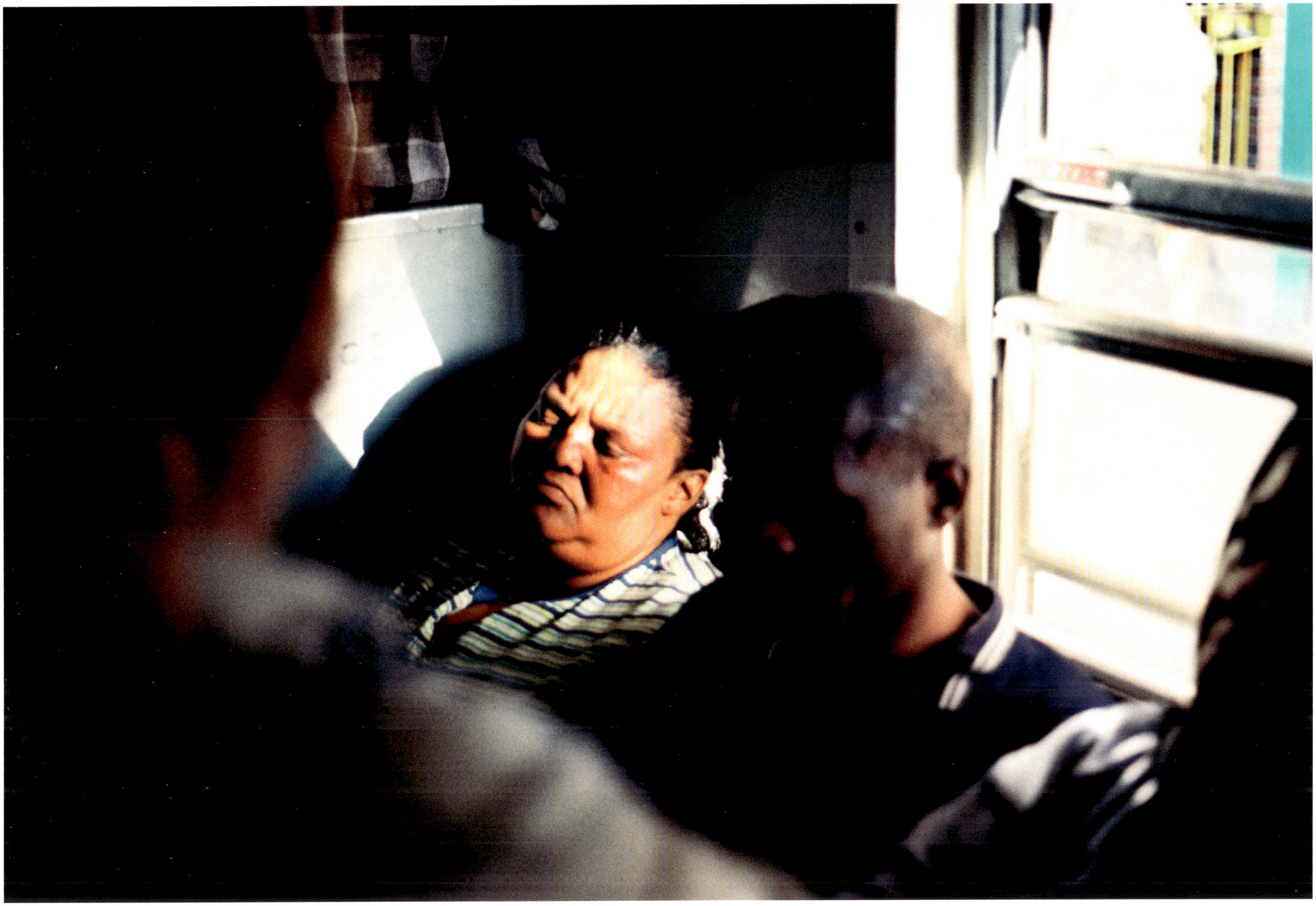

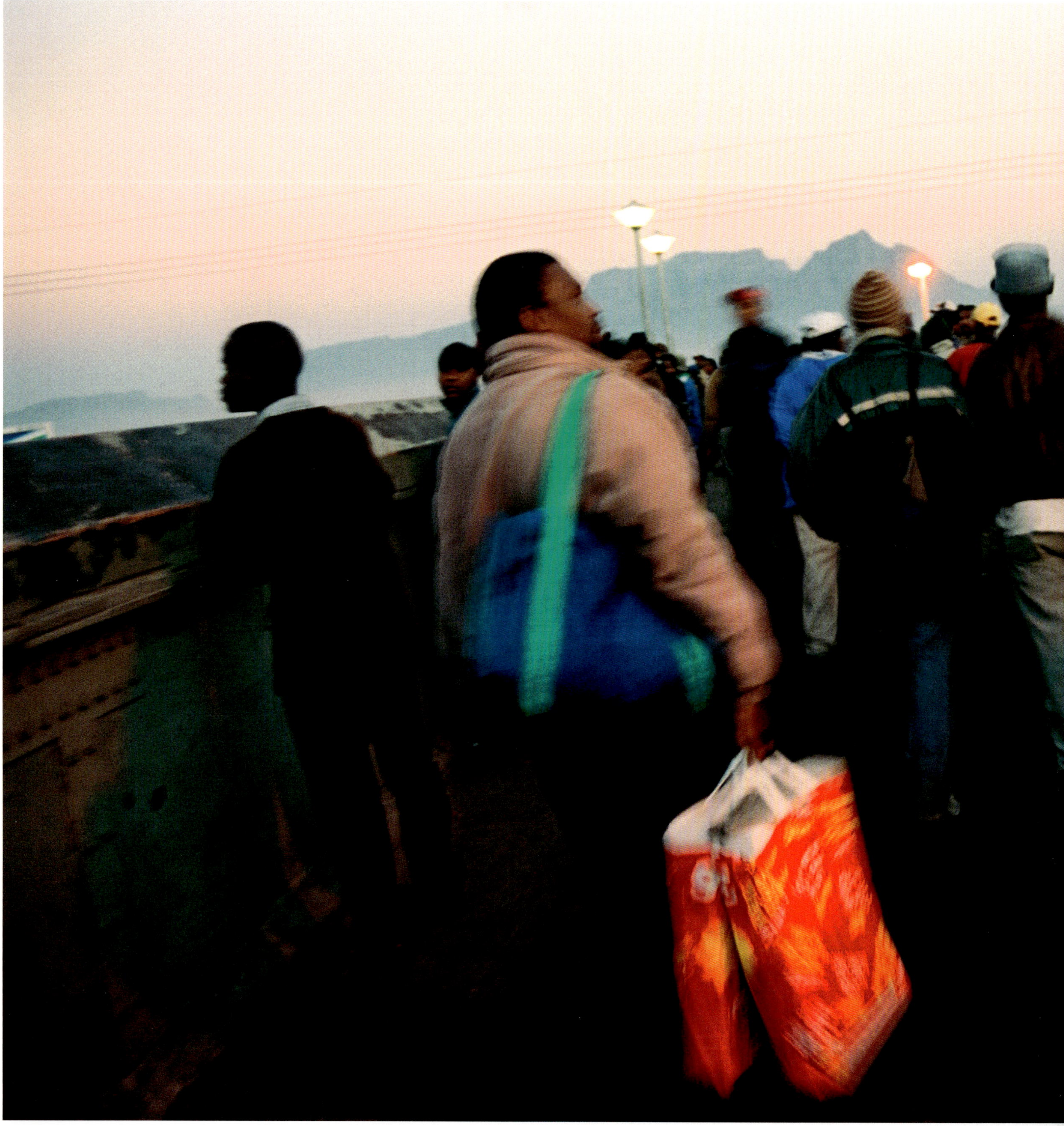

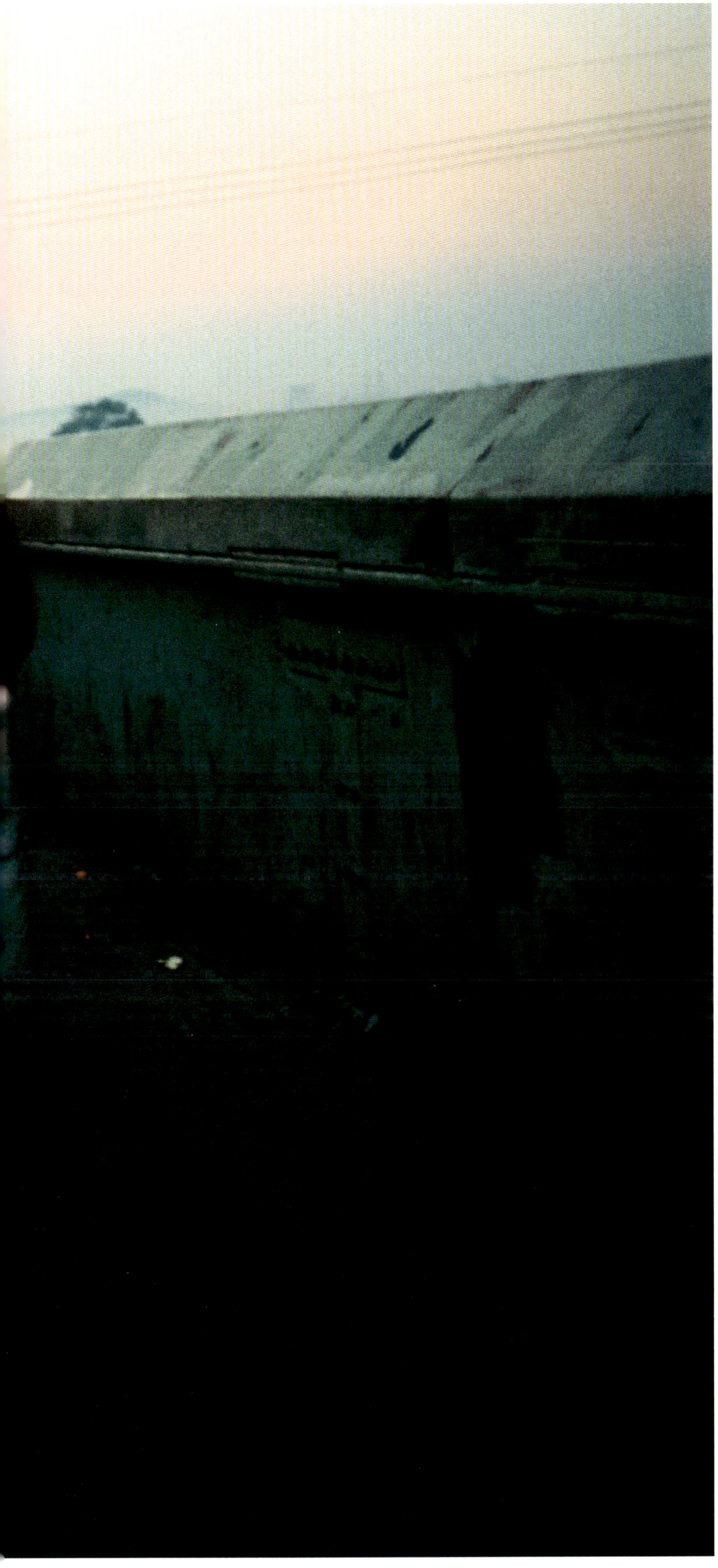

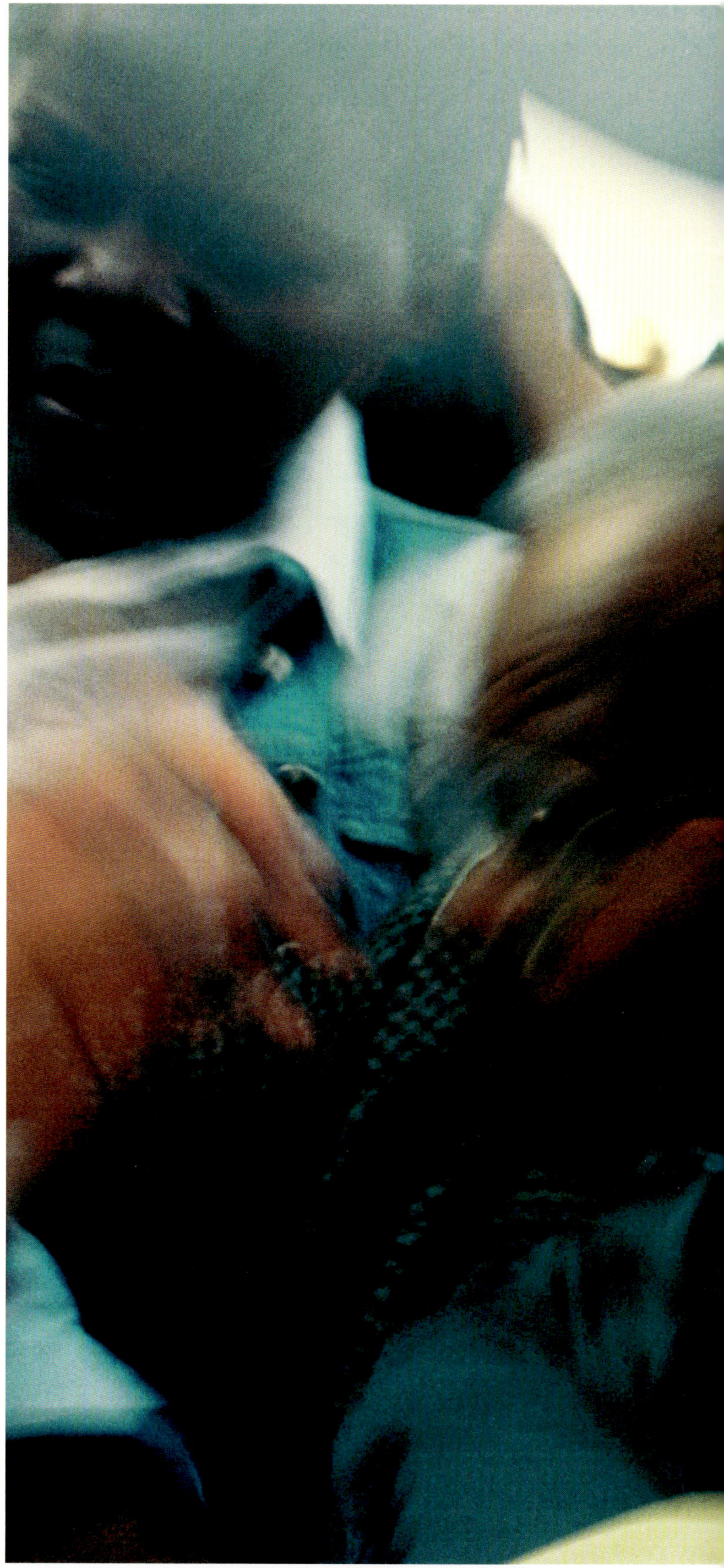

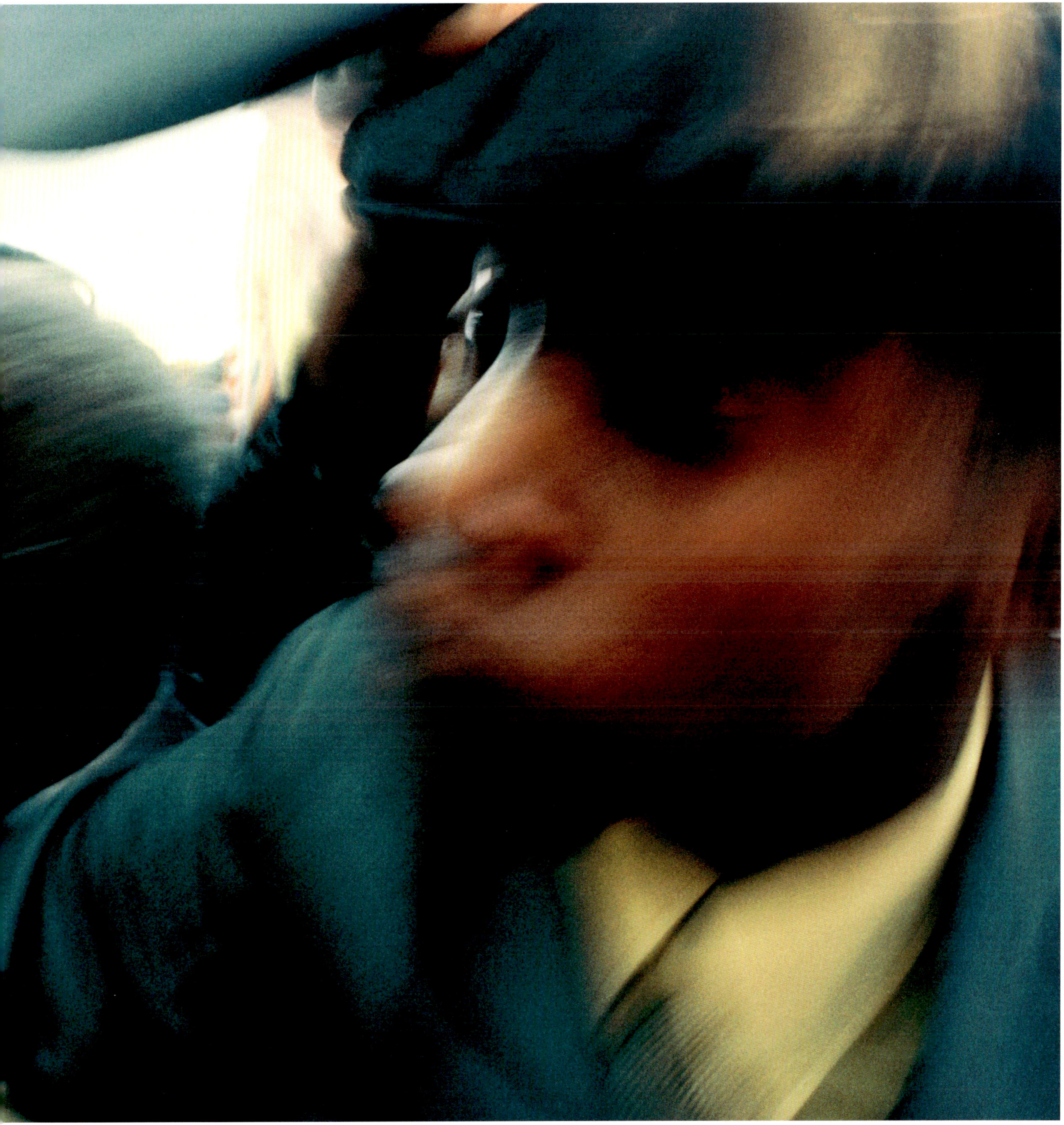

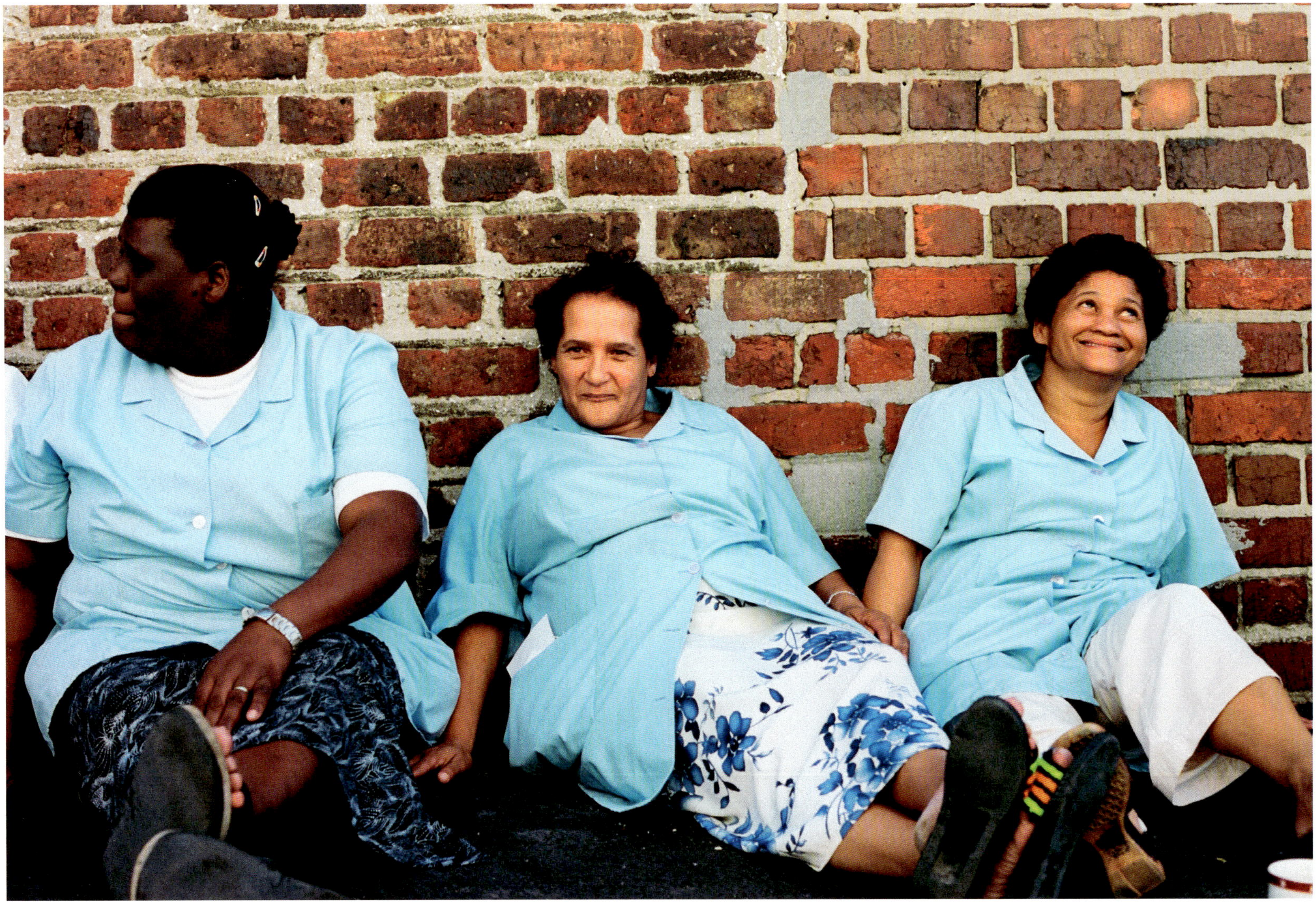

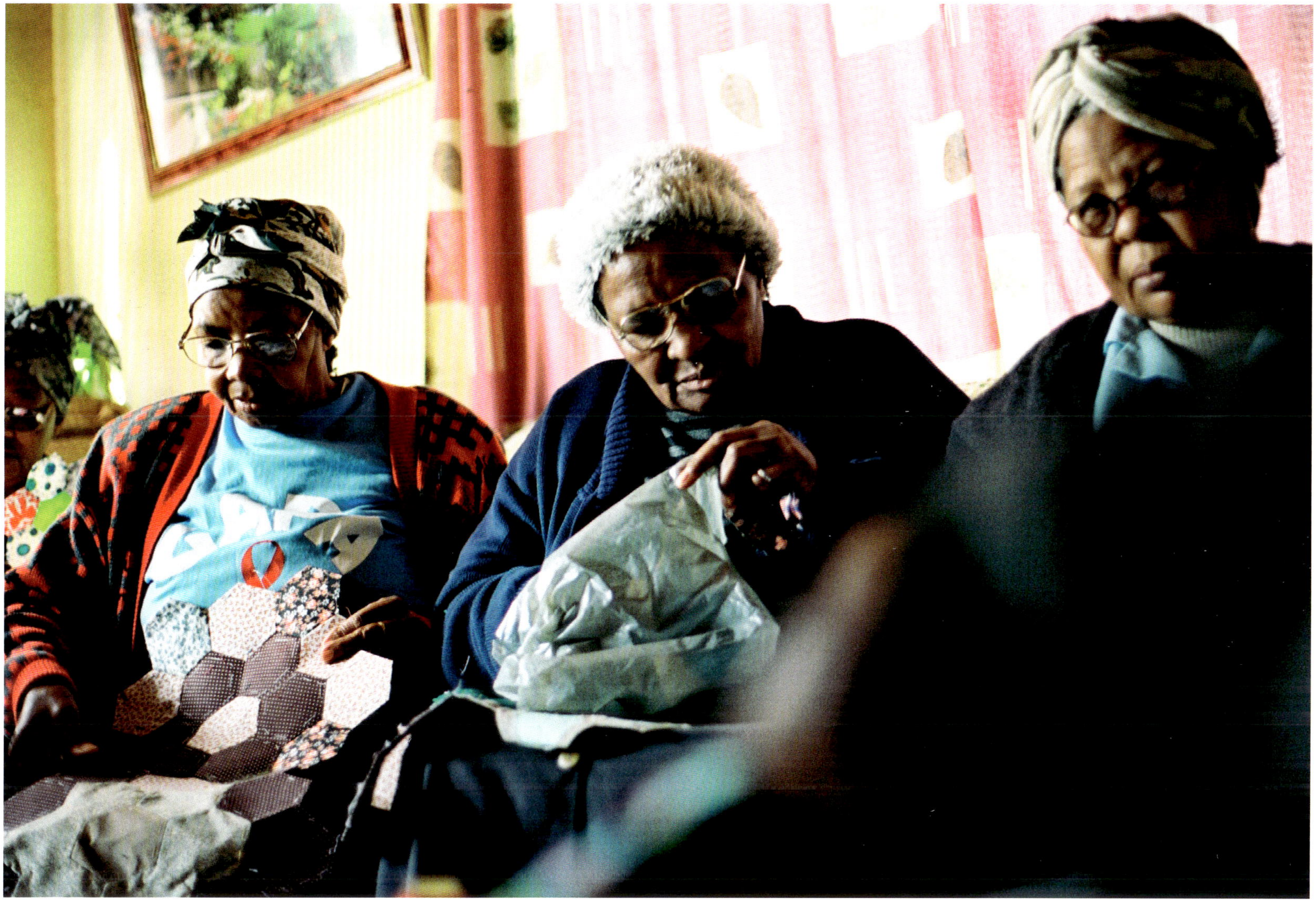

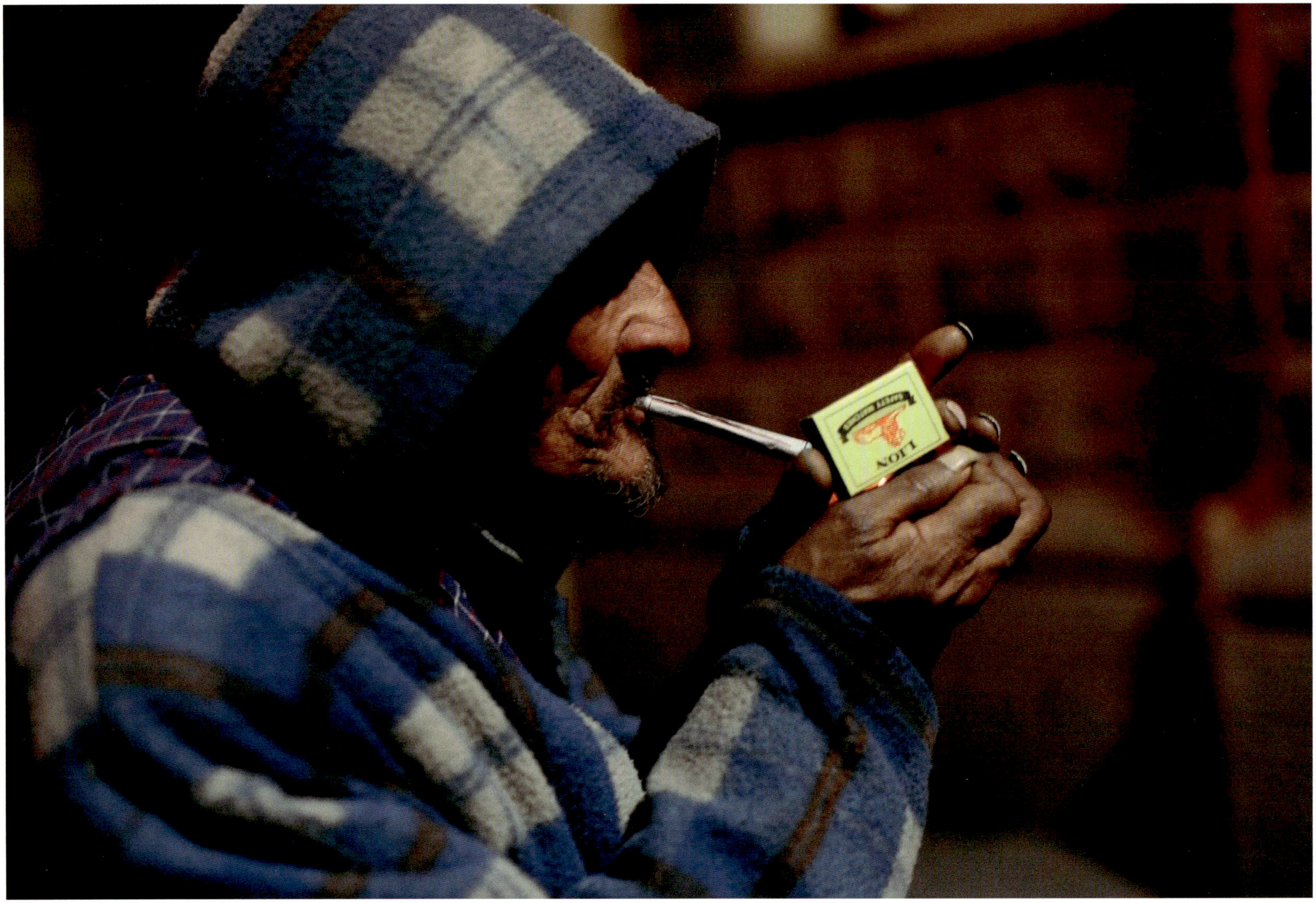
LION

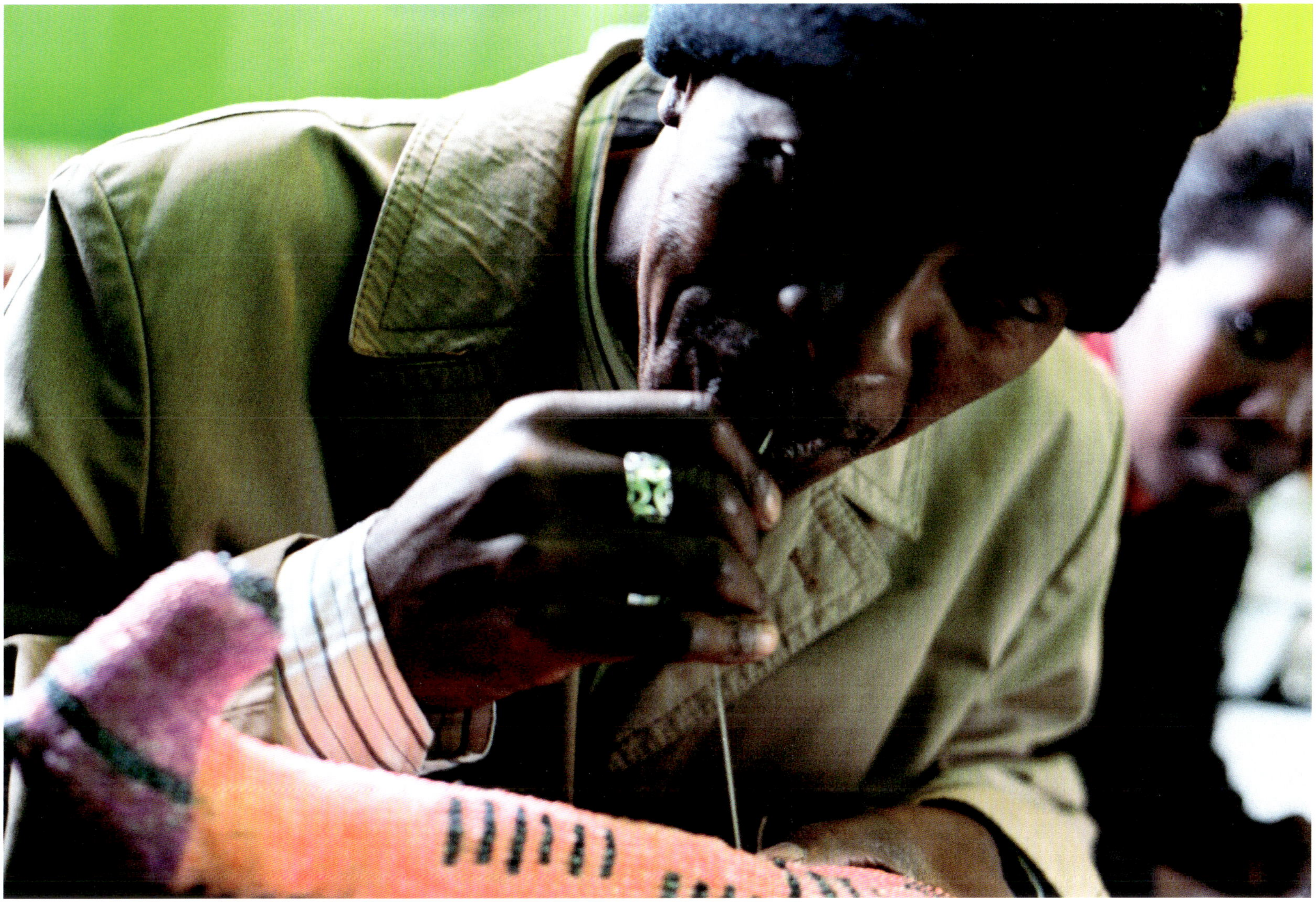

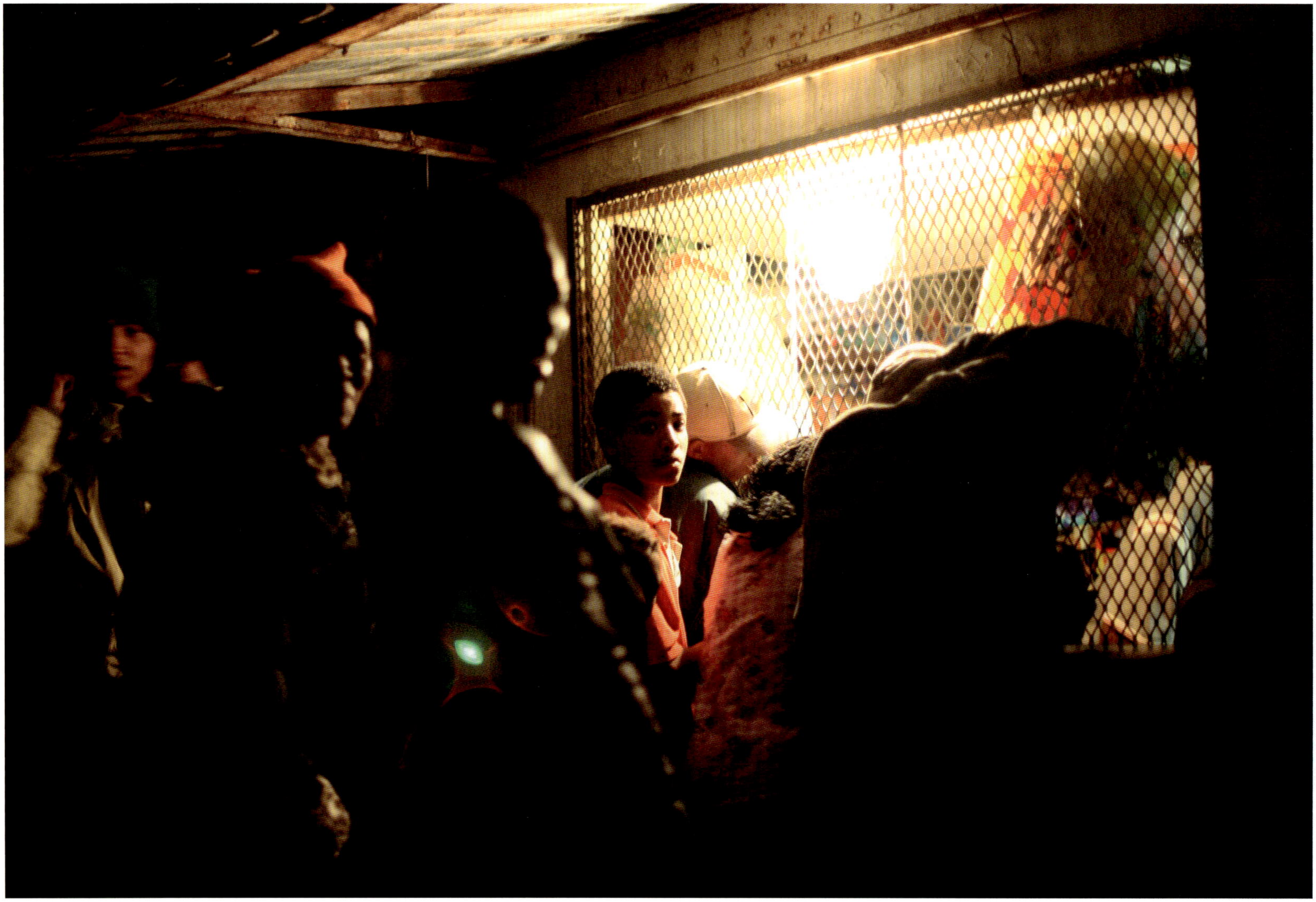

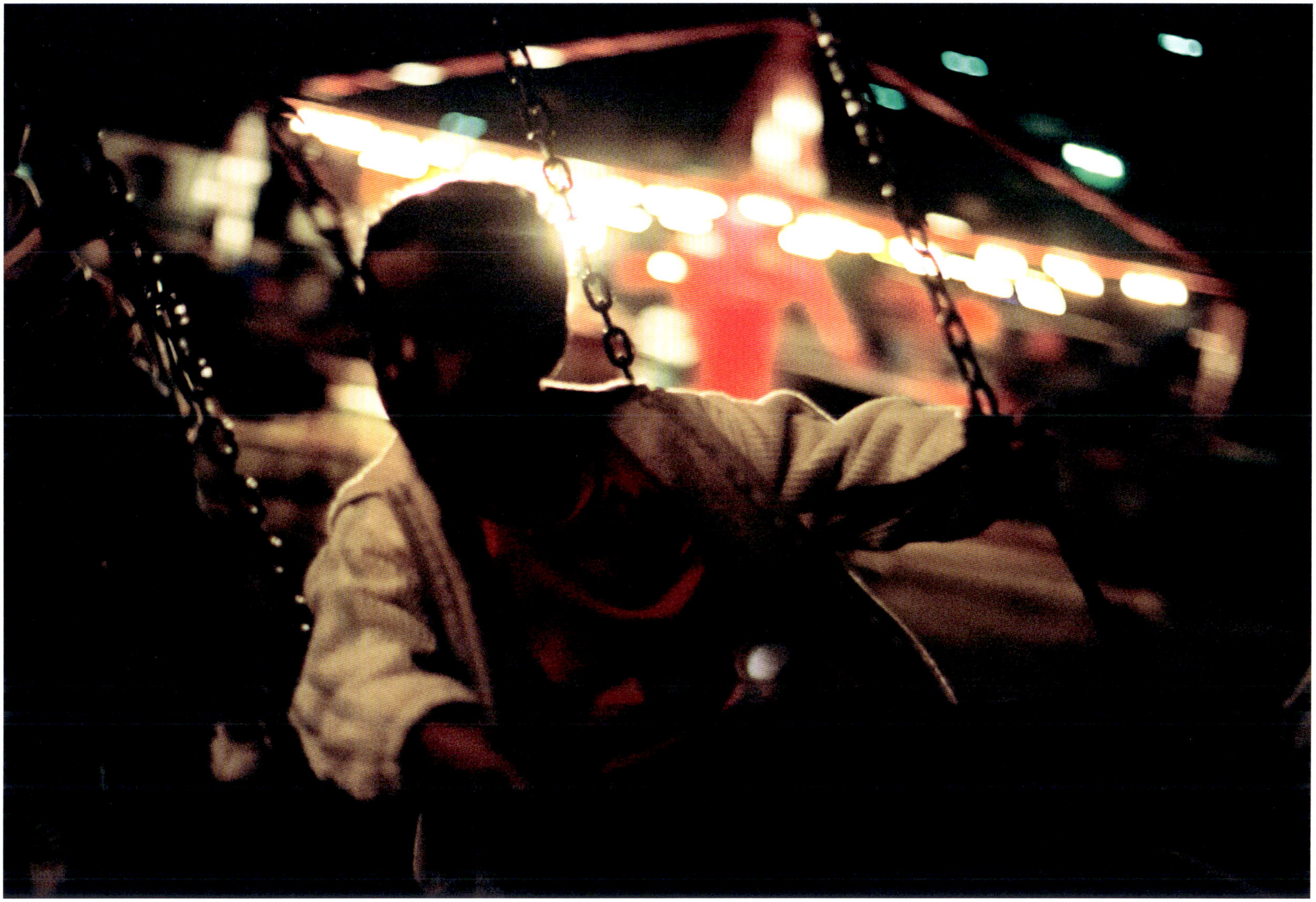

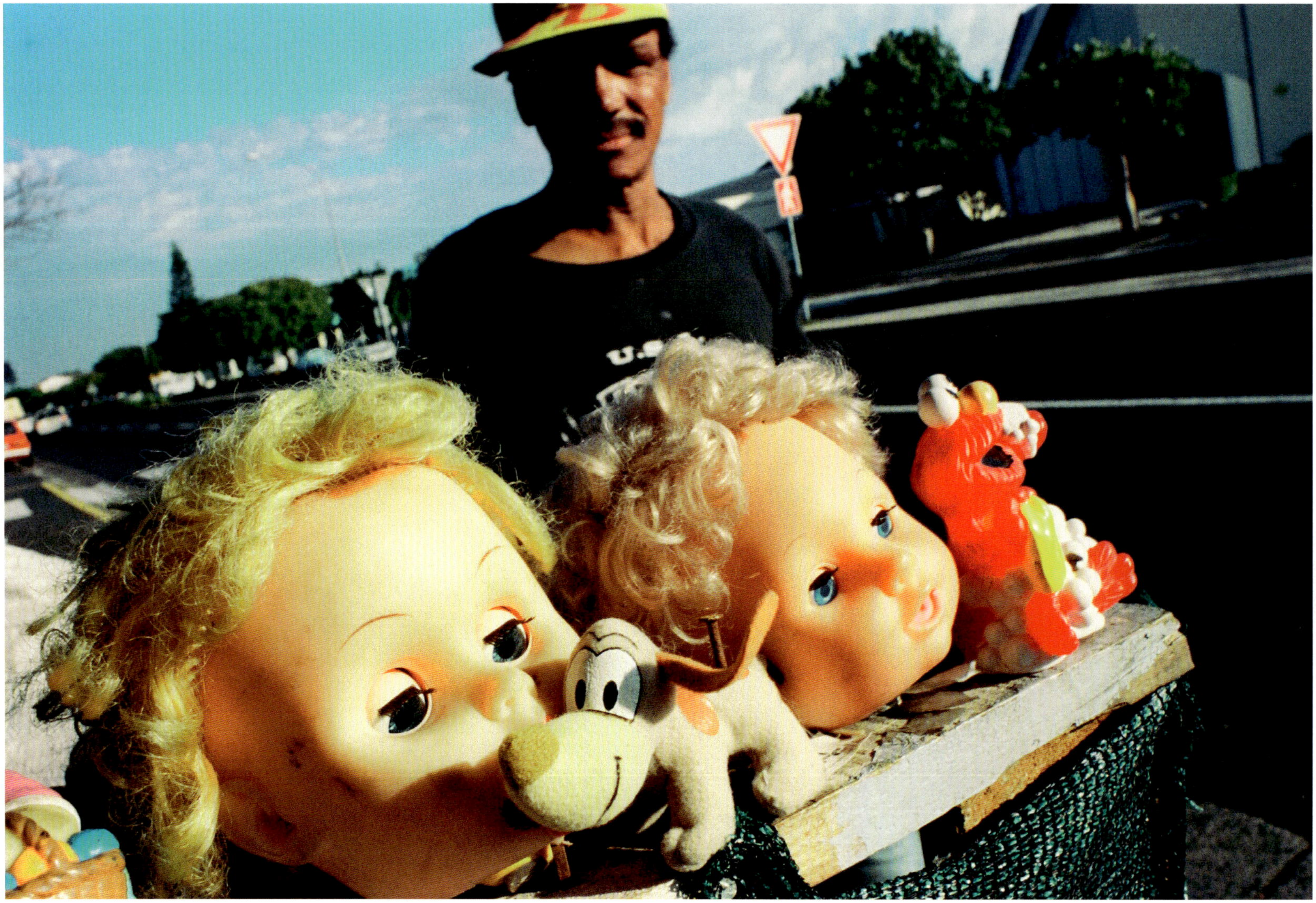

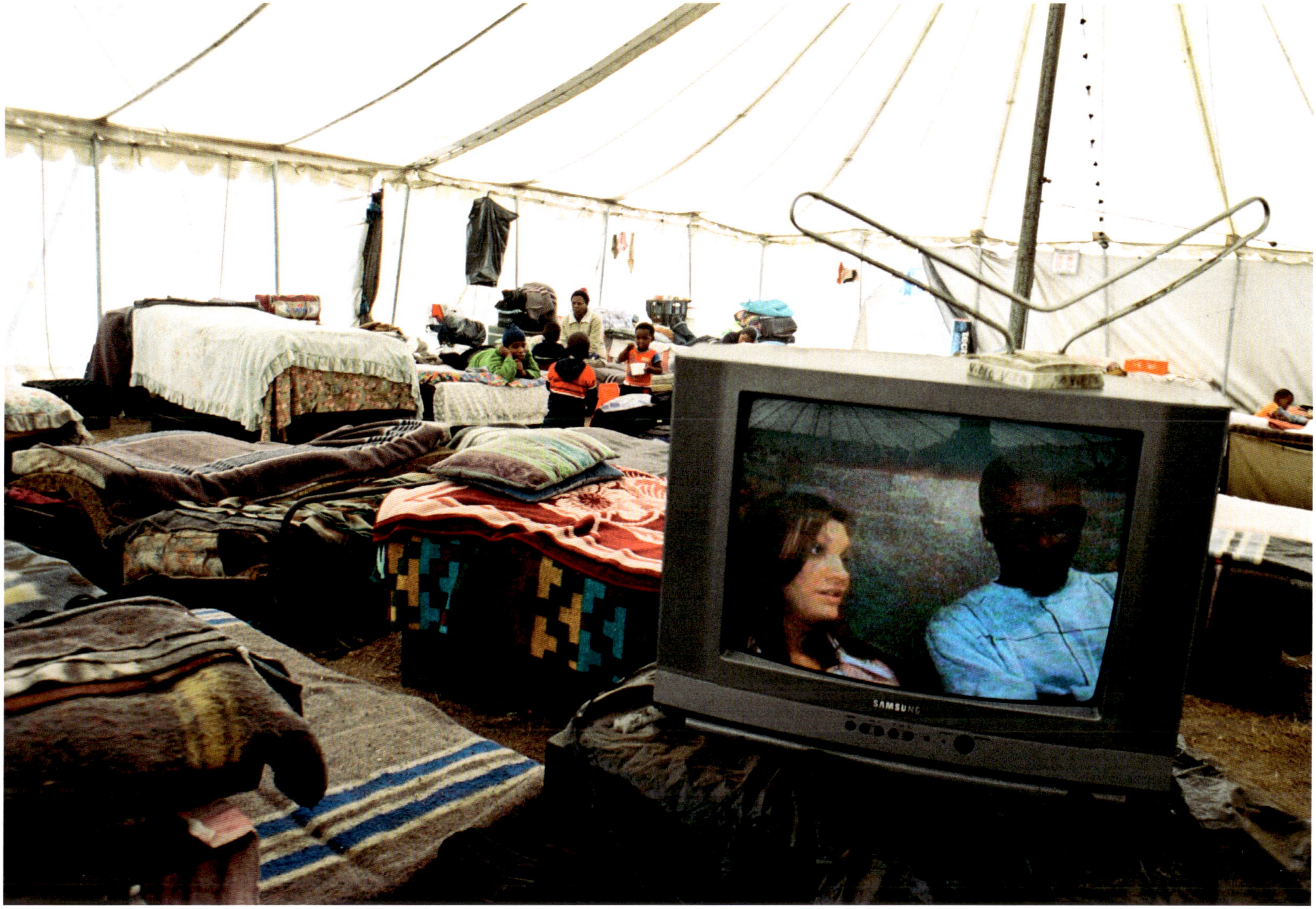
SAMSUNG

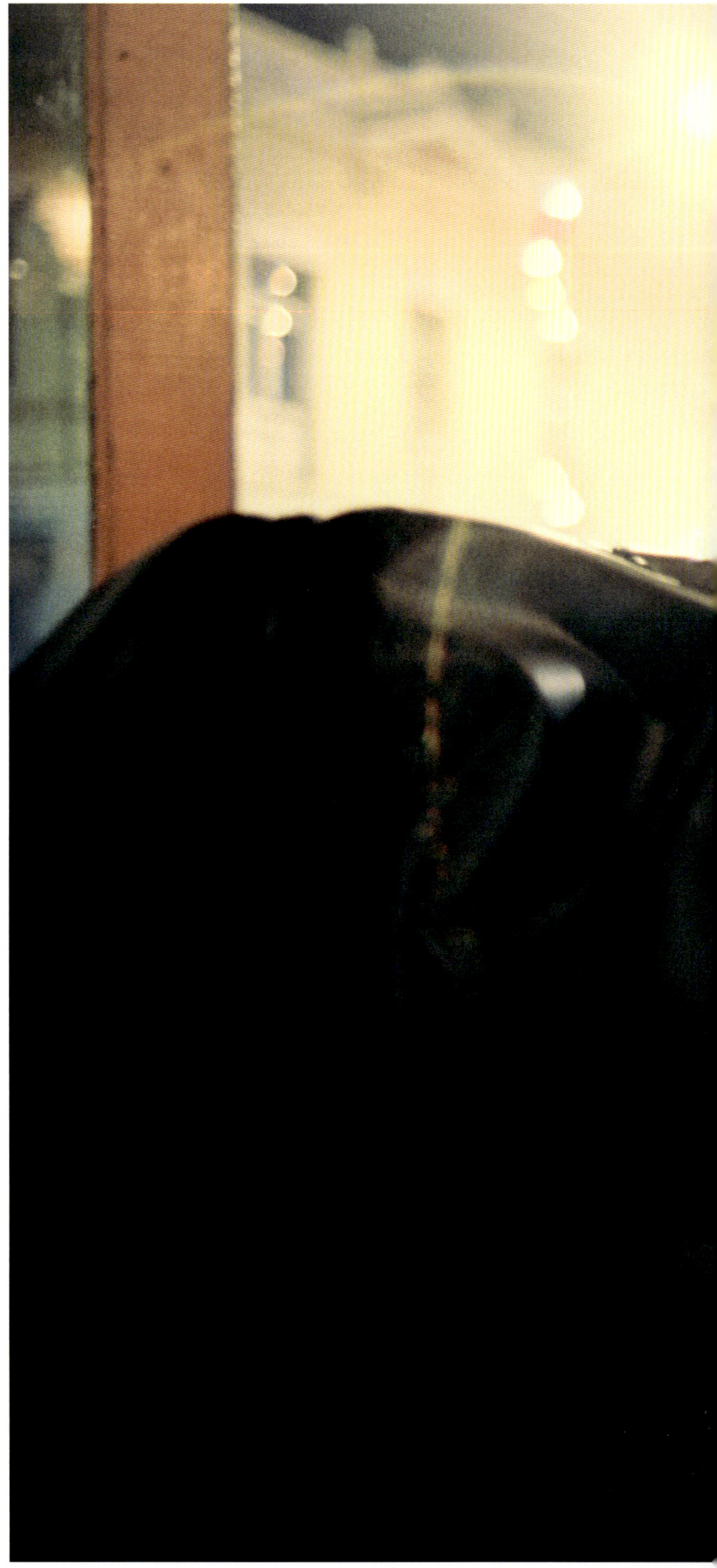

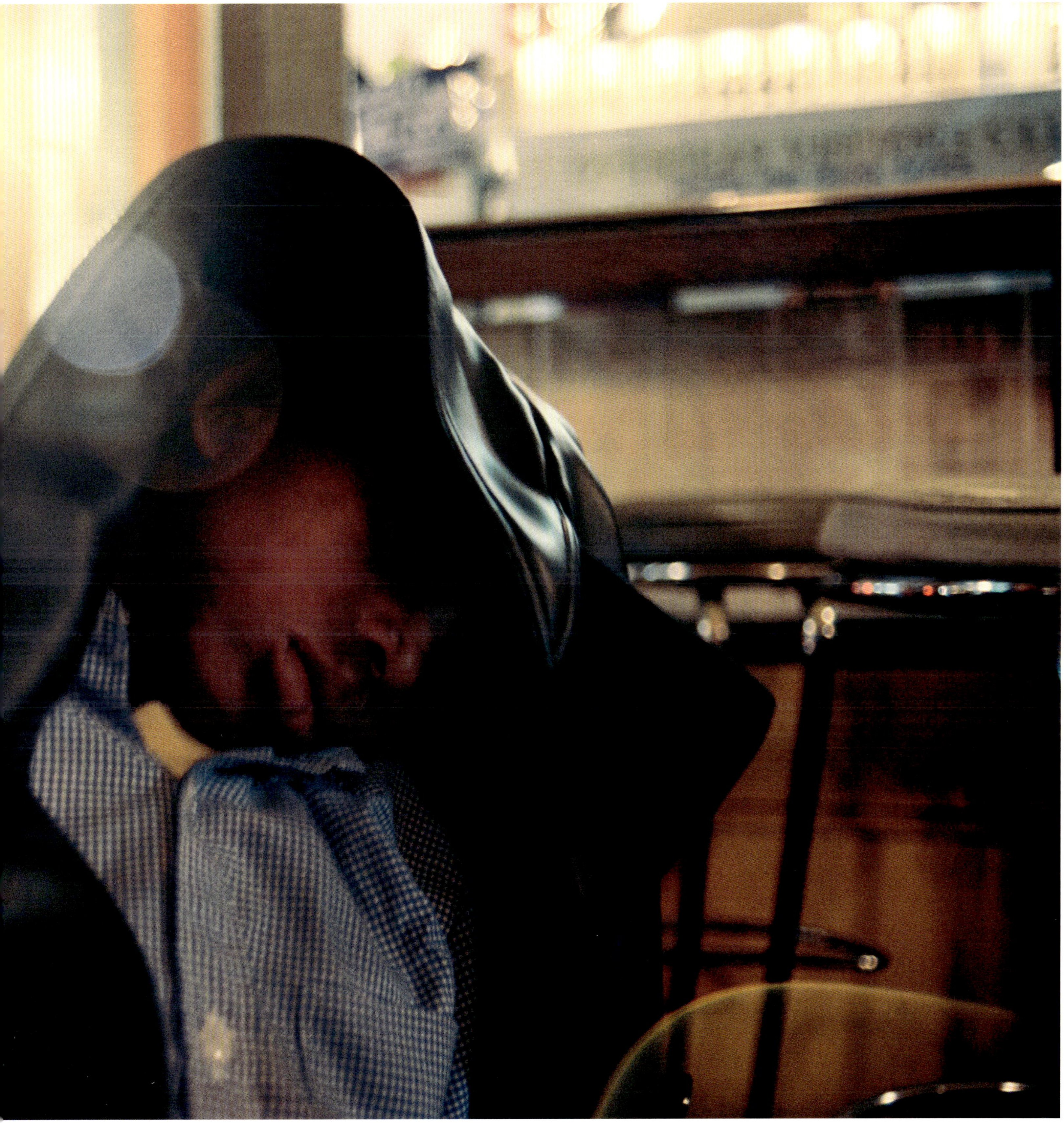

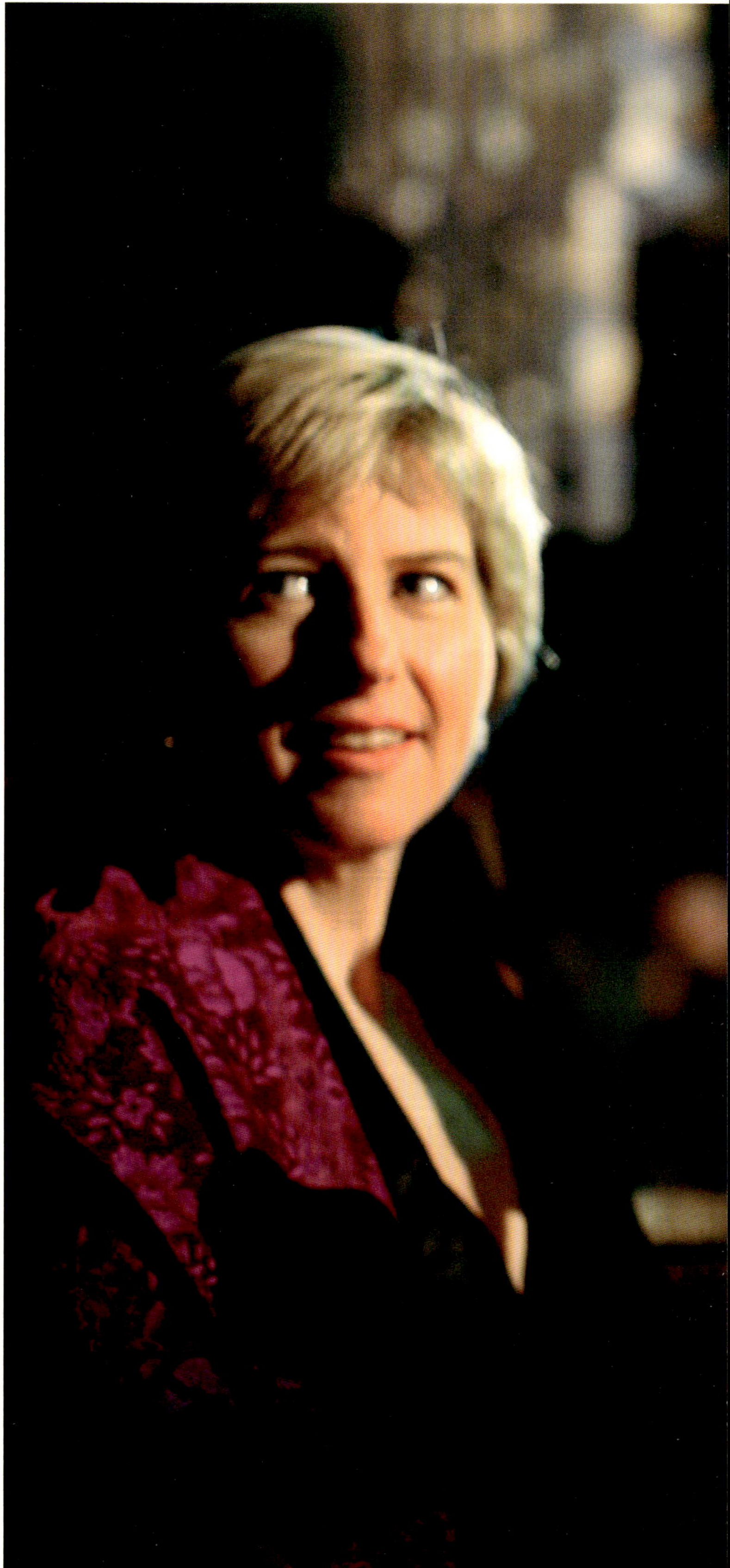

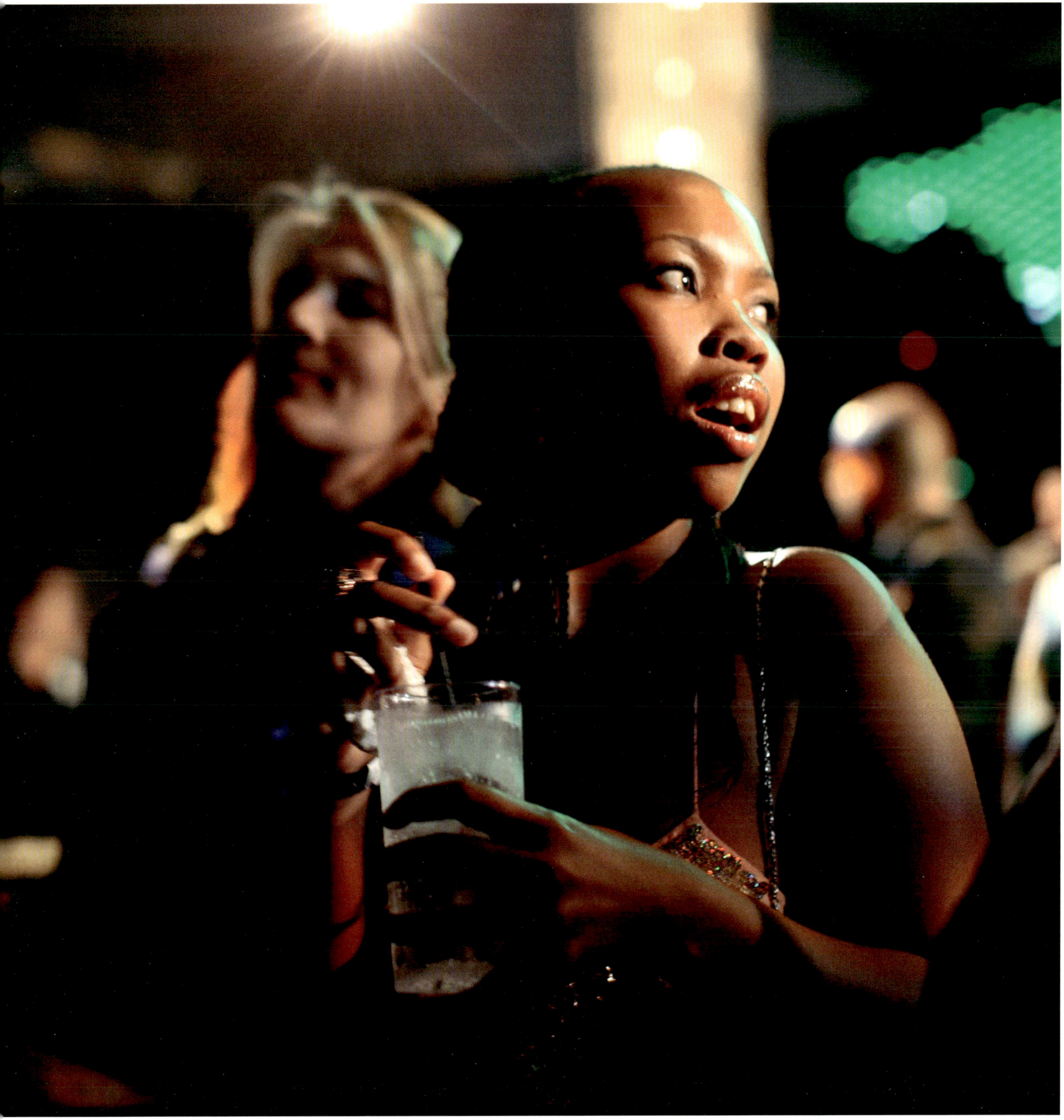

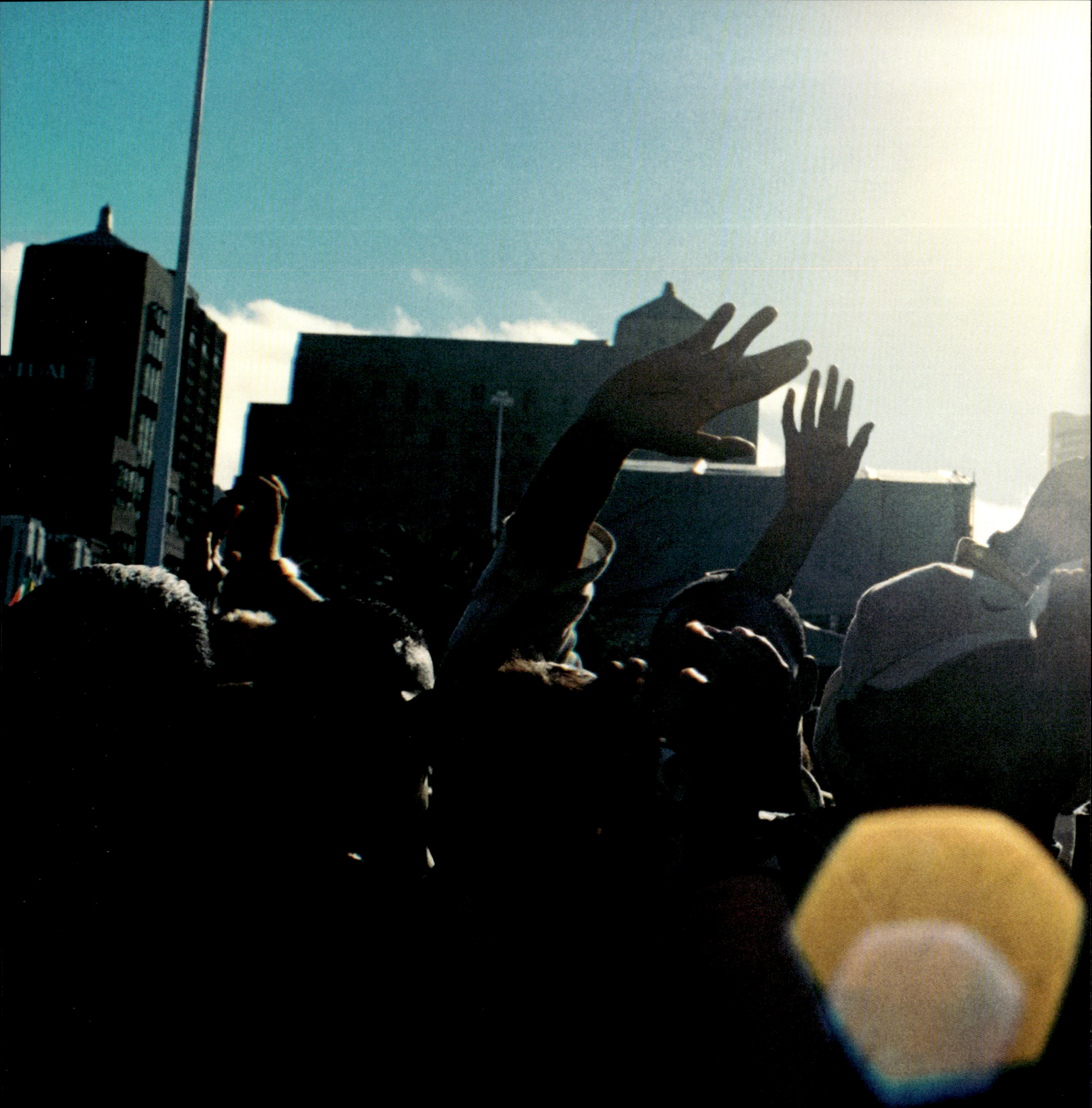

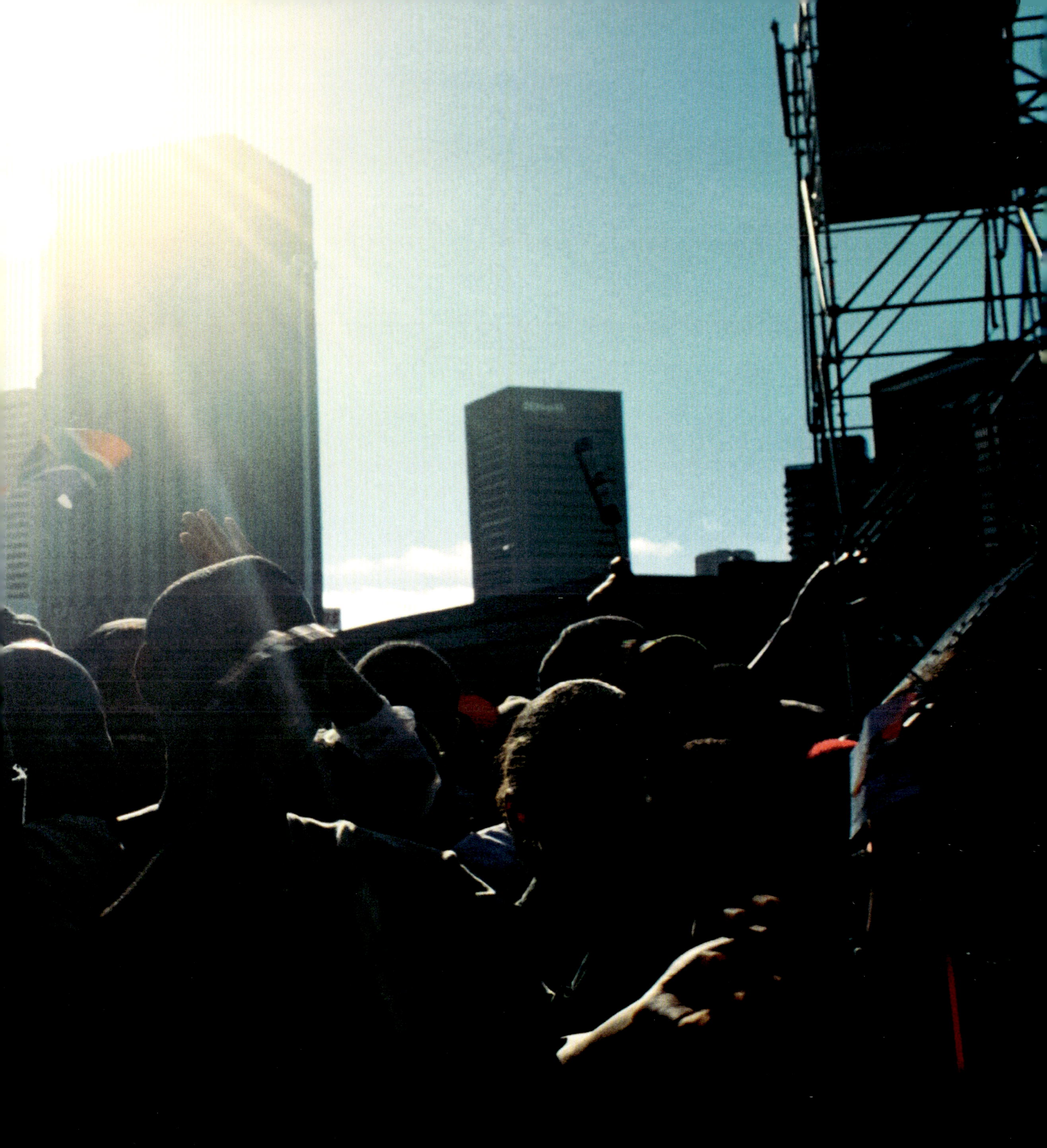

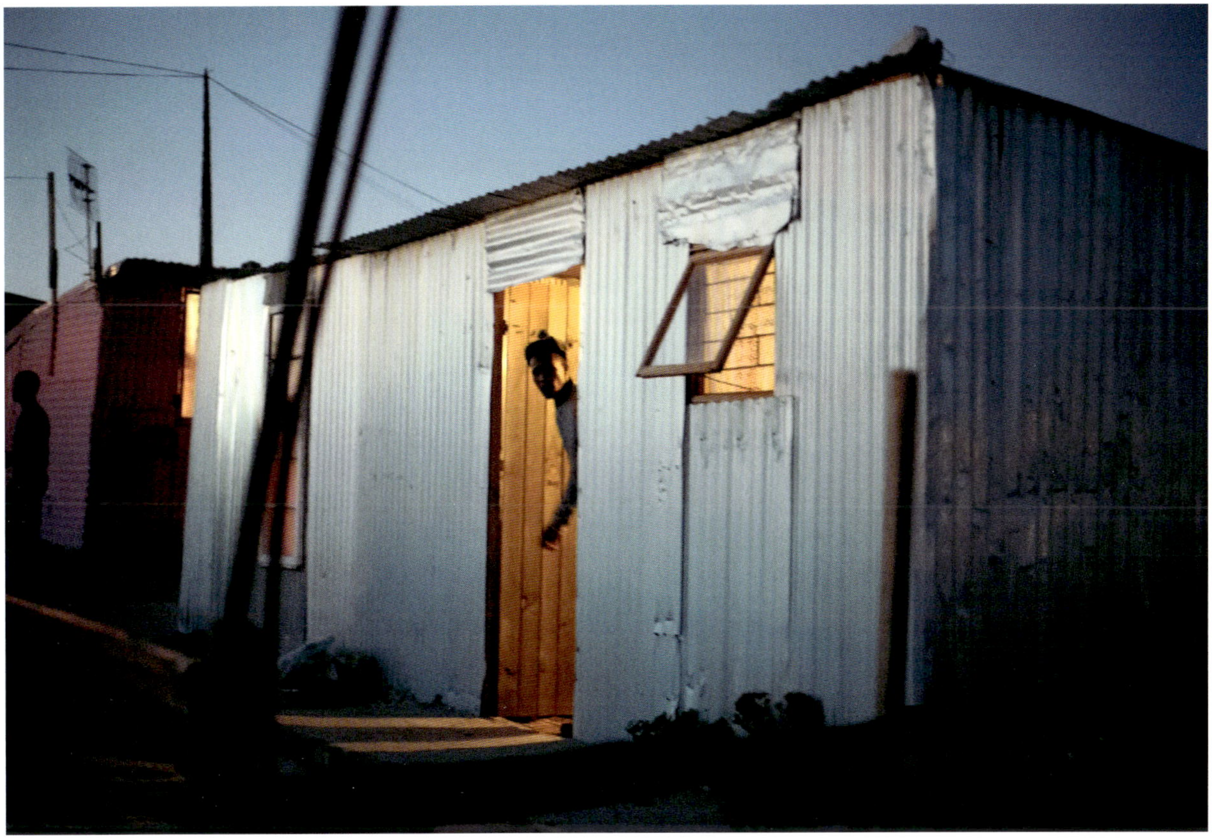
89 a

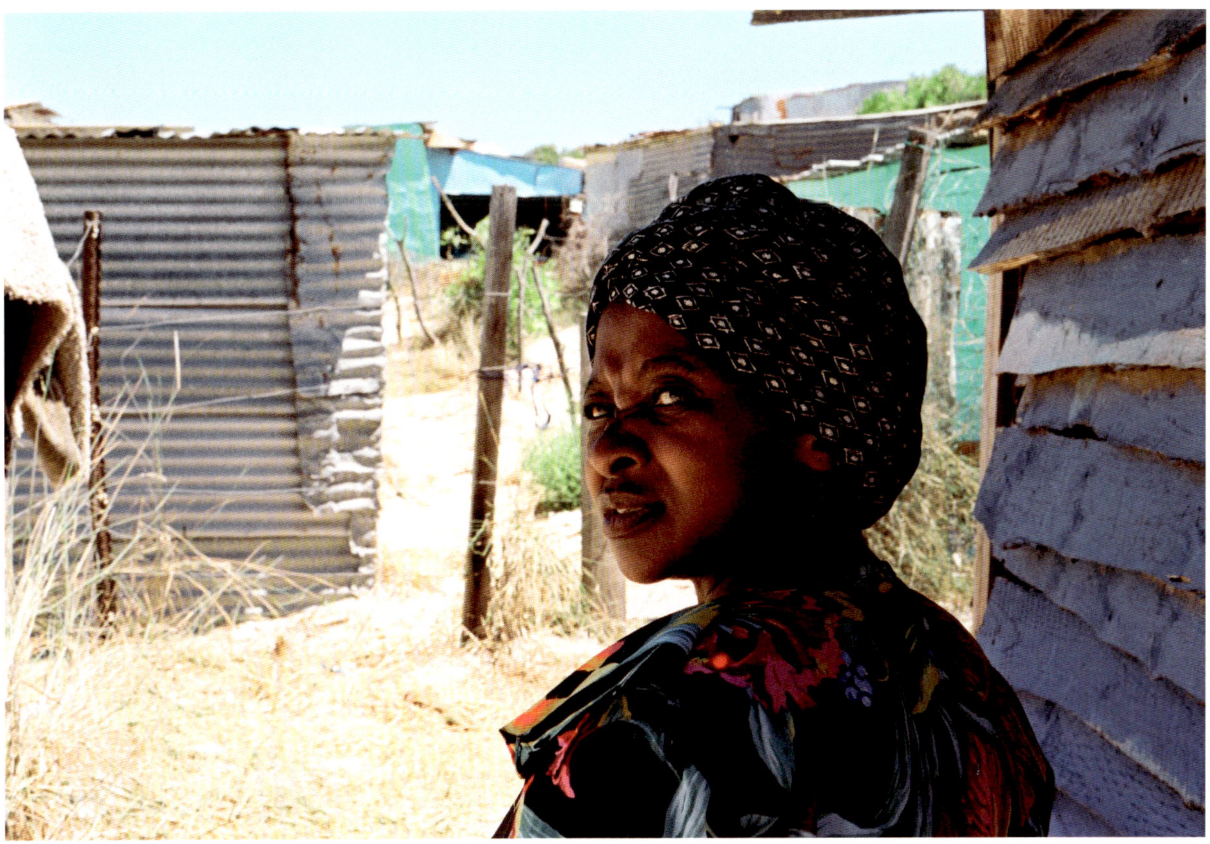
89 b

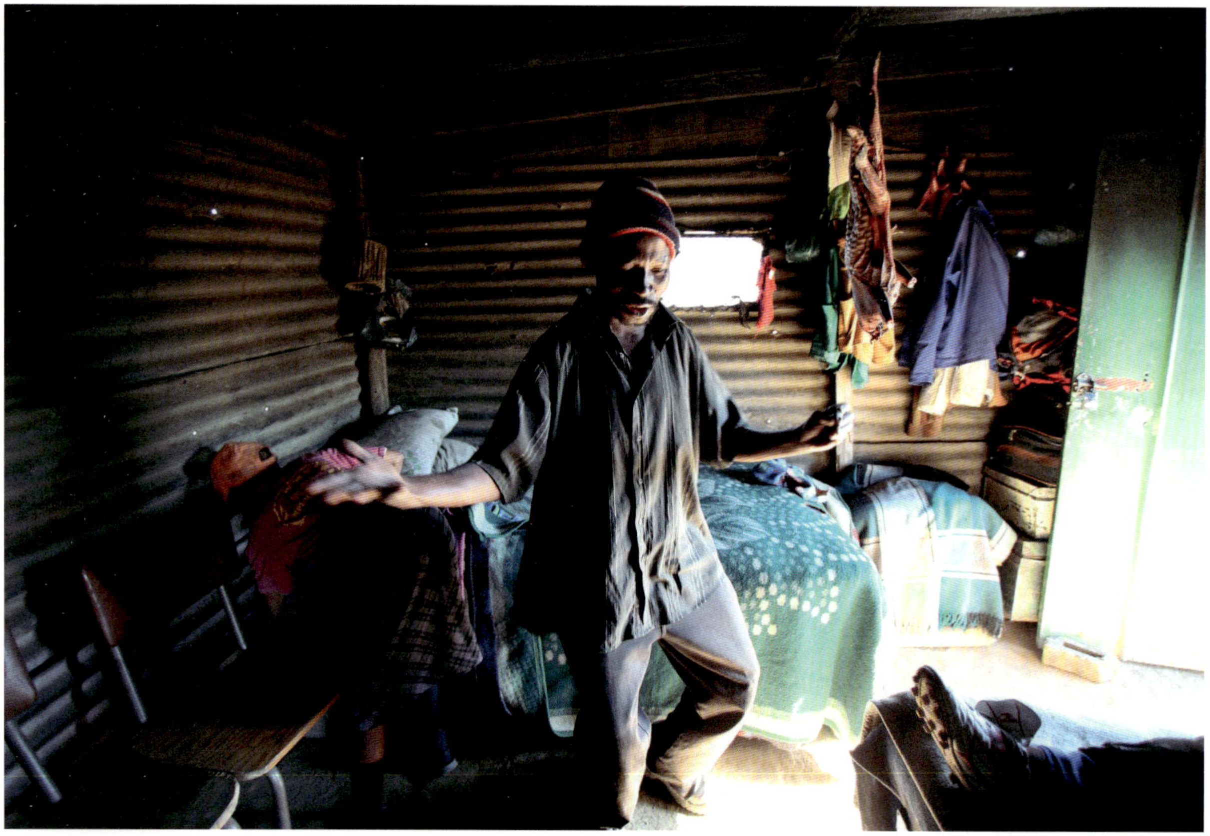

90 a

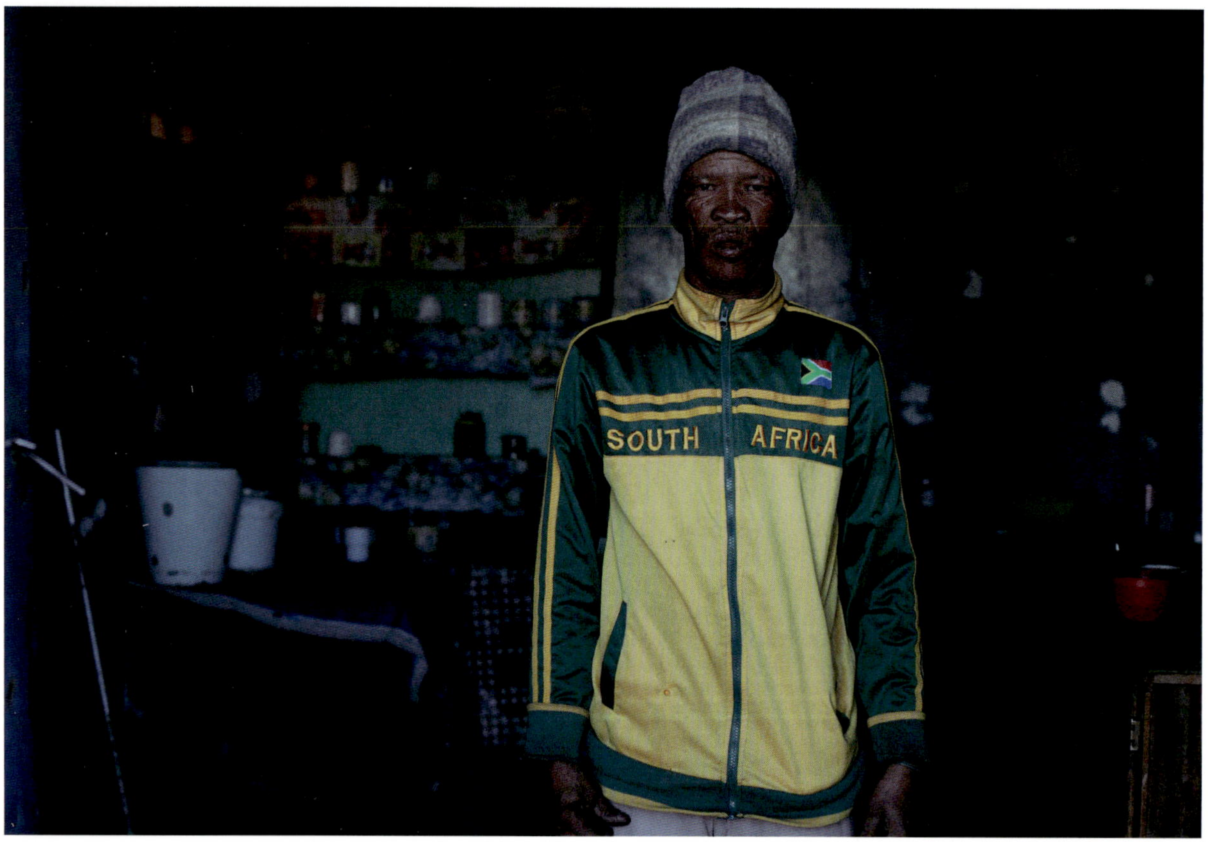

90 b

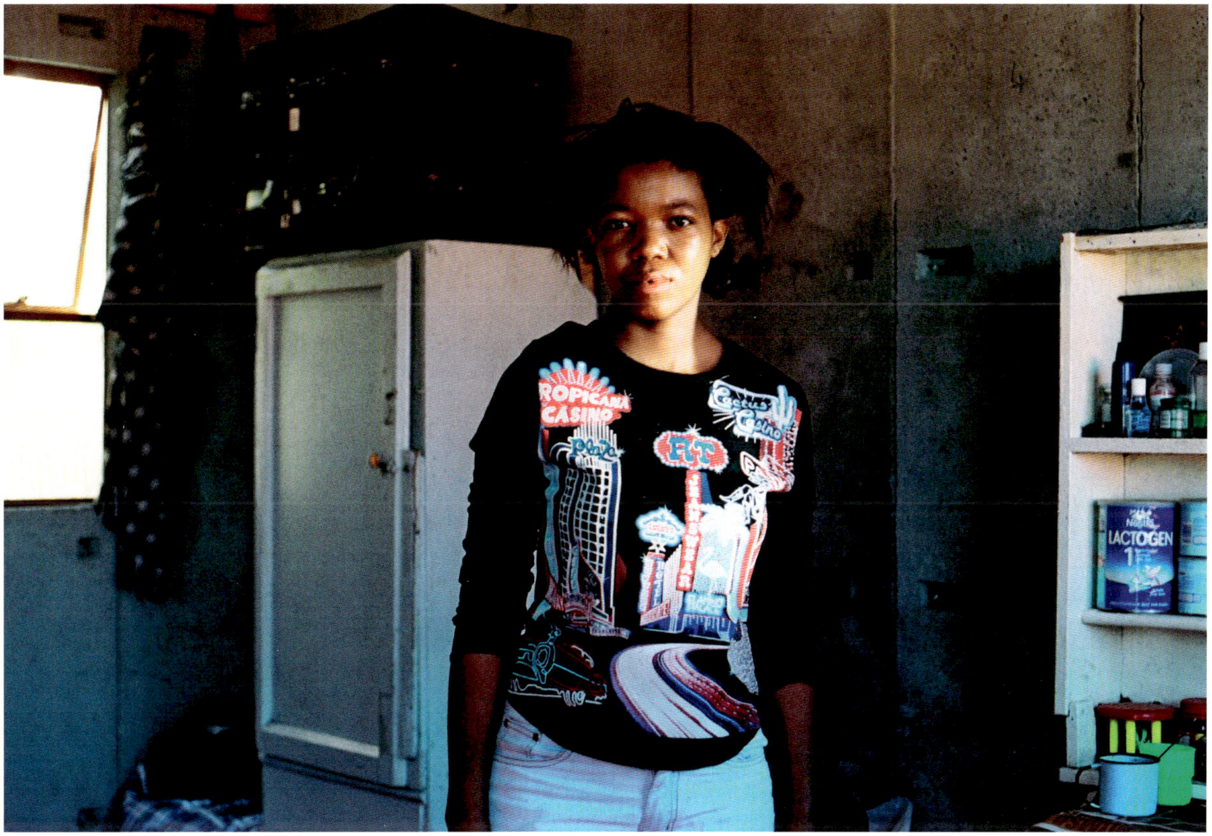

91a

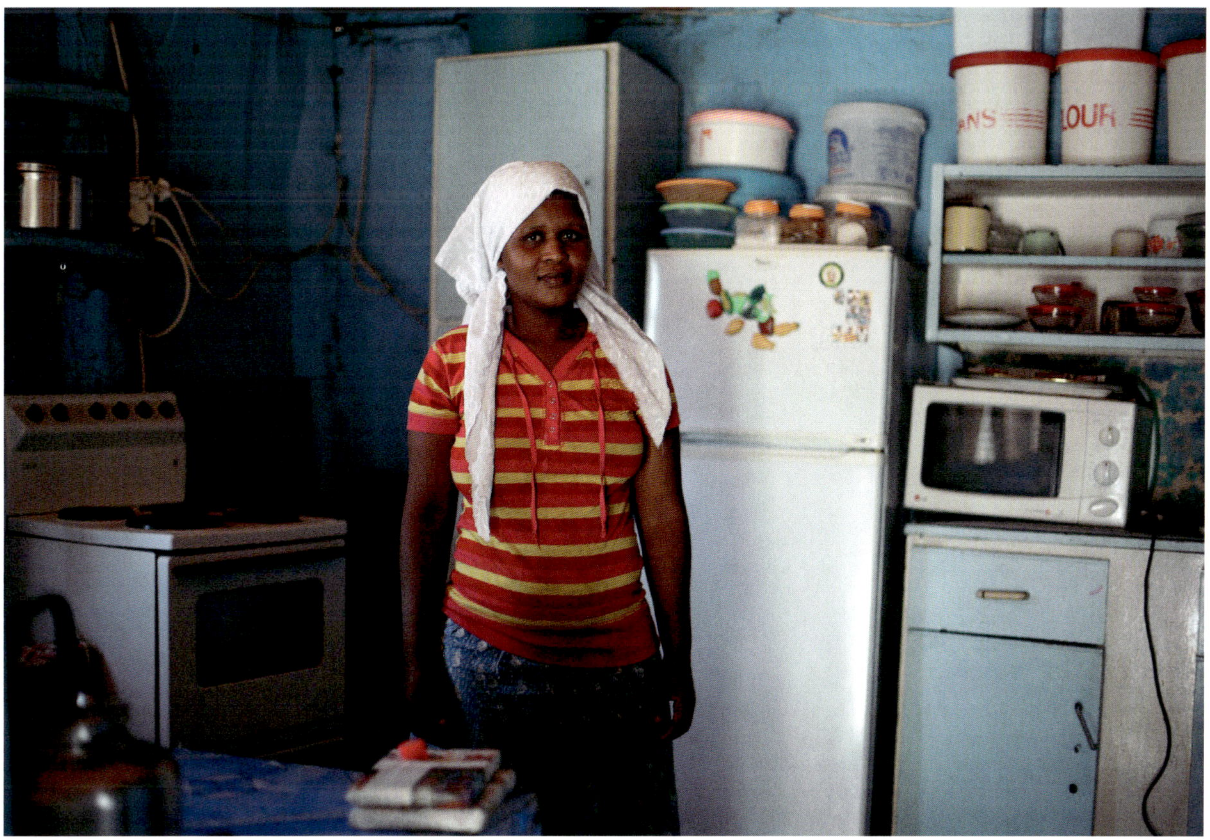

91b

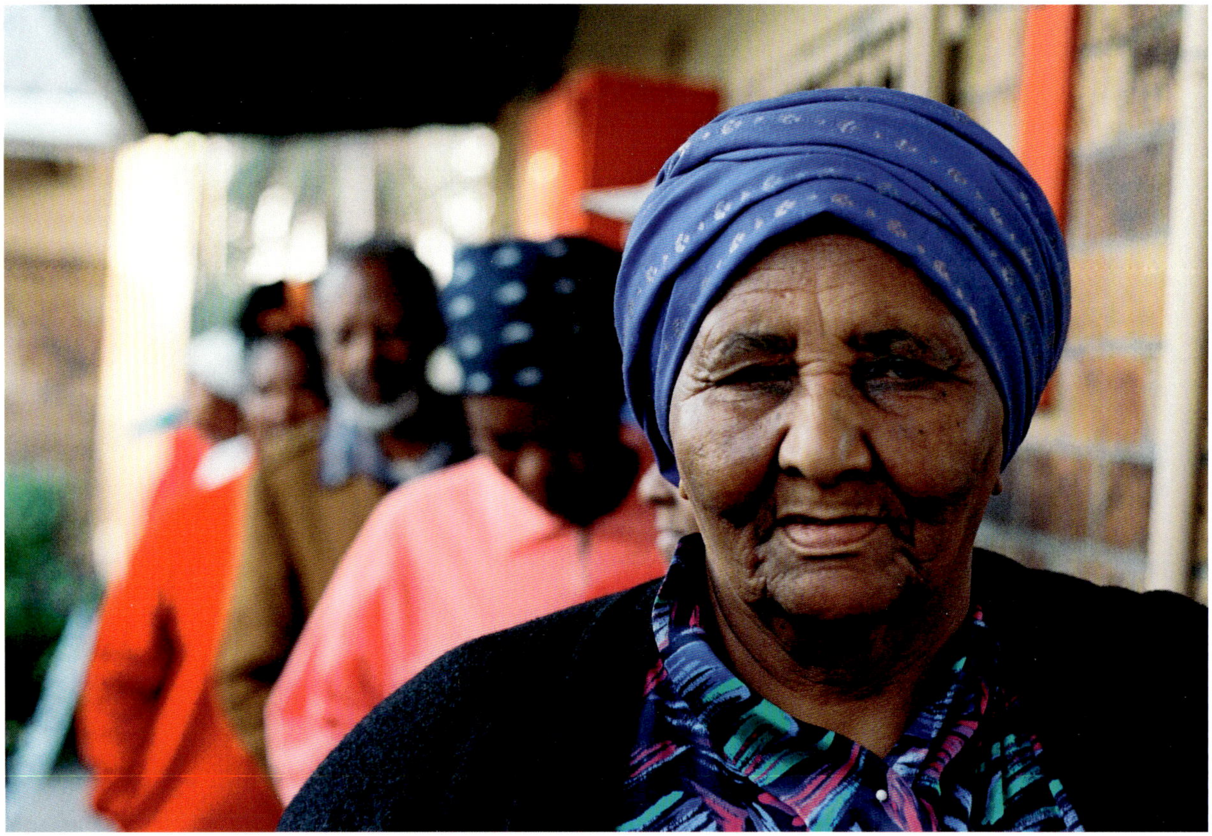

92a

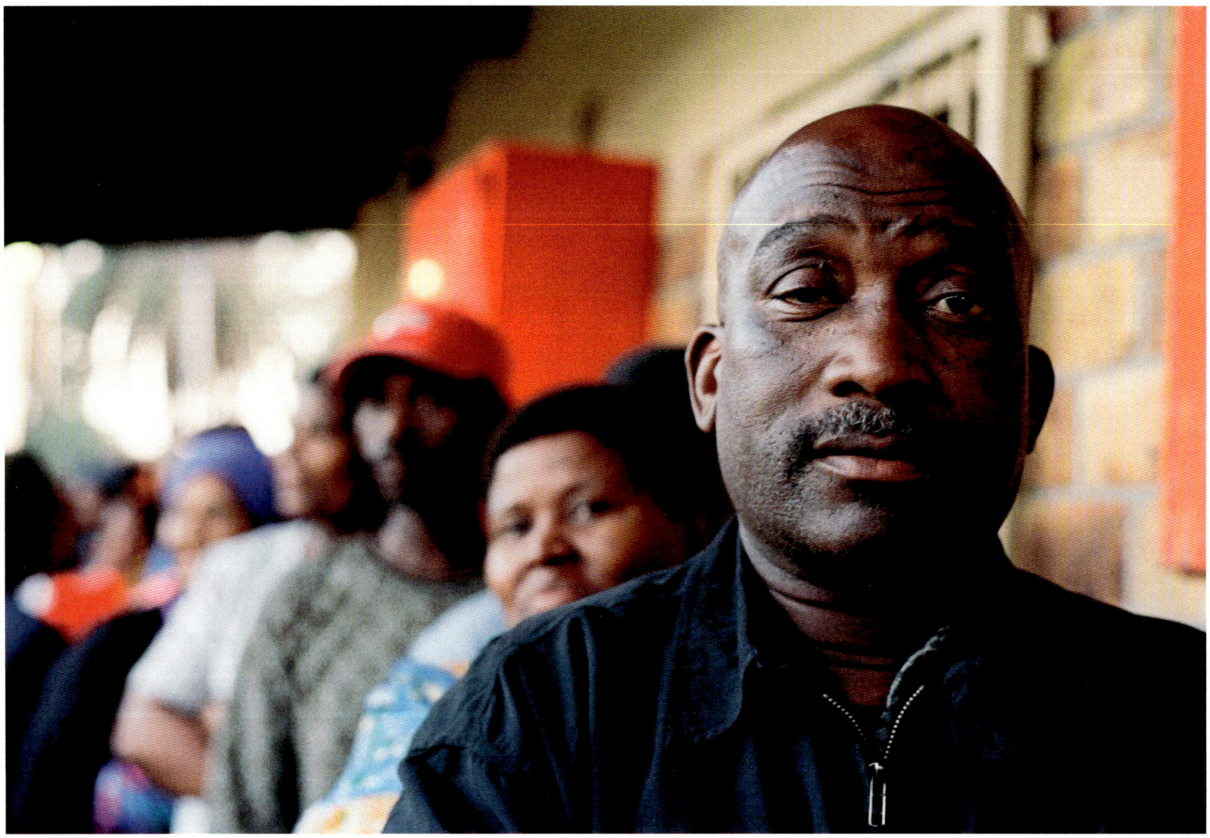

92b

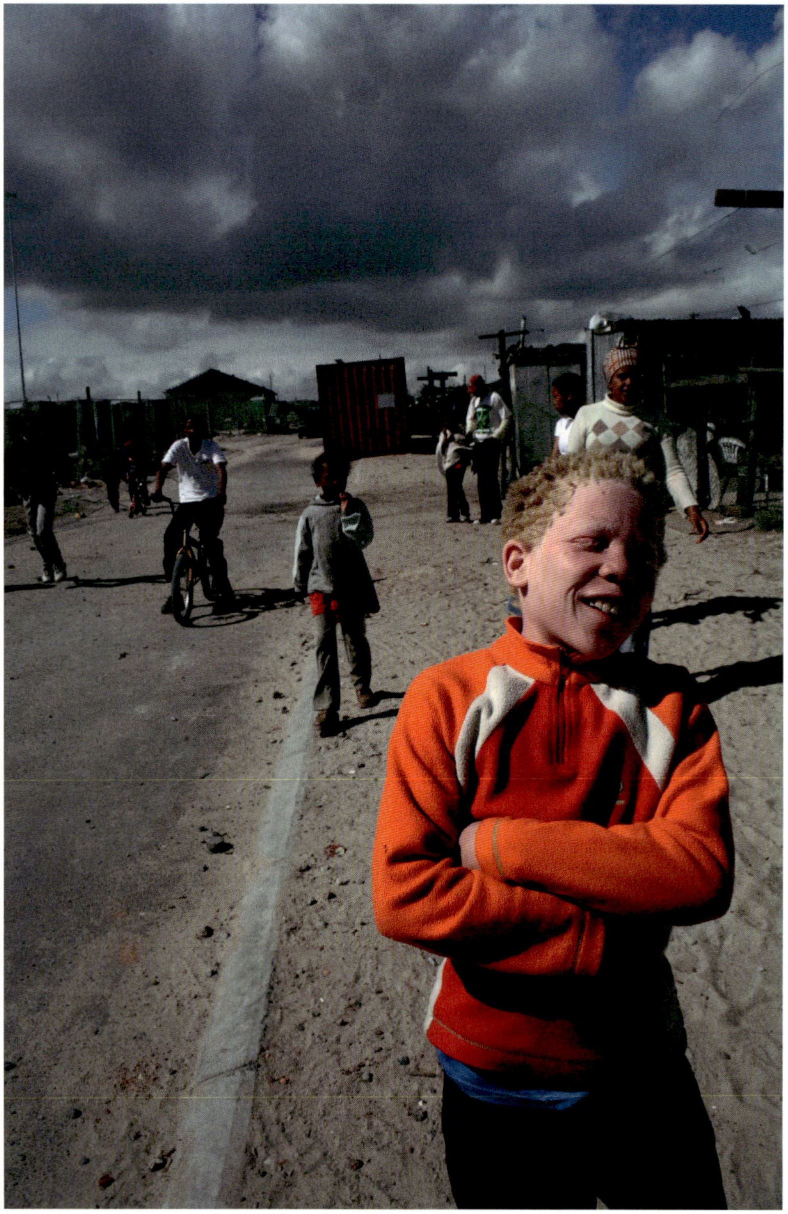

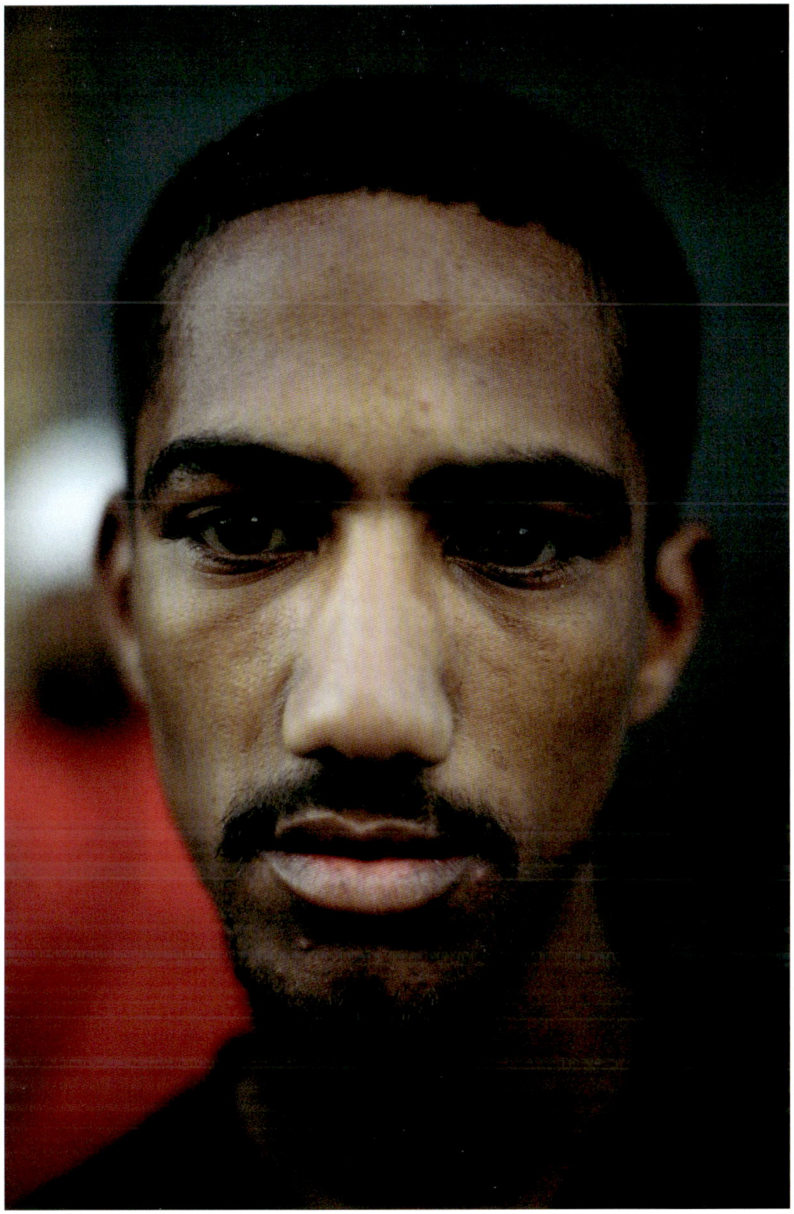
95a

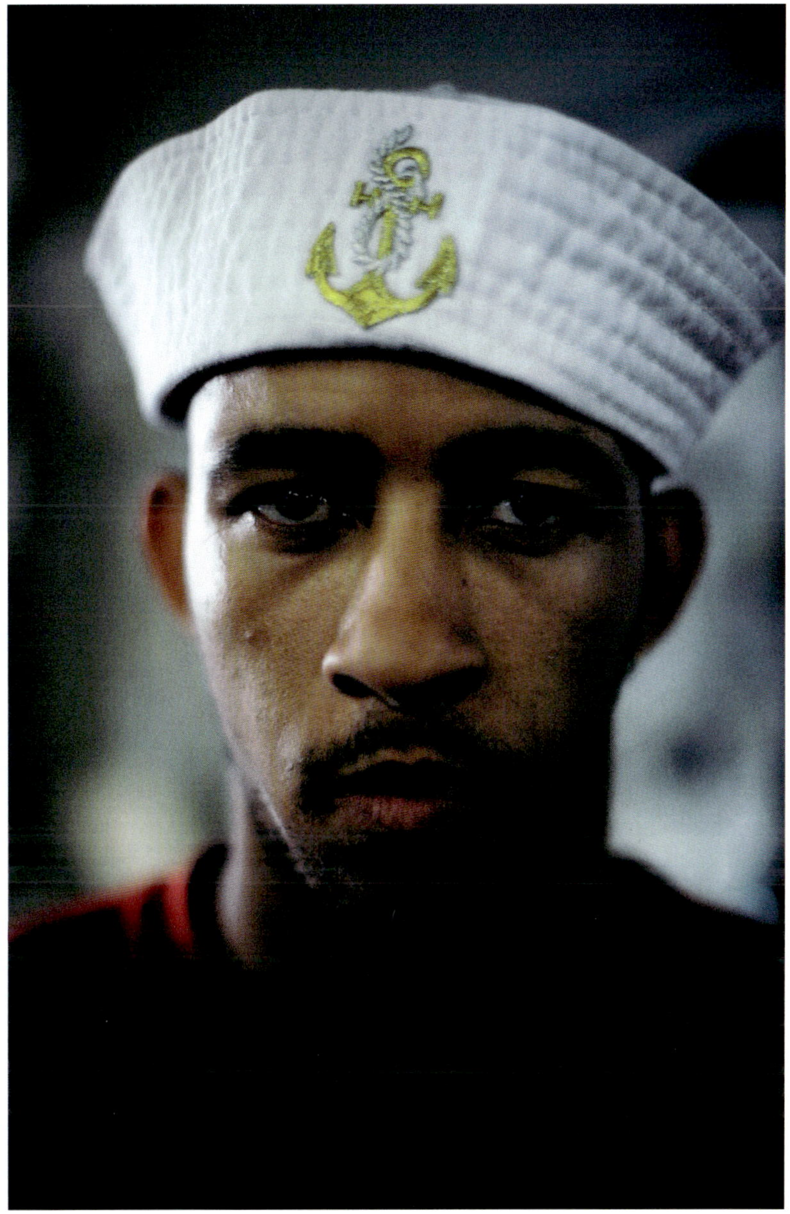
95b

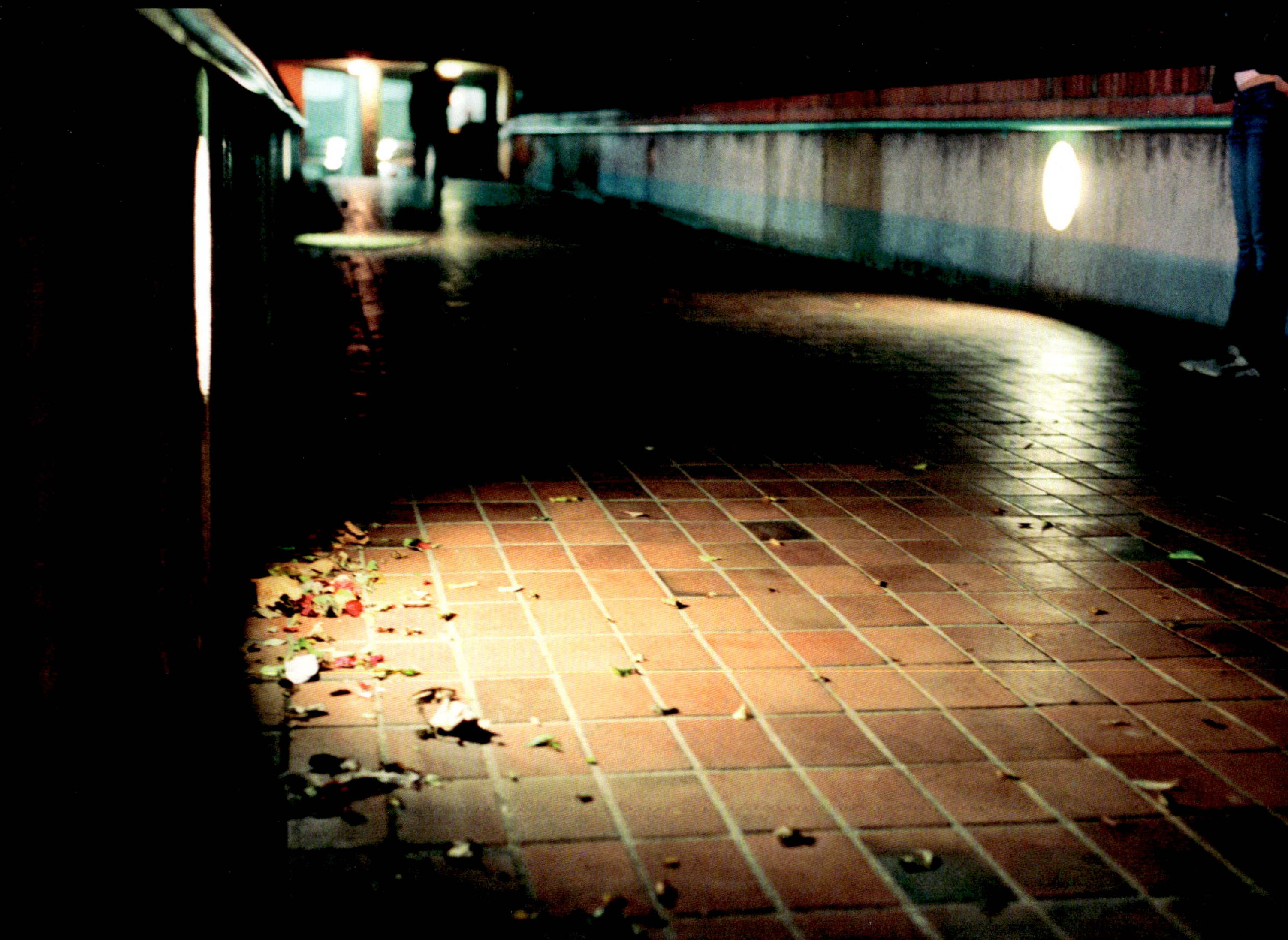

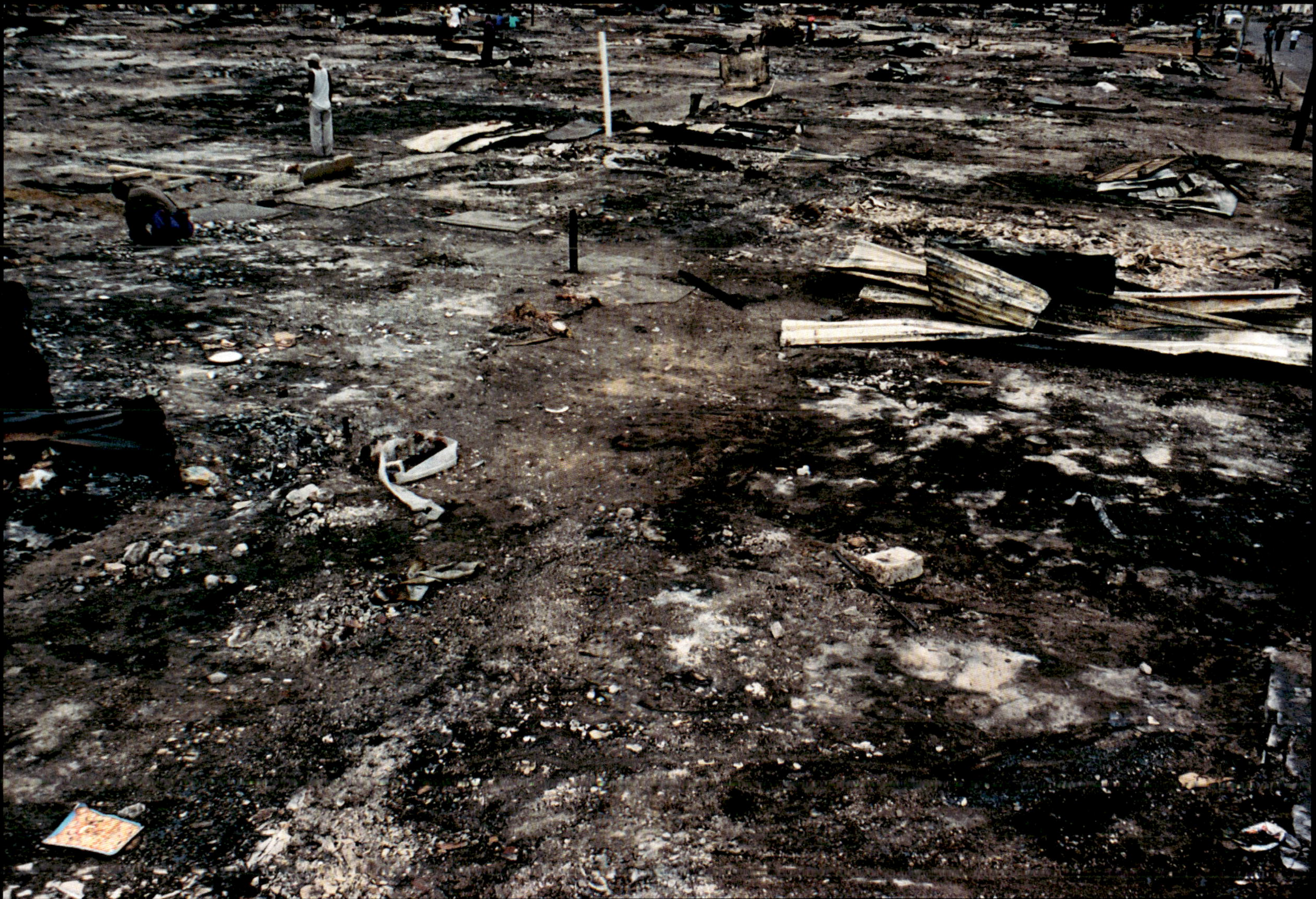

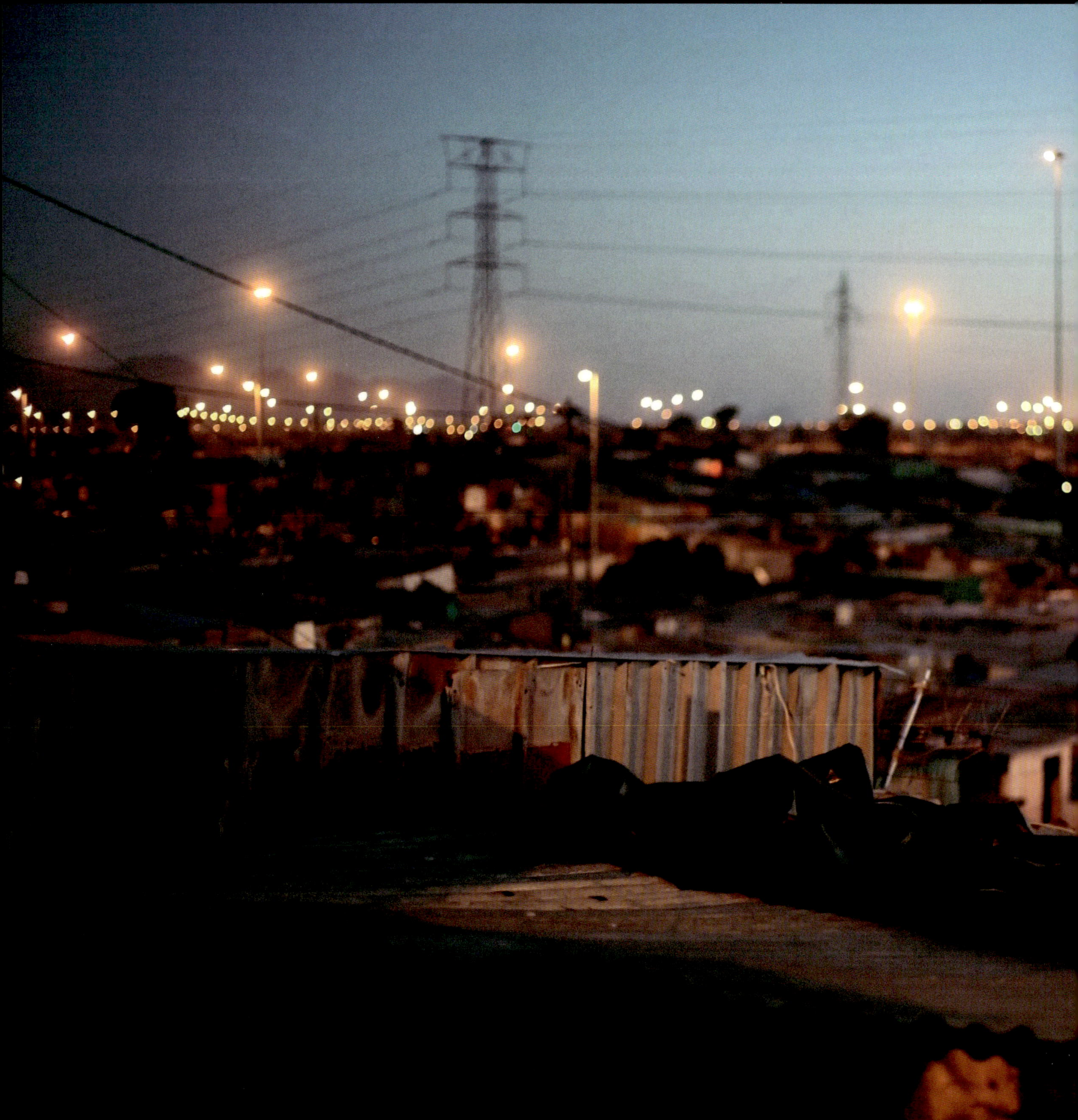

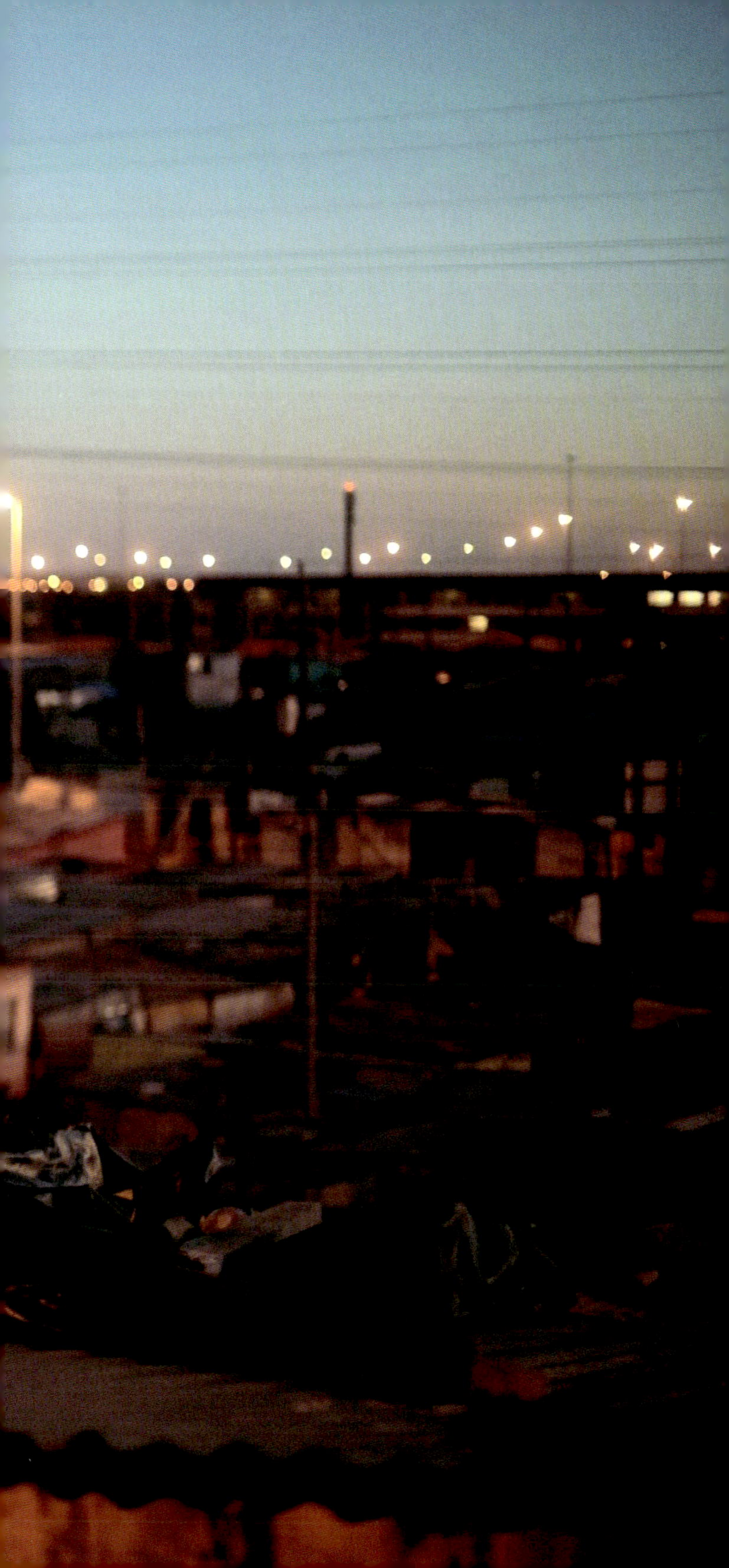

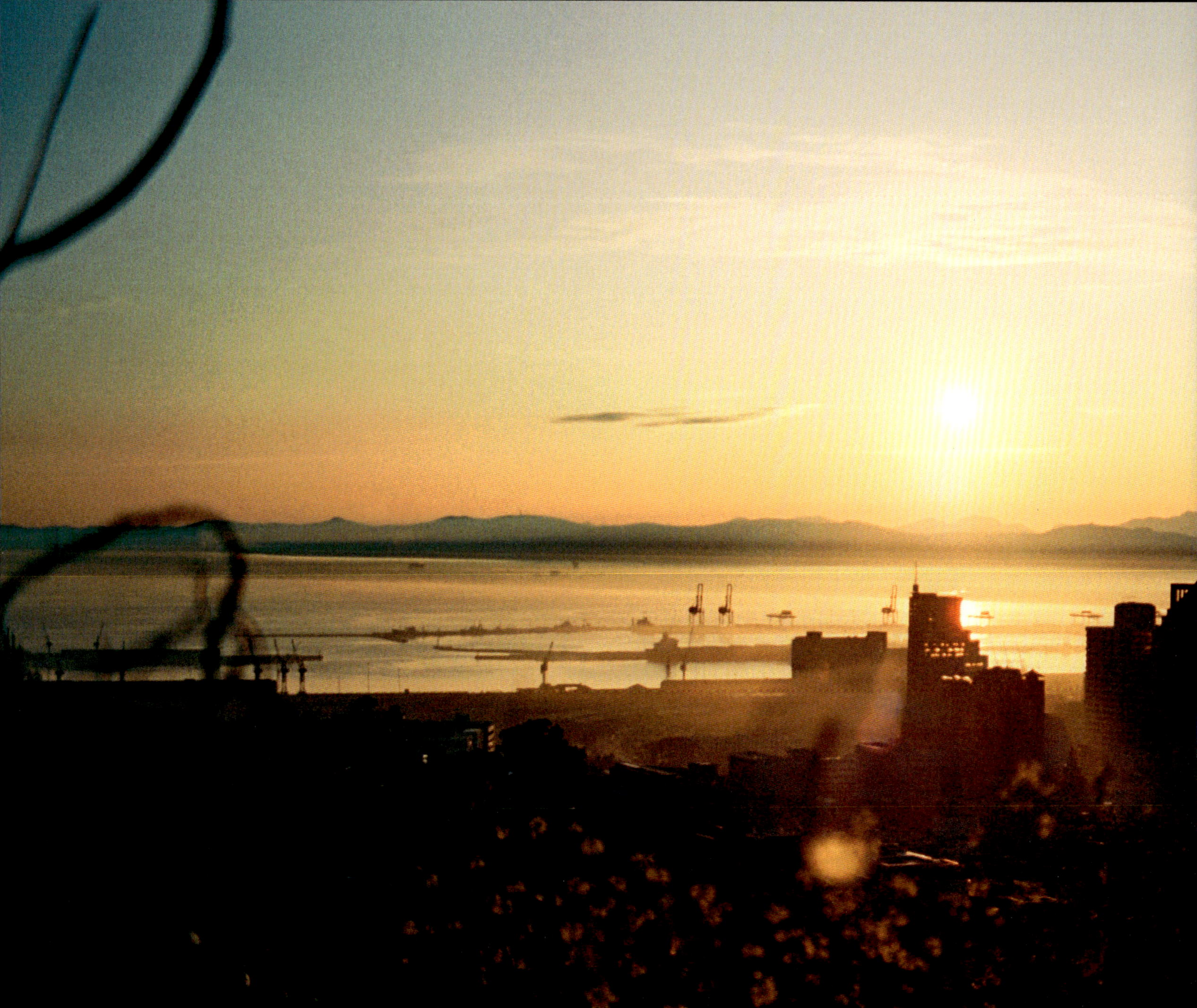

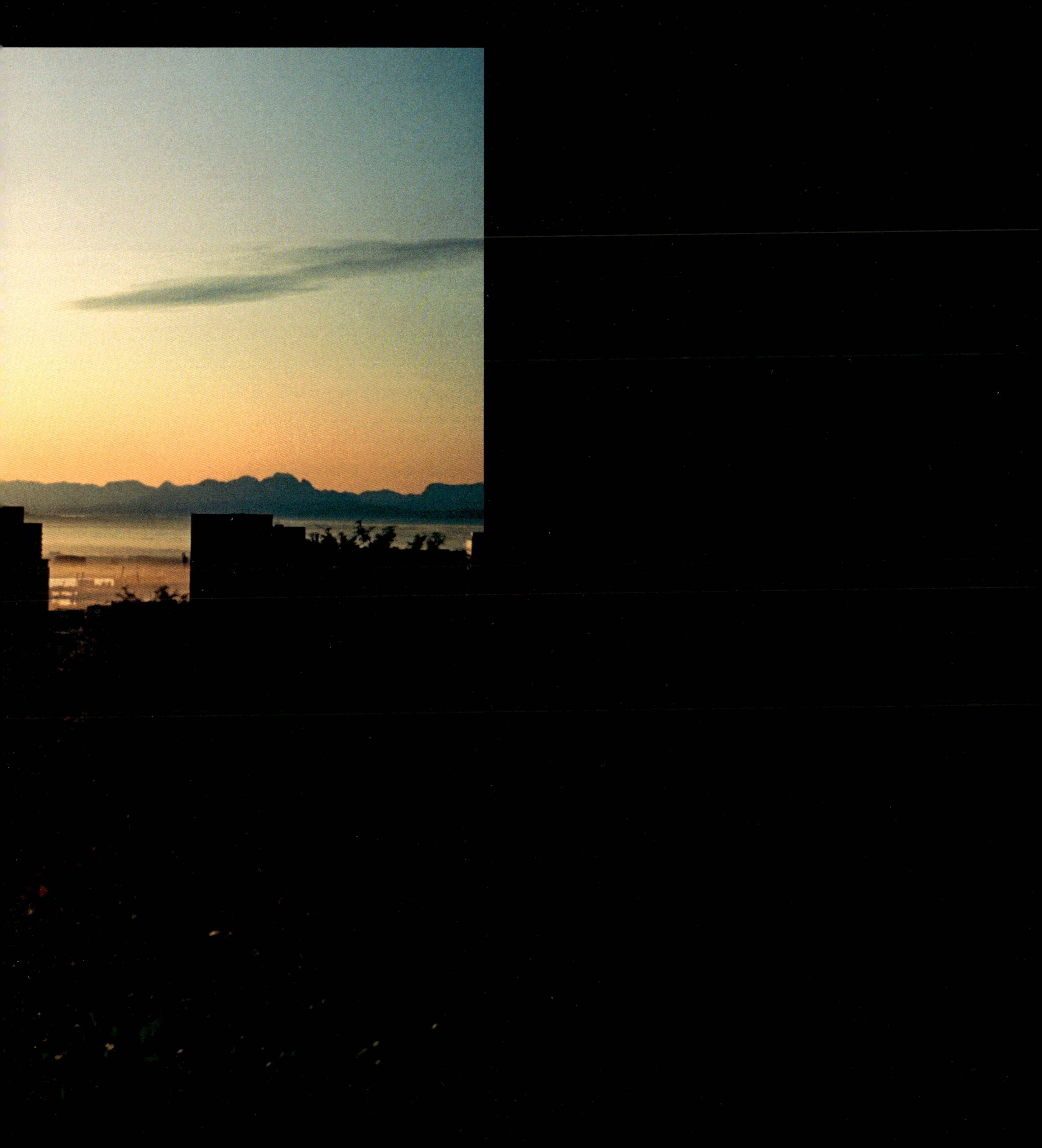

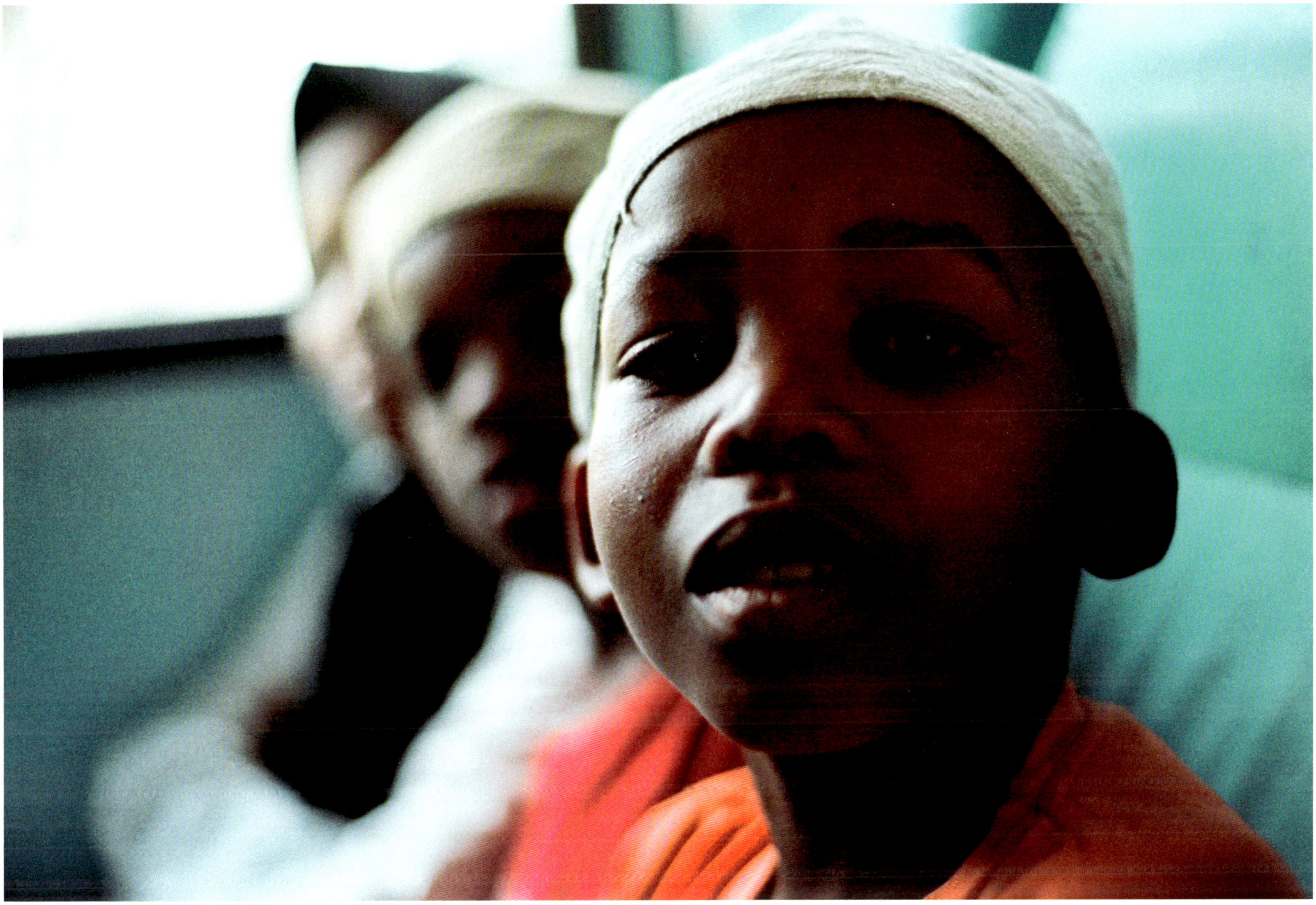

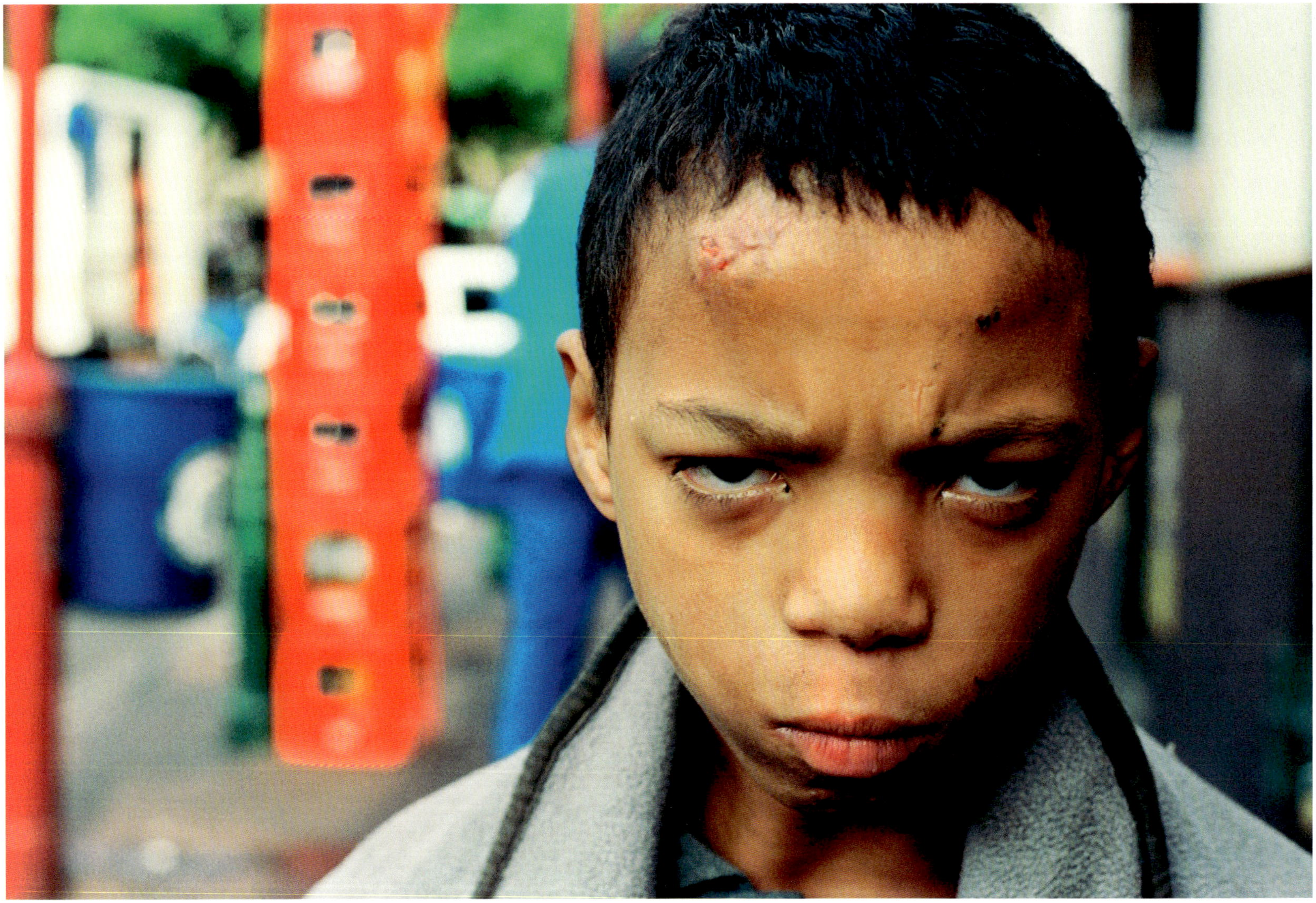

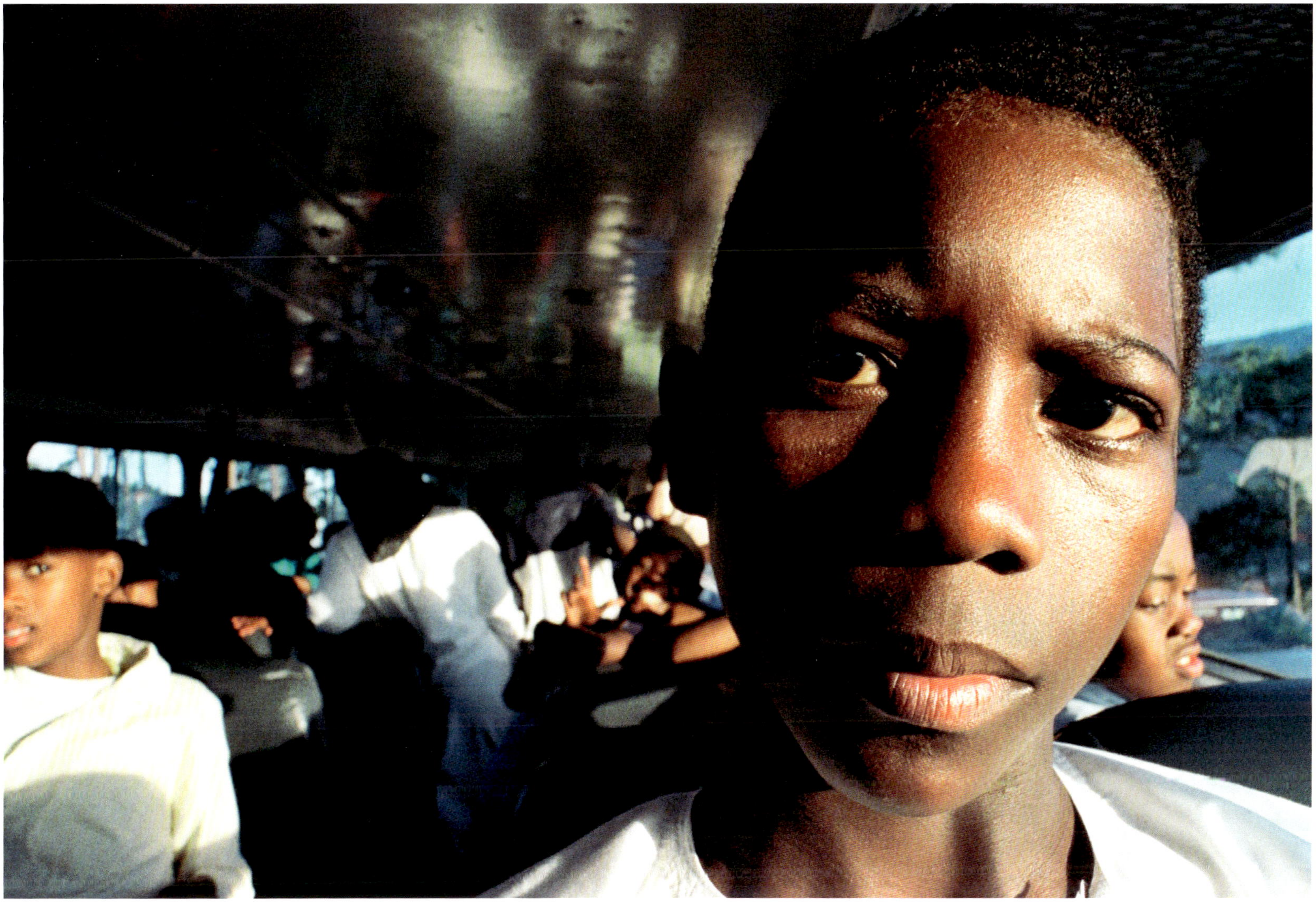

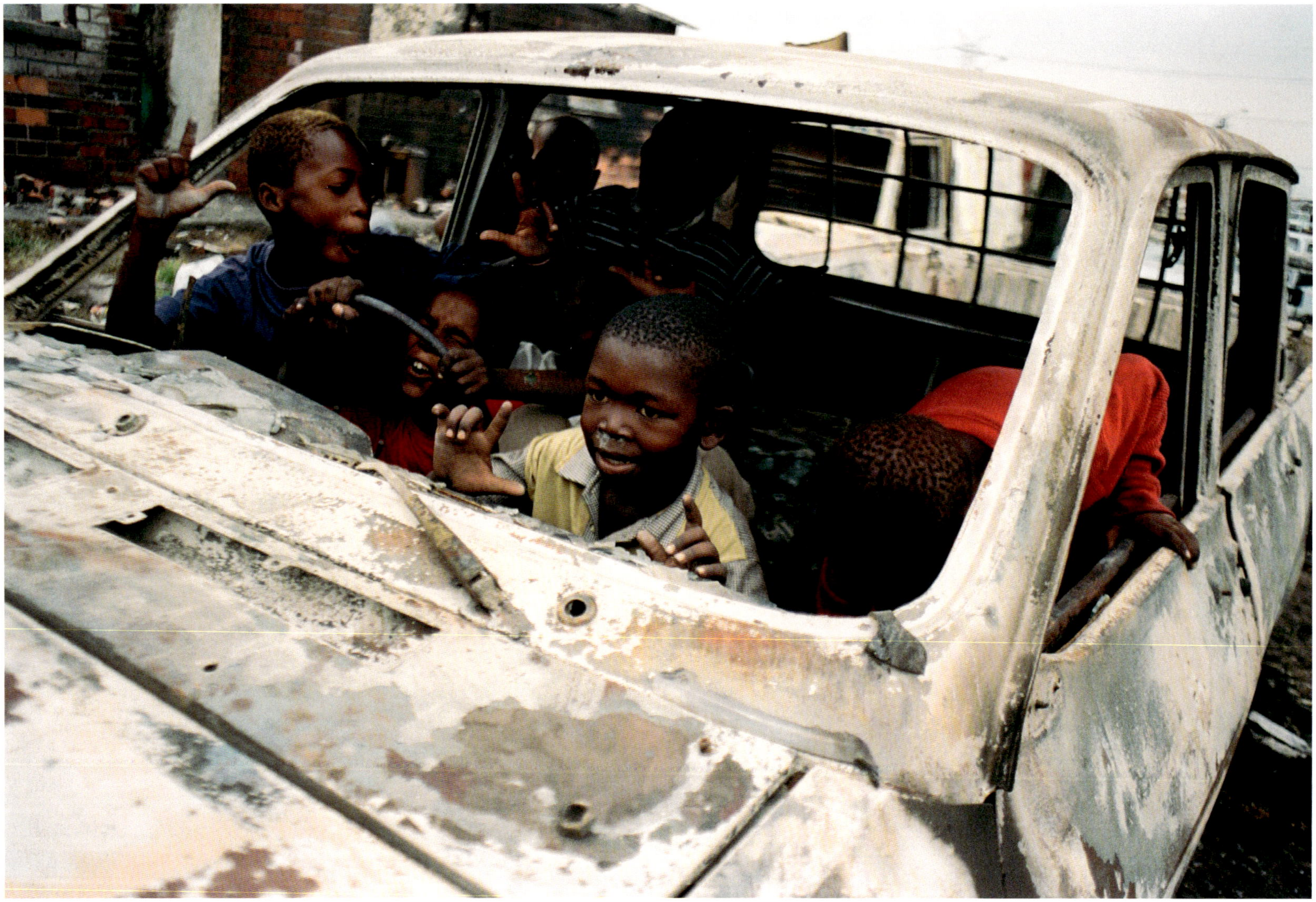

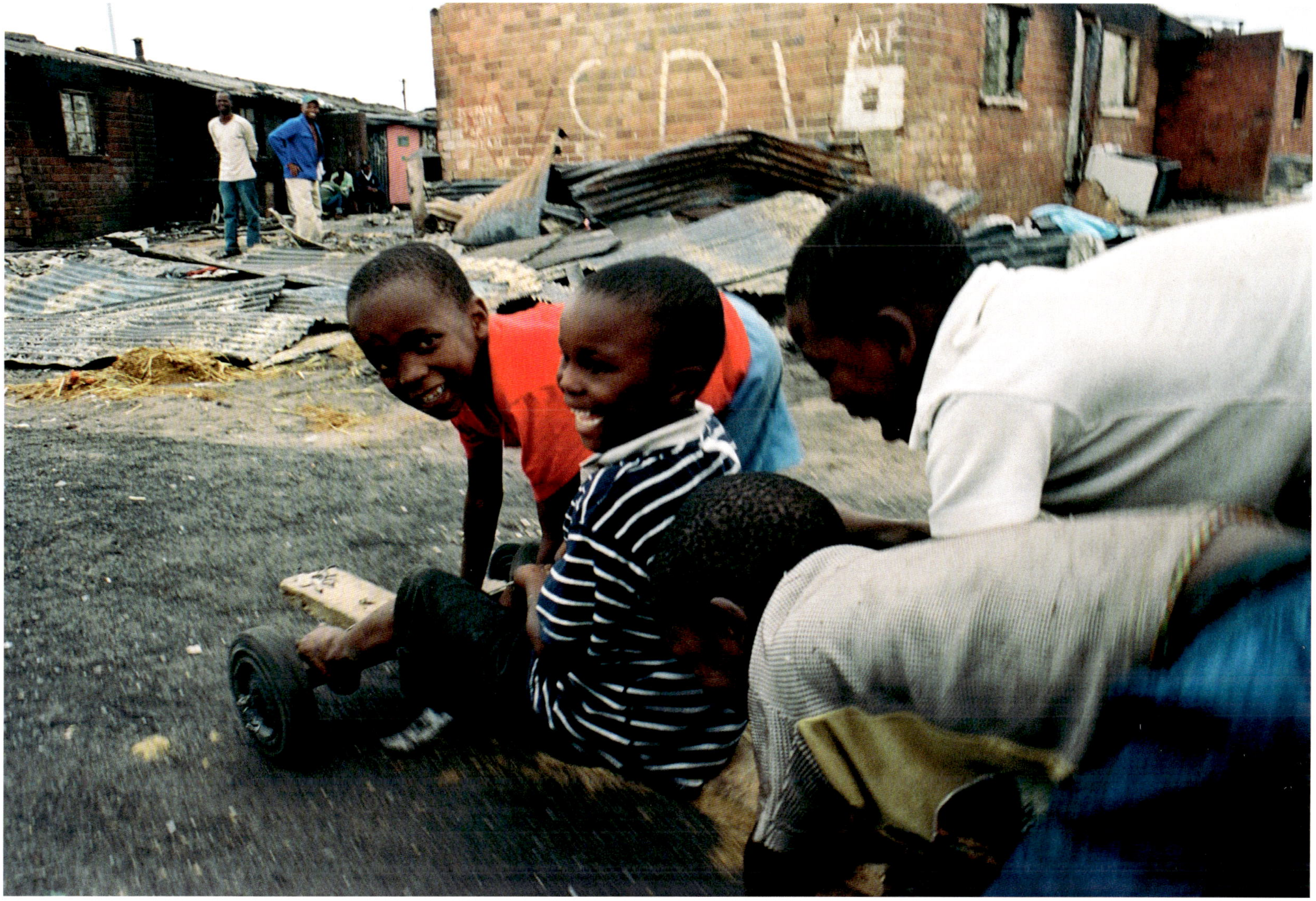

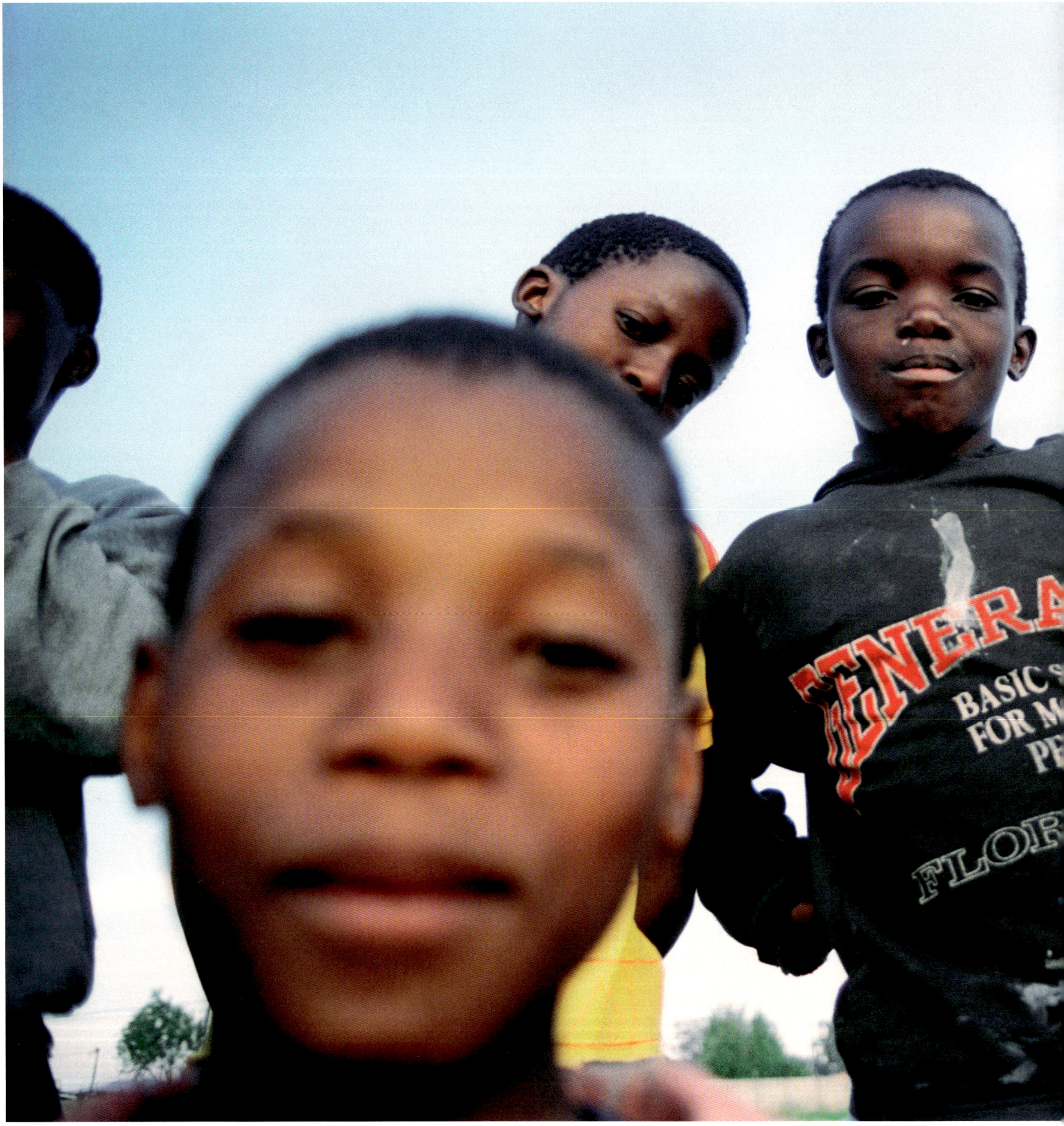

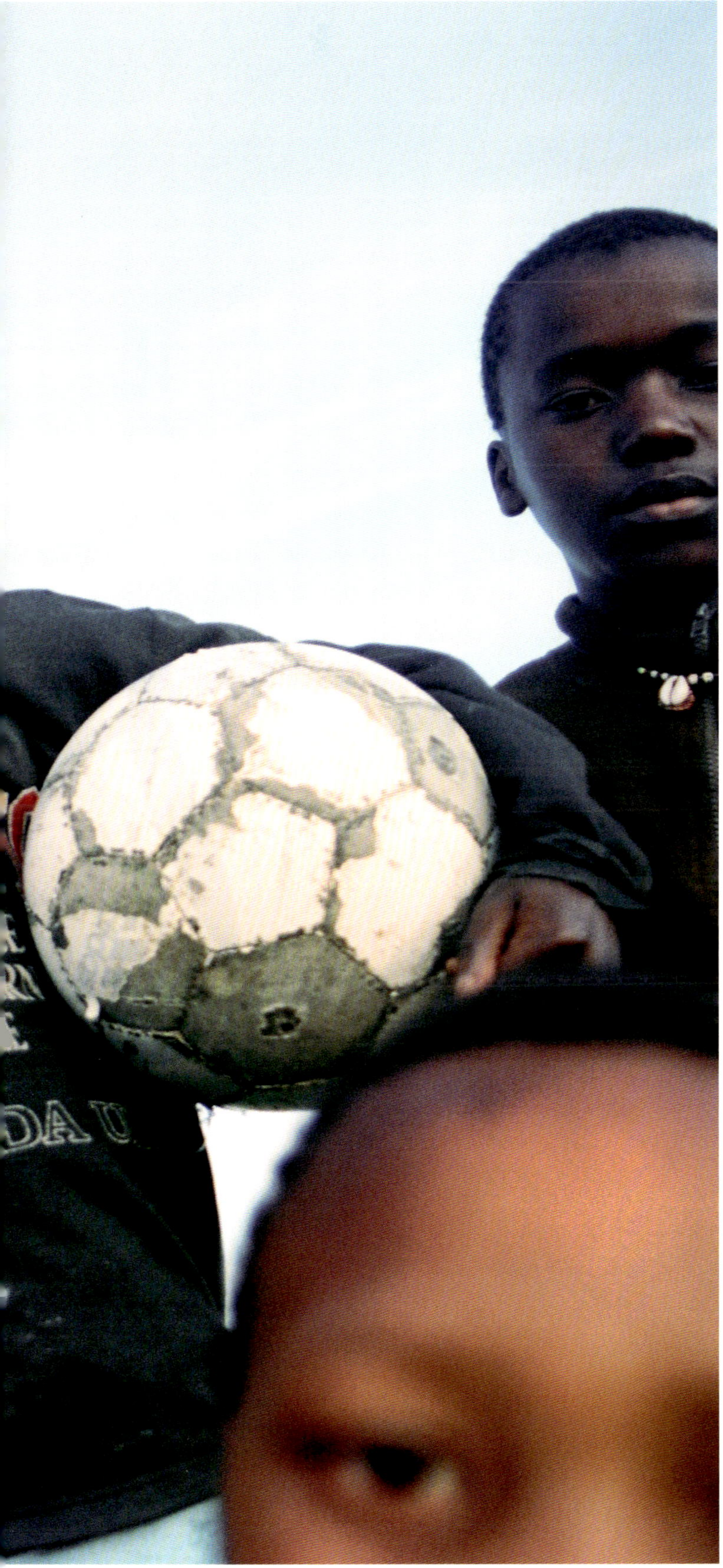

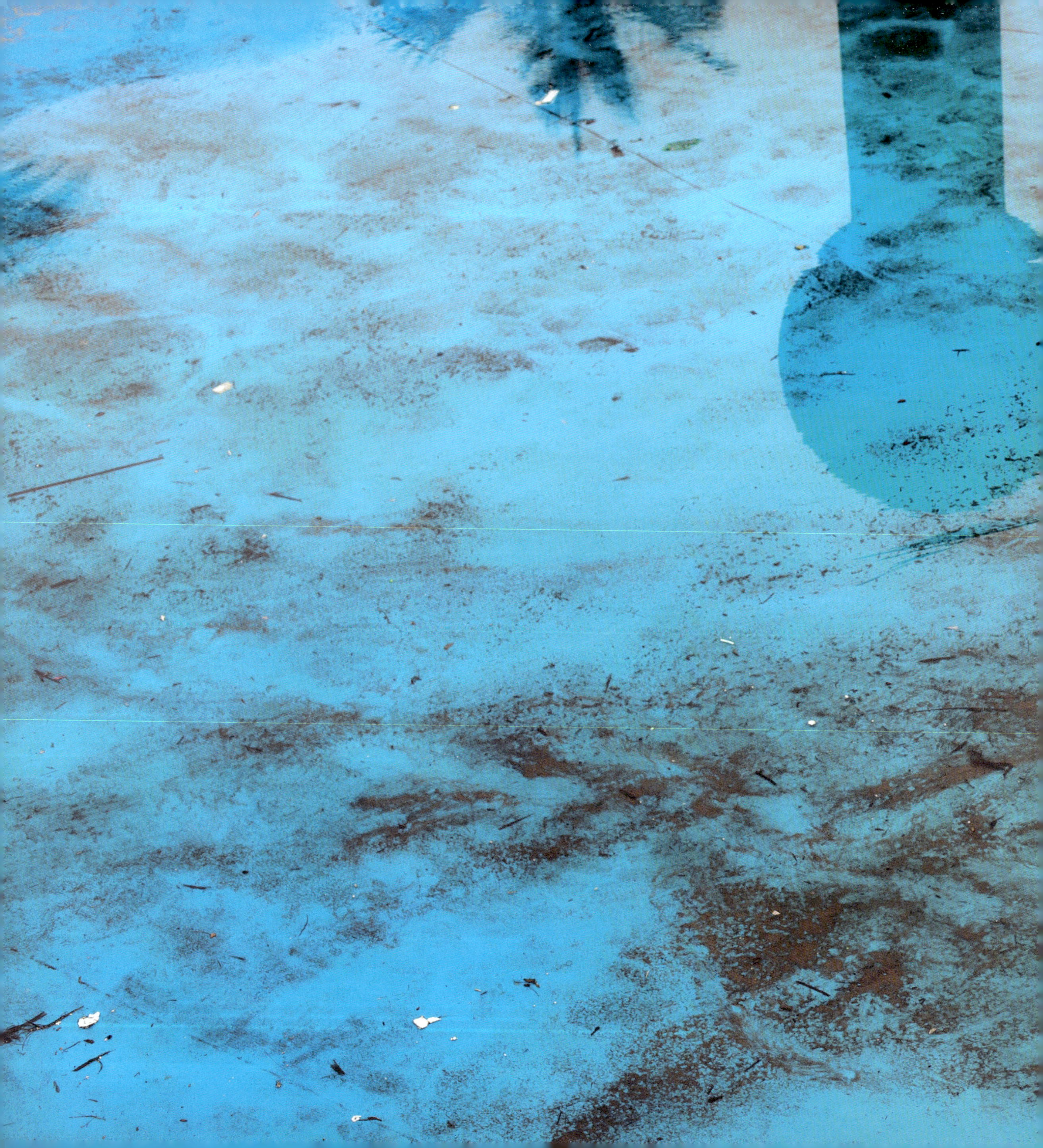

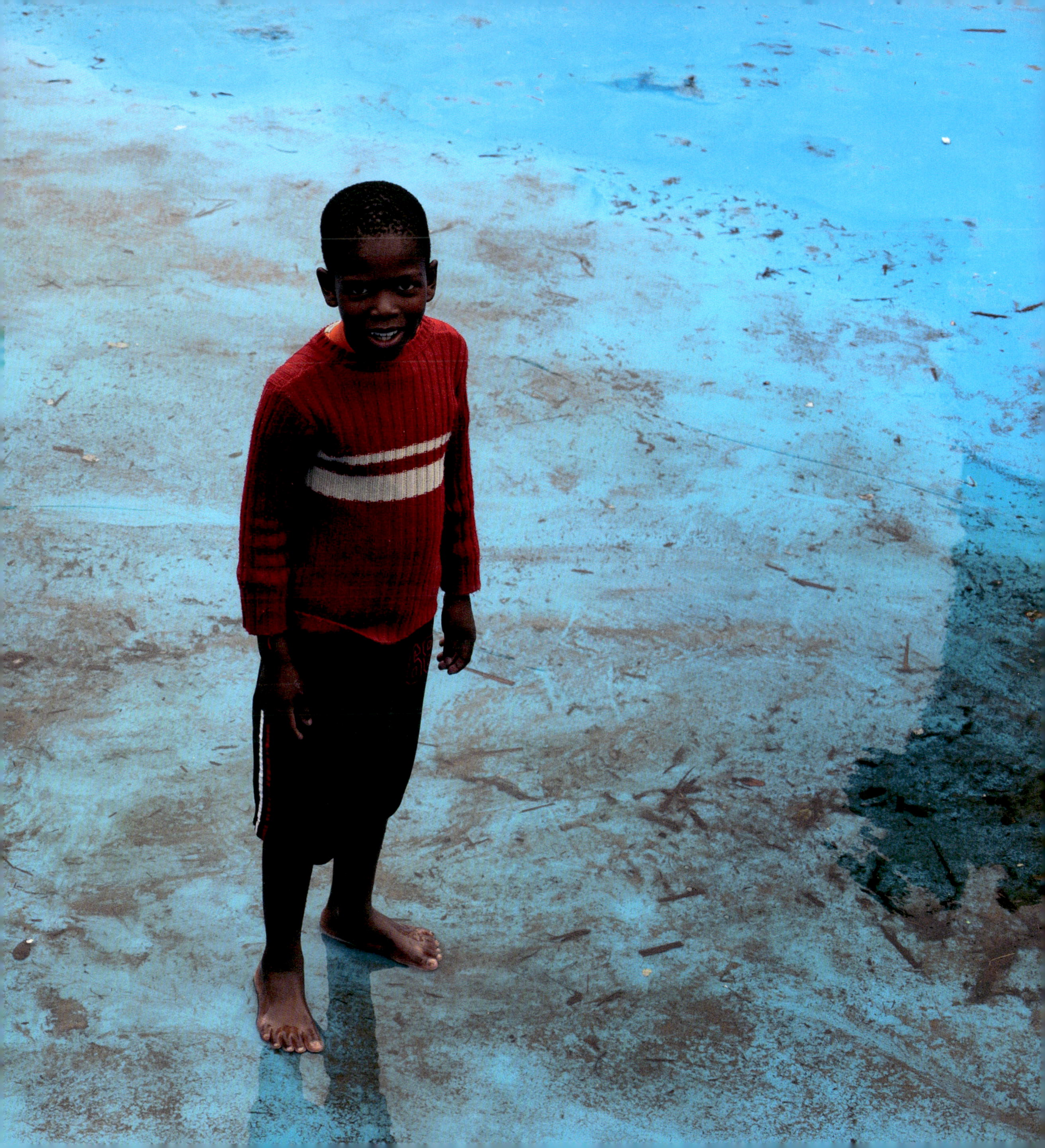

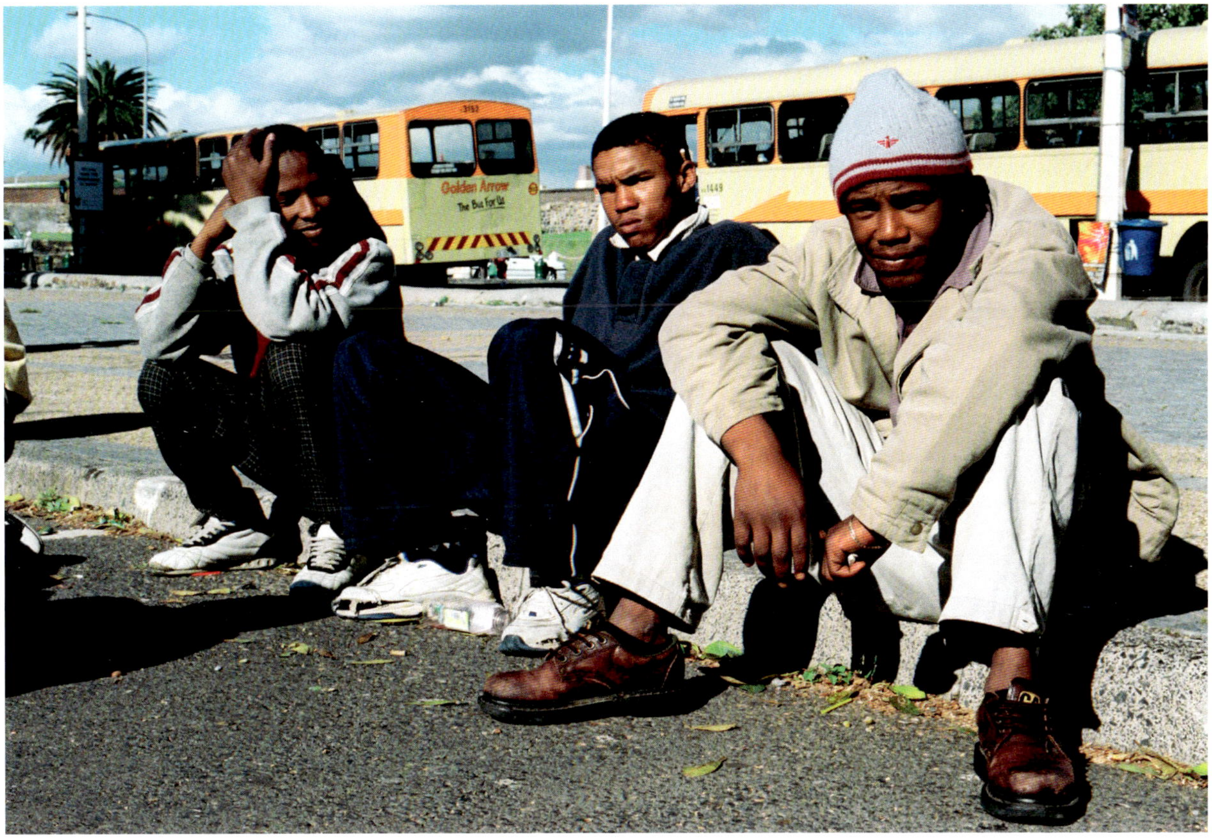
Golden Arrow
The Bus For Us

113a

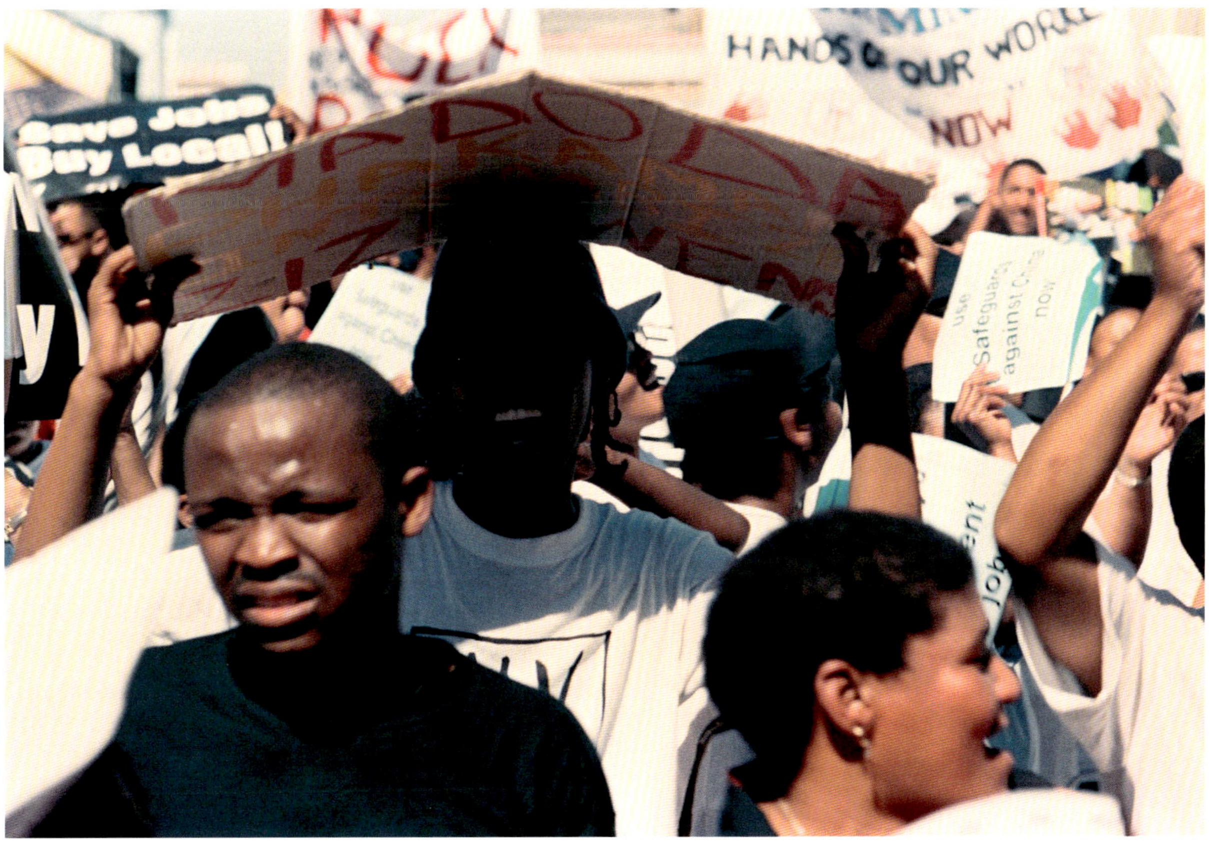
Save Jobs
Buy Local!
use
Safeguards
against China
now

113b

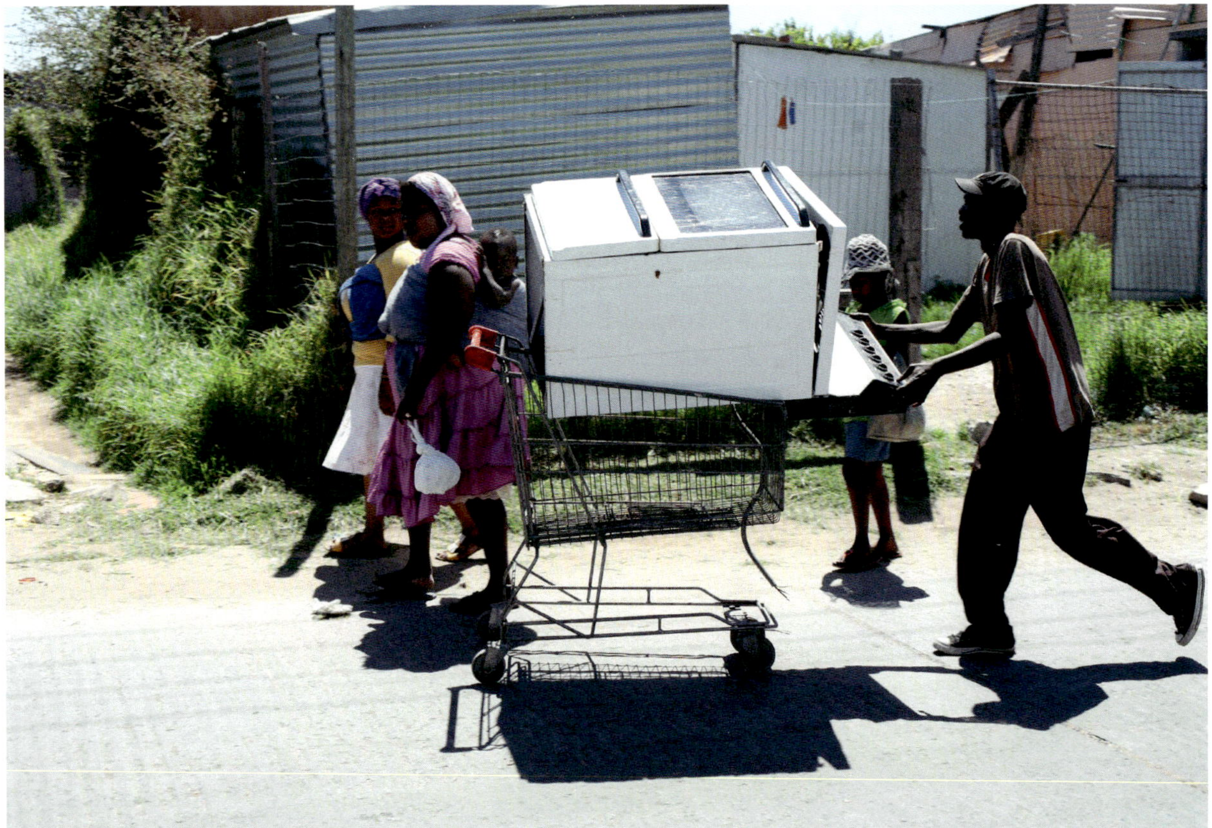
114a

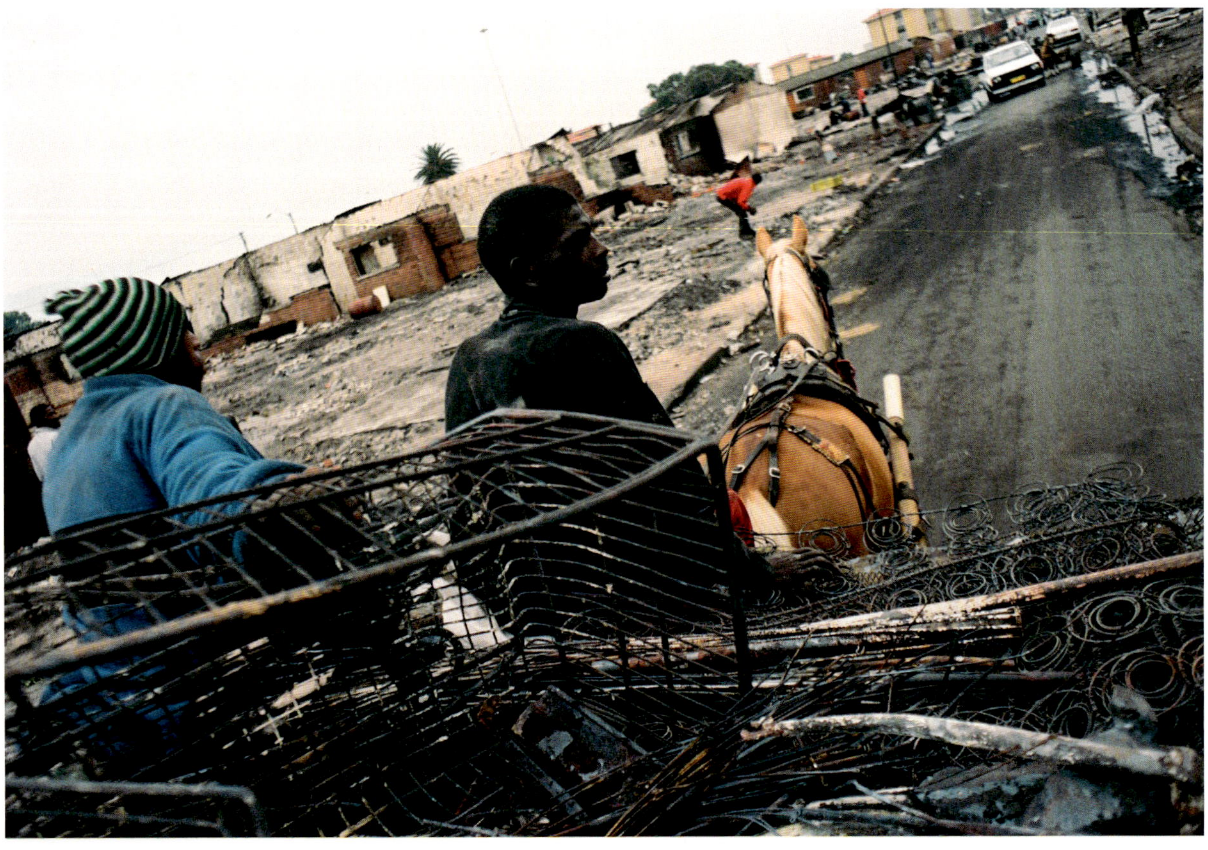
114b

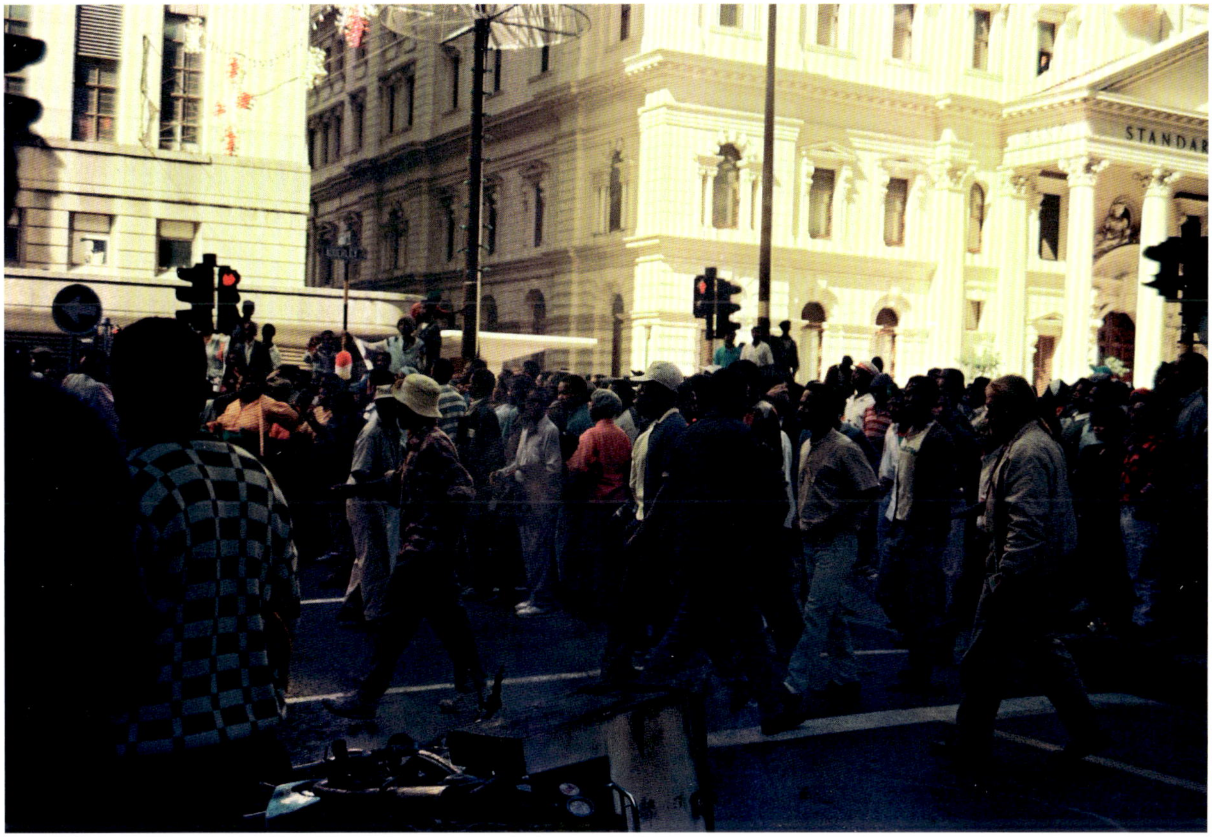

115a

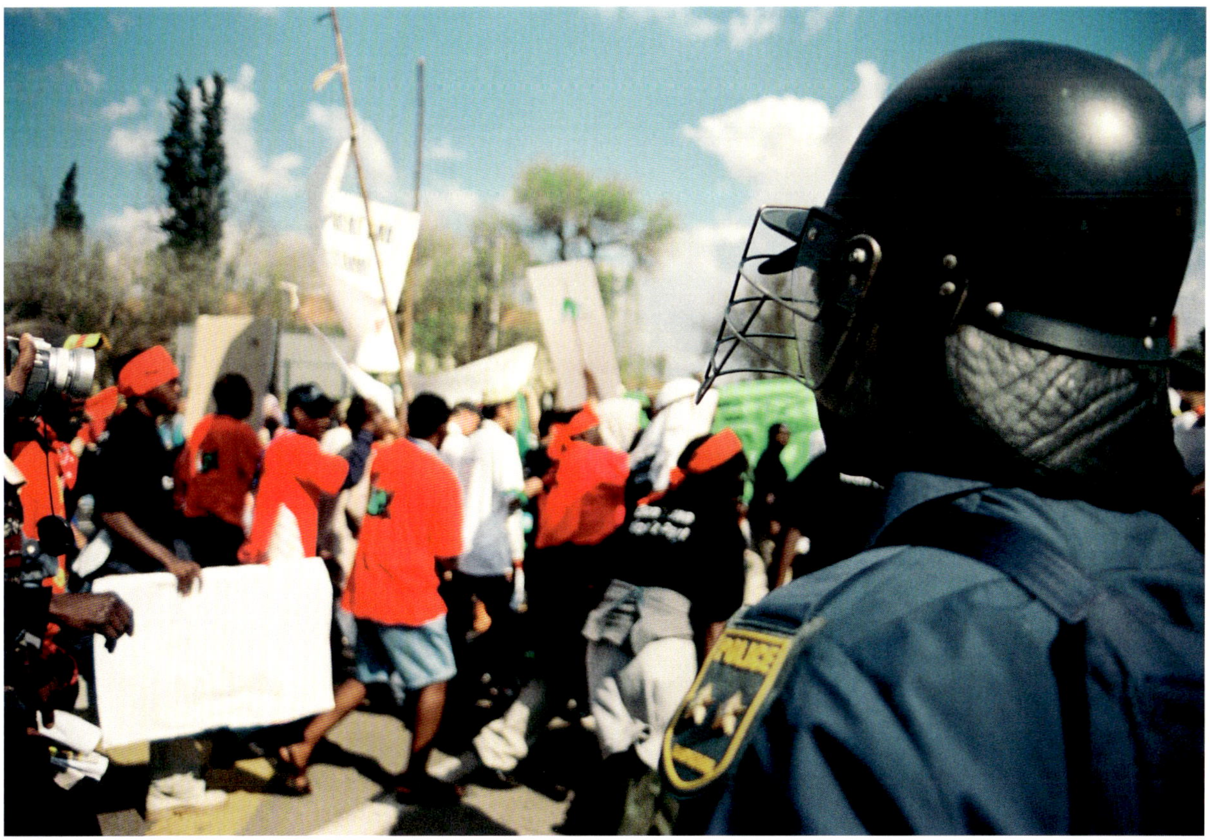

115b

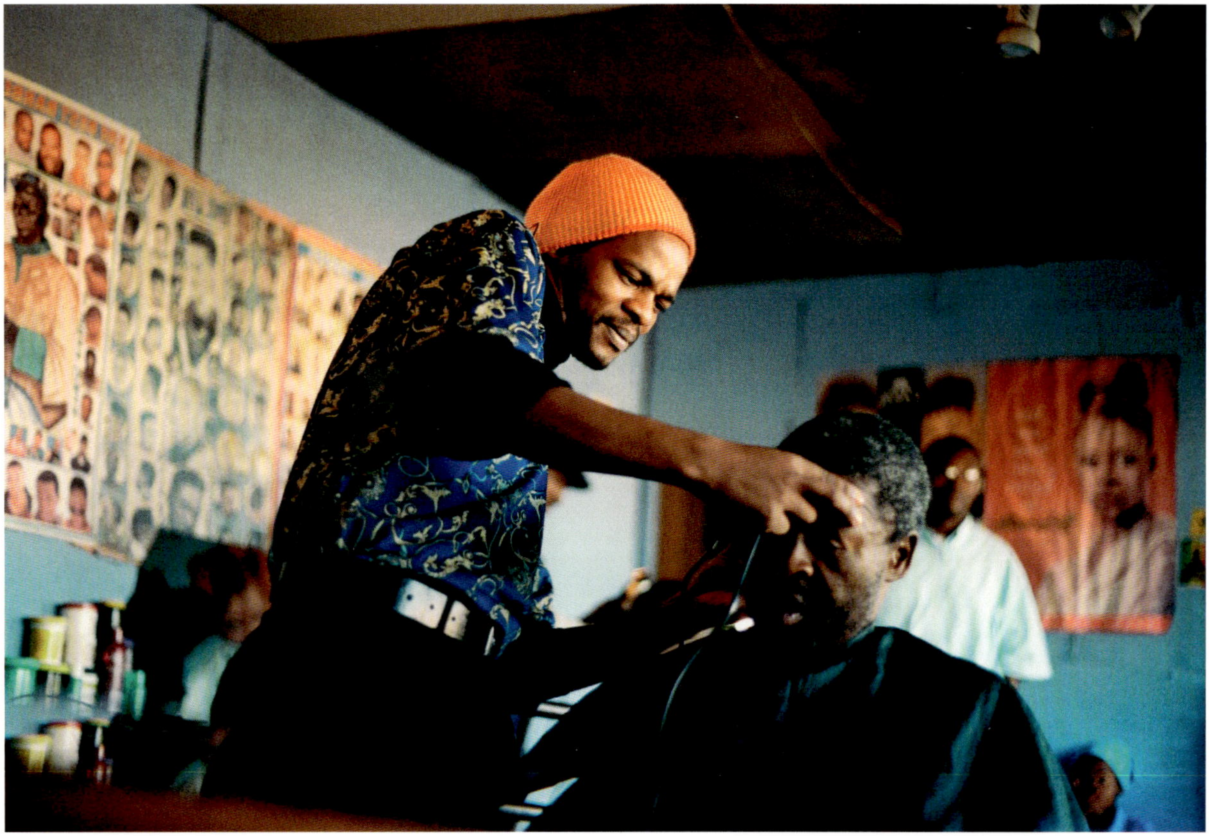

116a

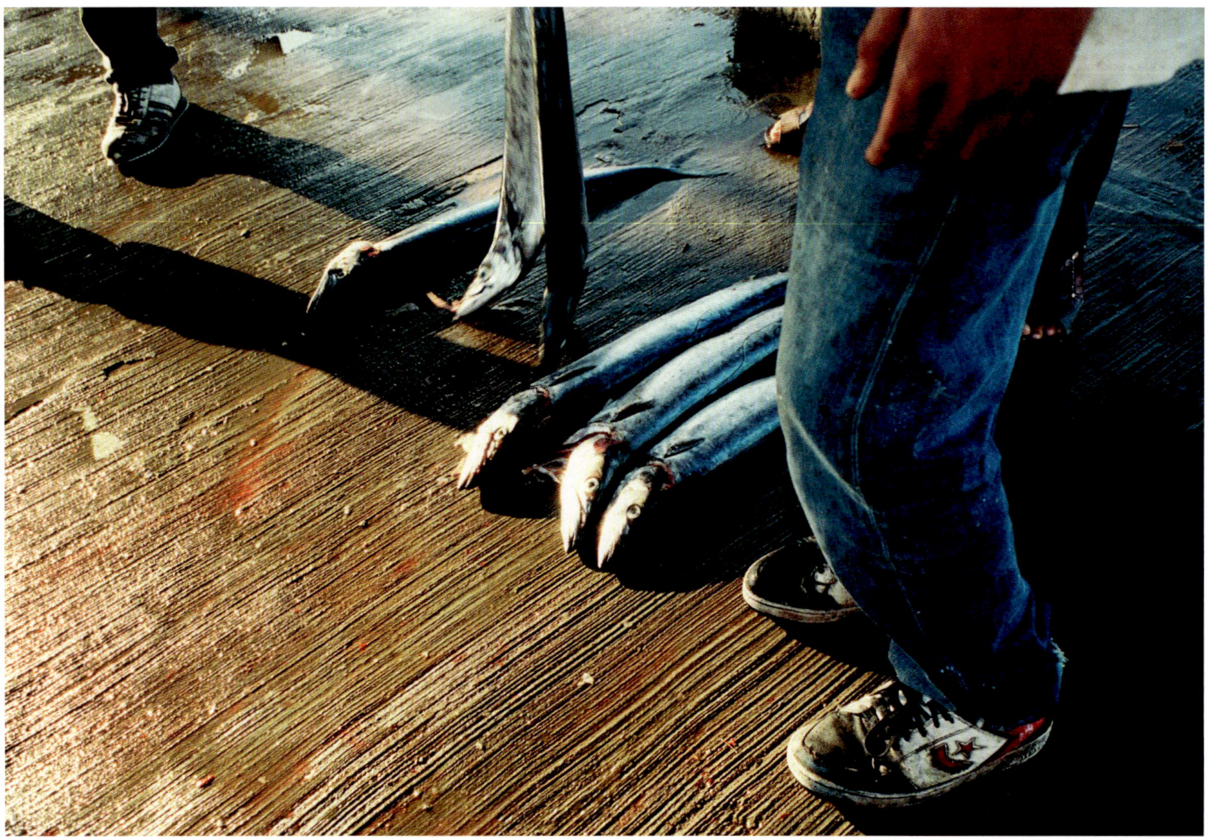

116b

117a

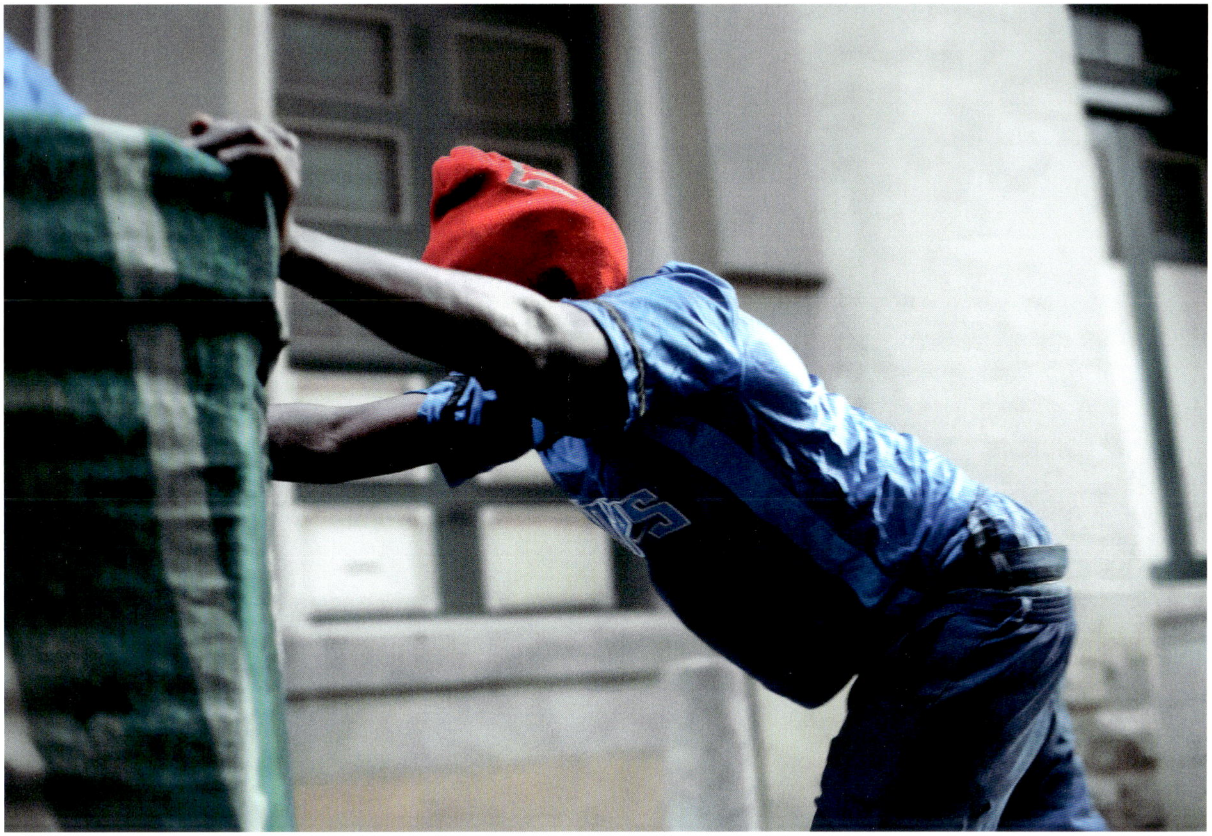

117b

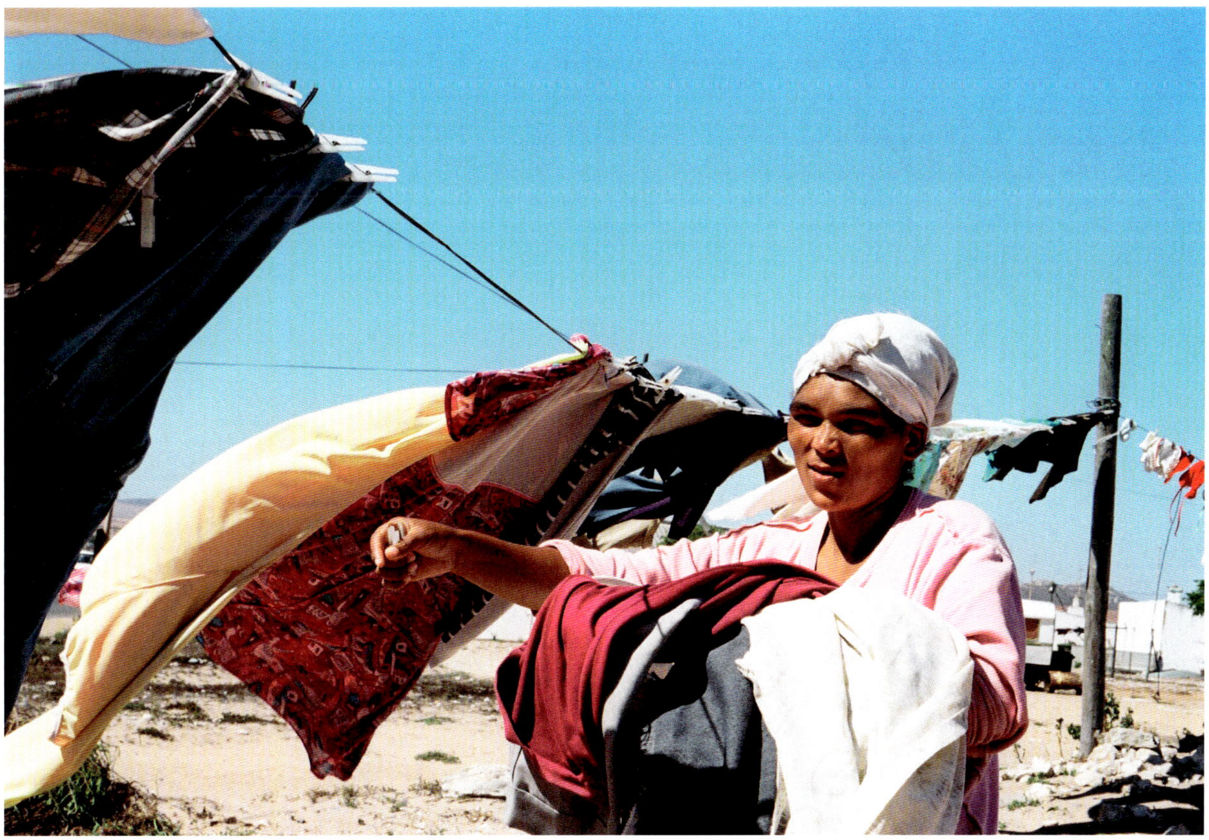

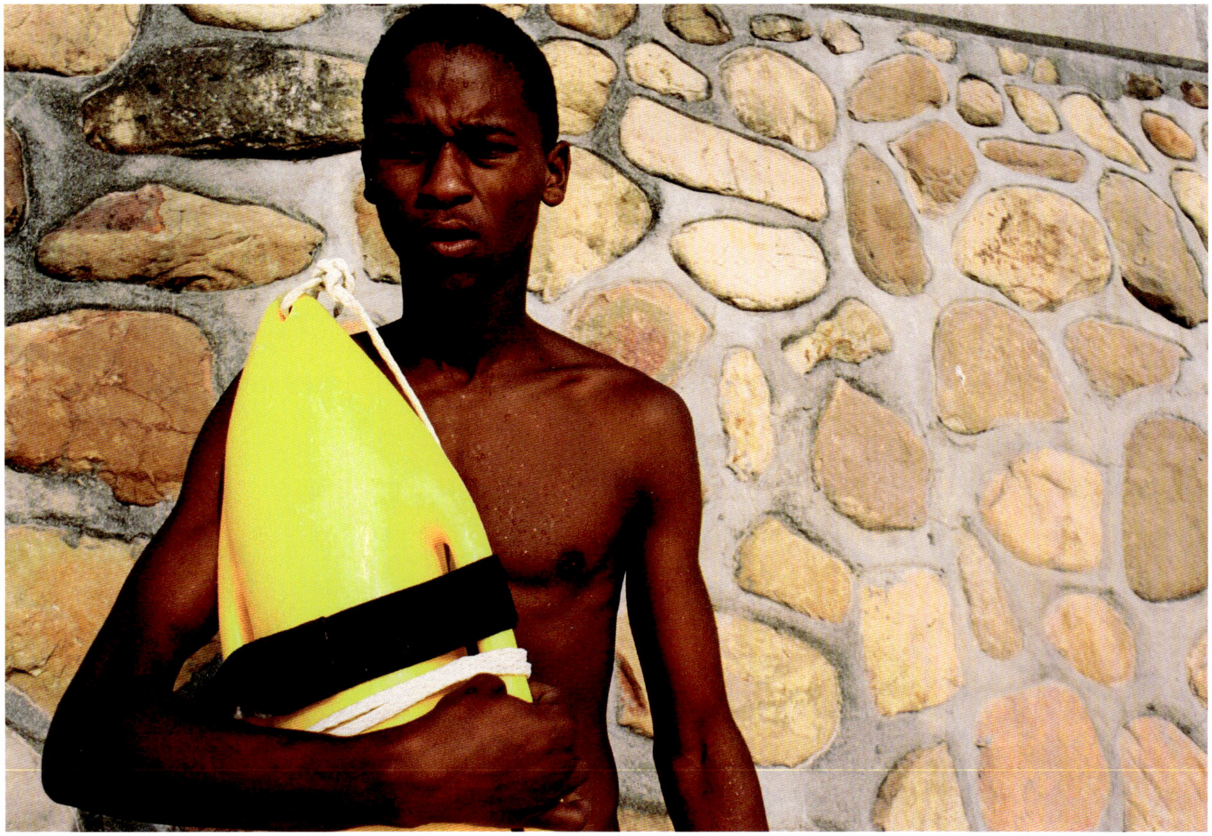
118a

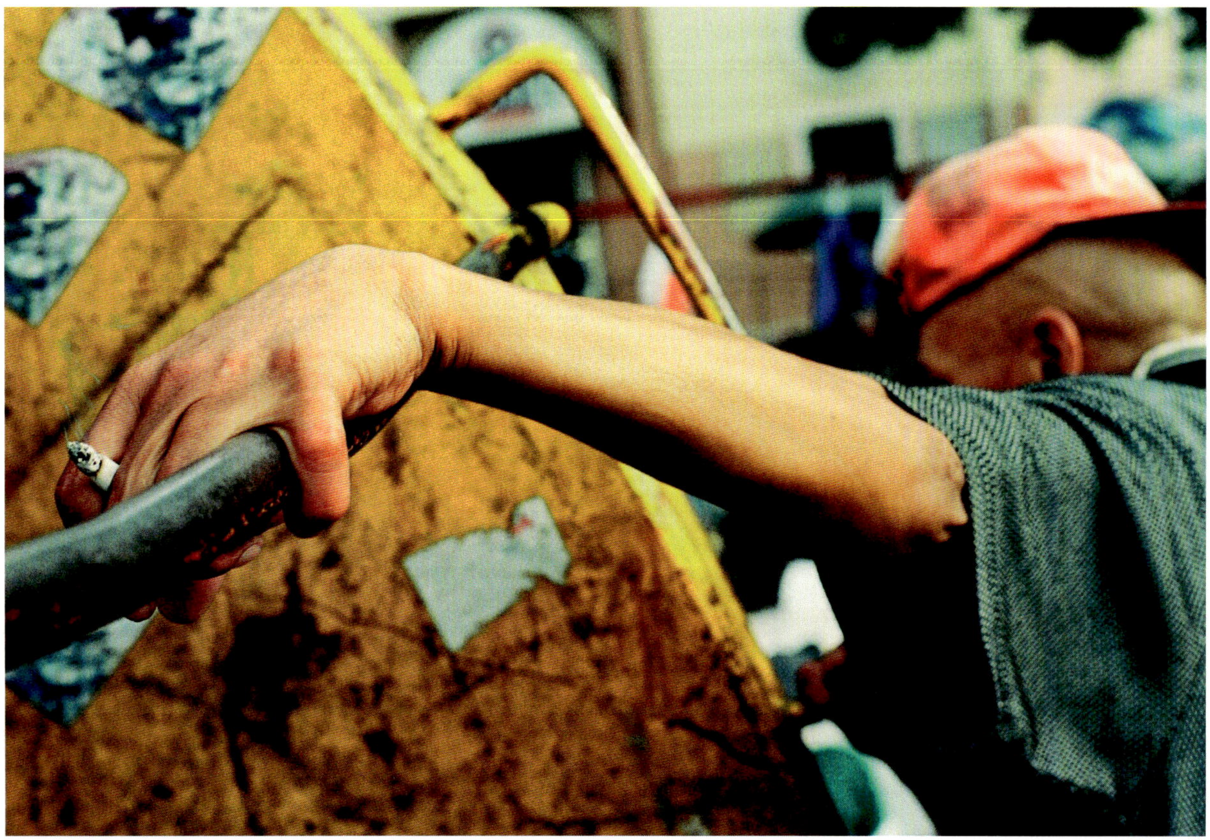
118b

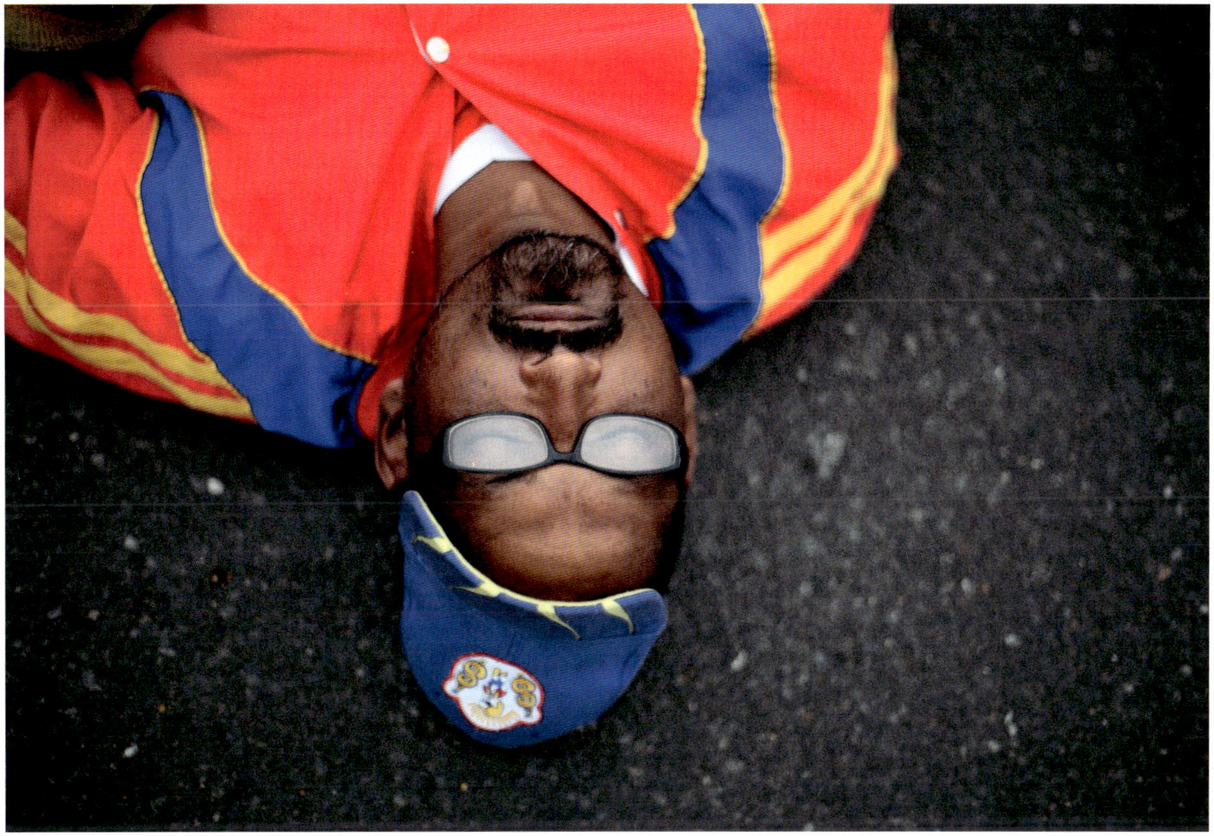

119a

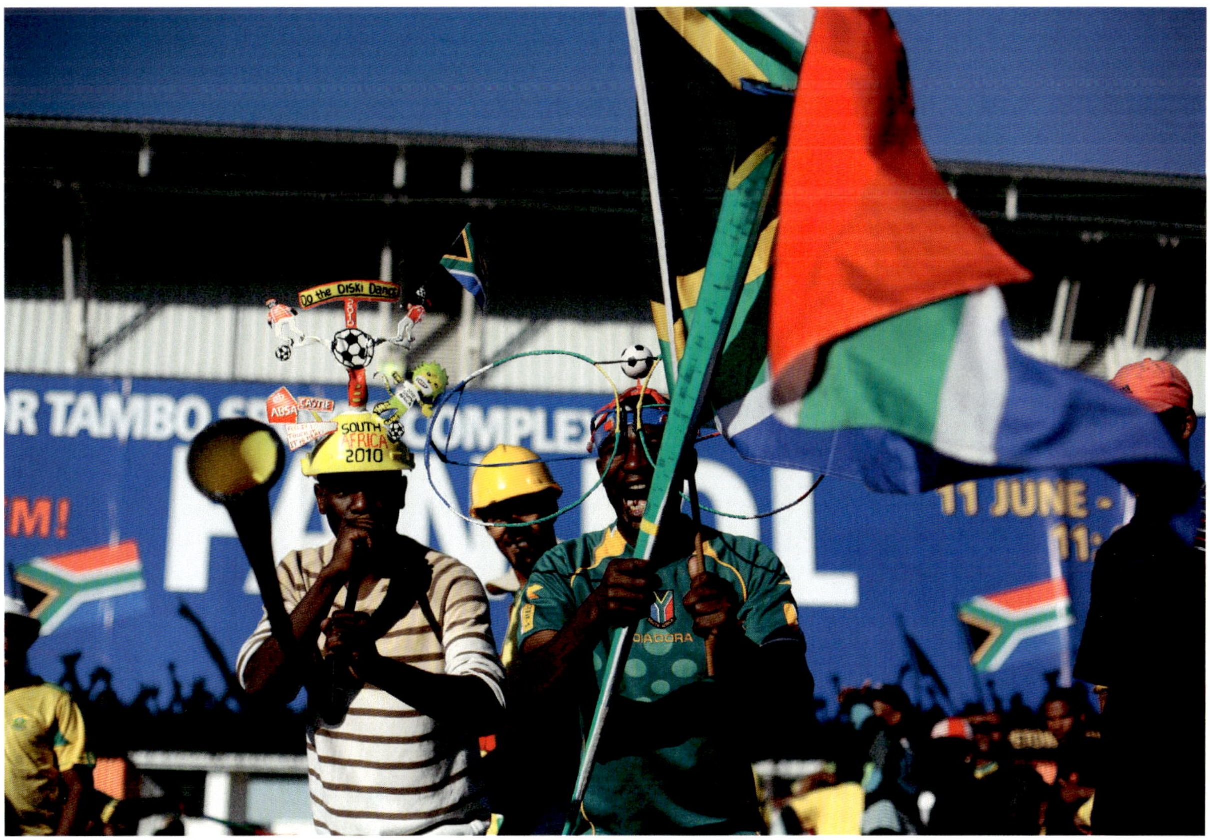

119b

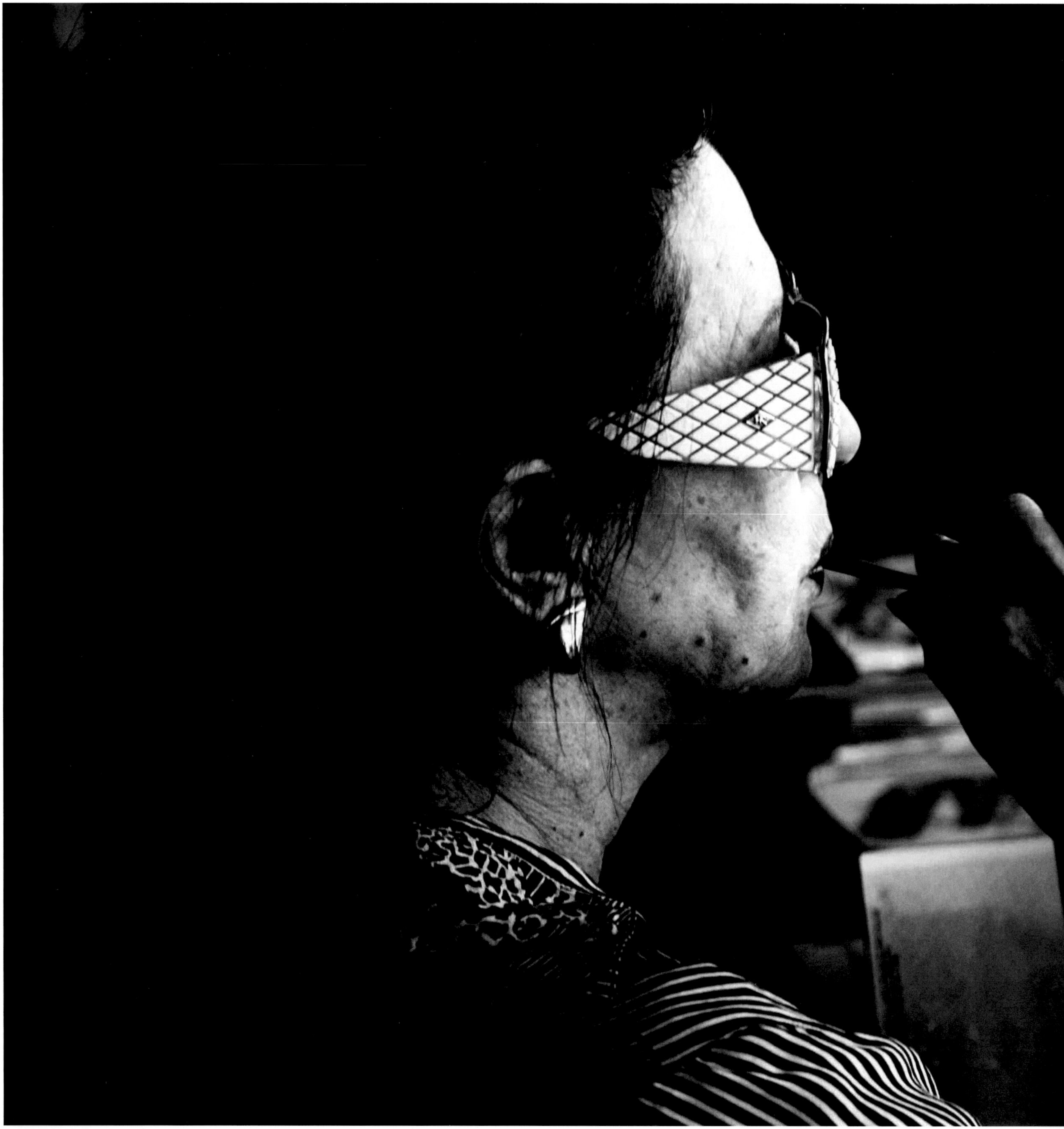

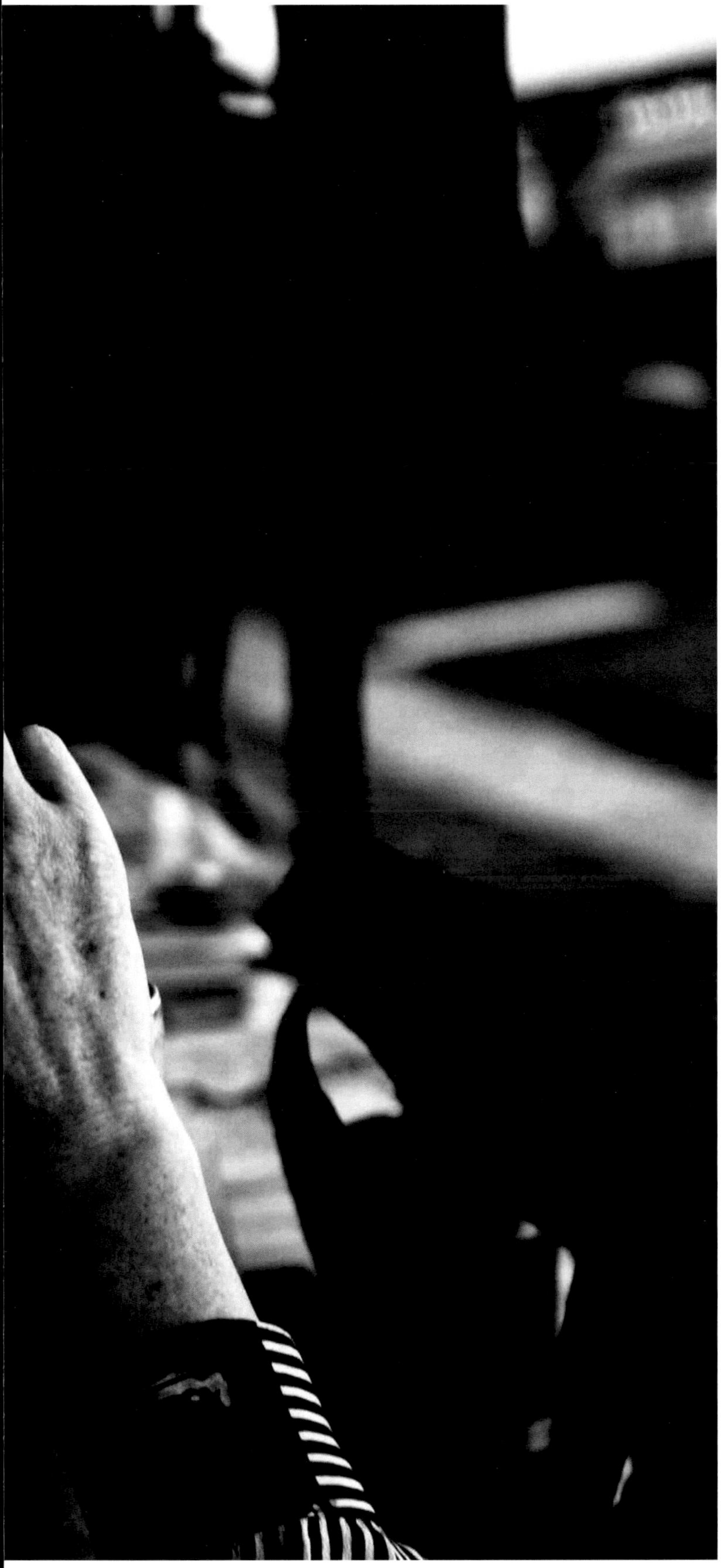

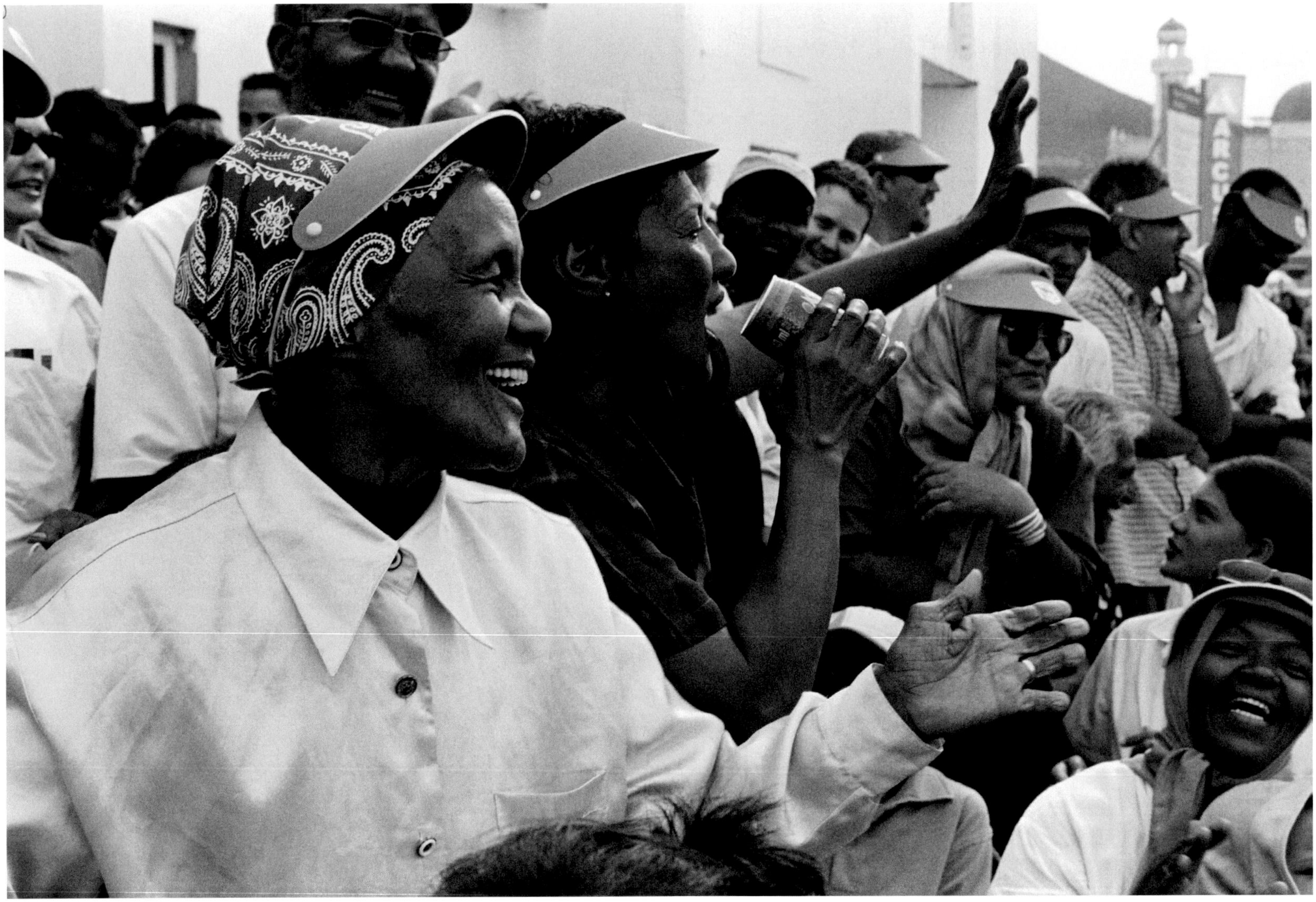

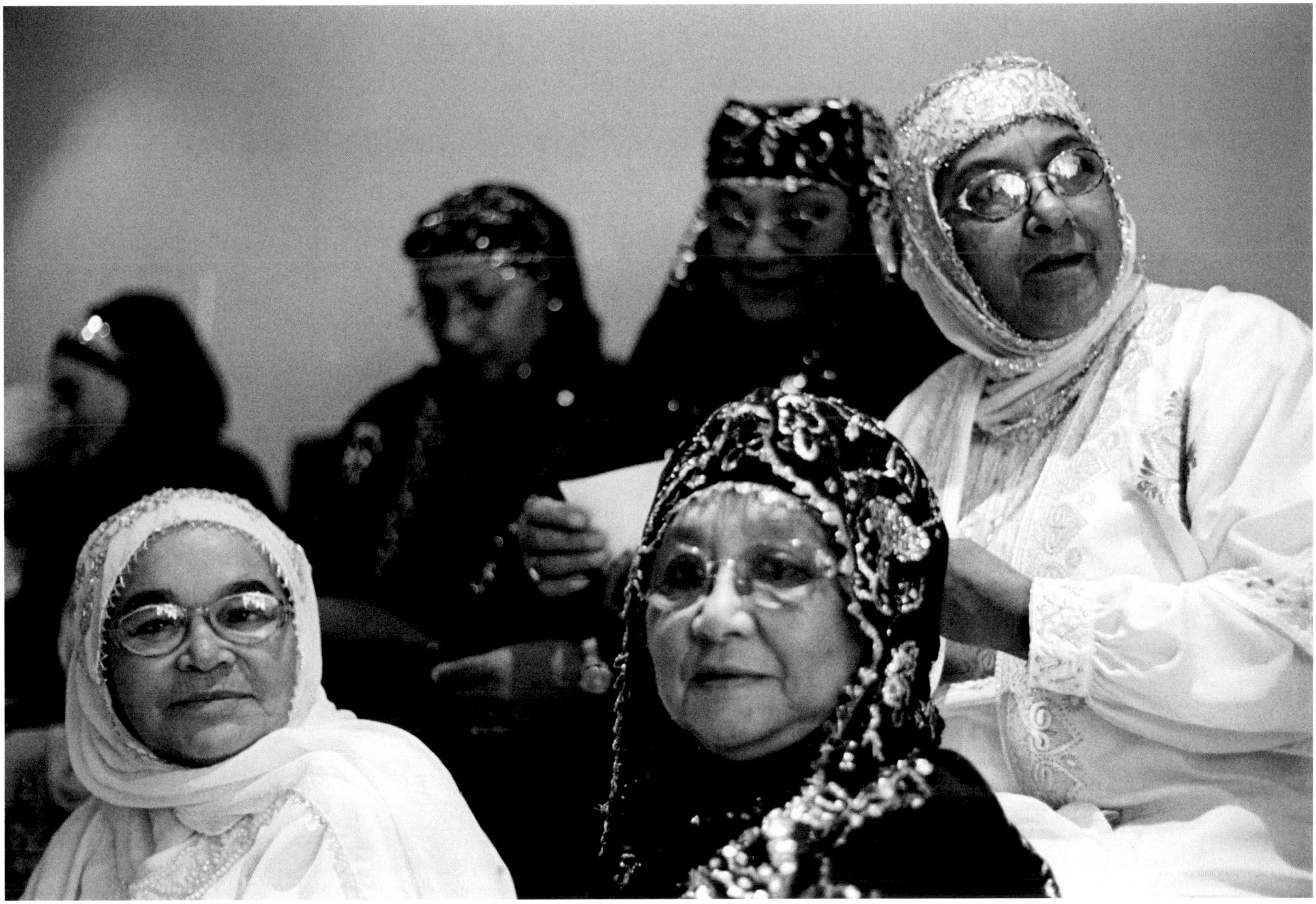

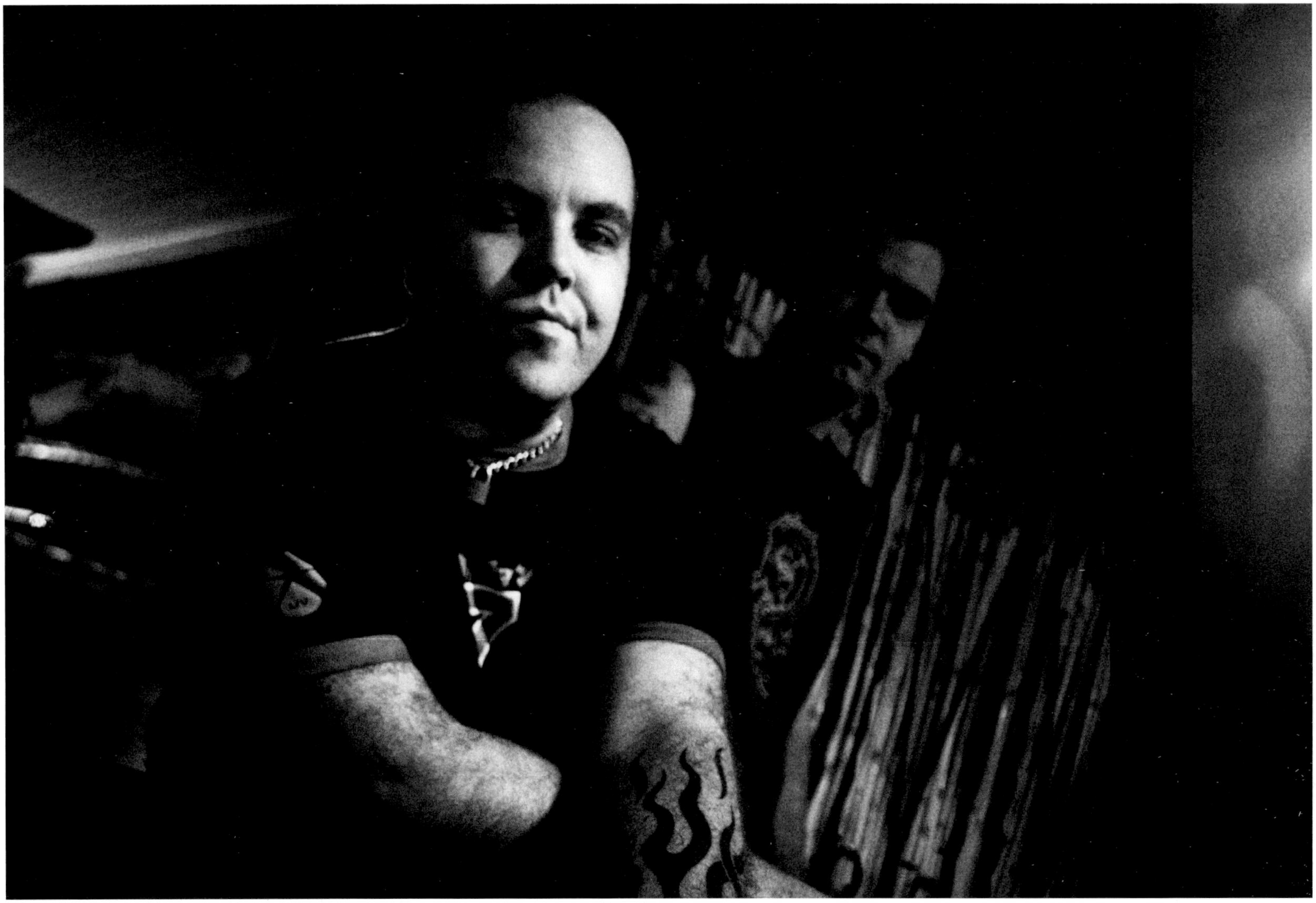

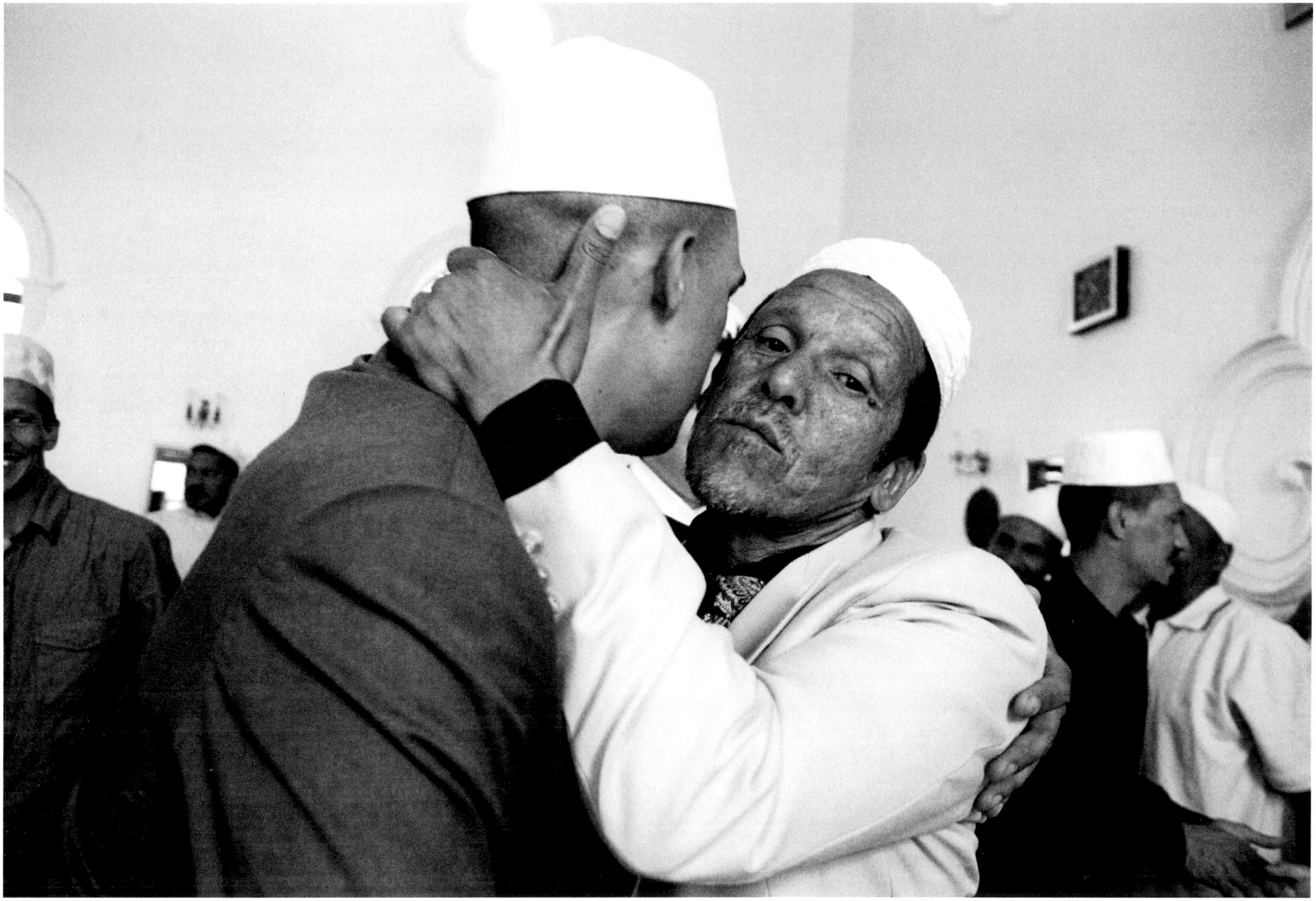

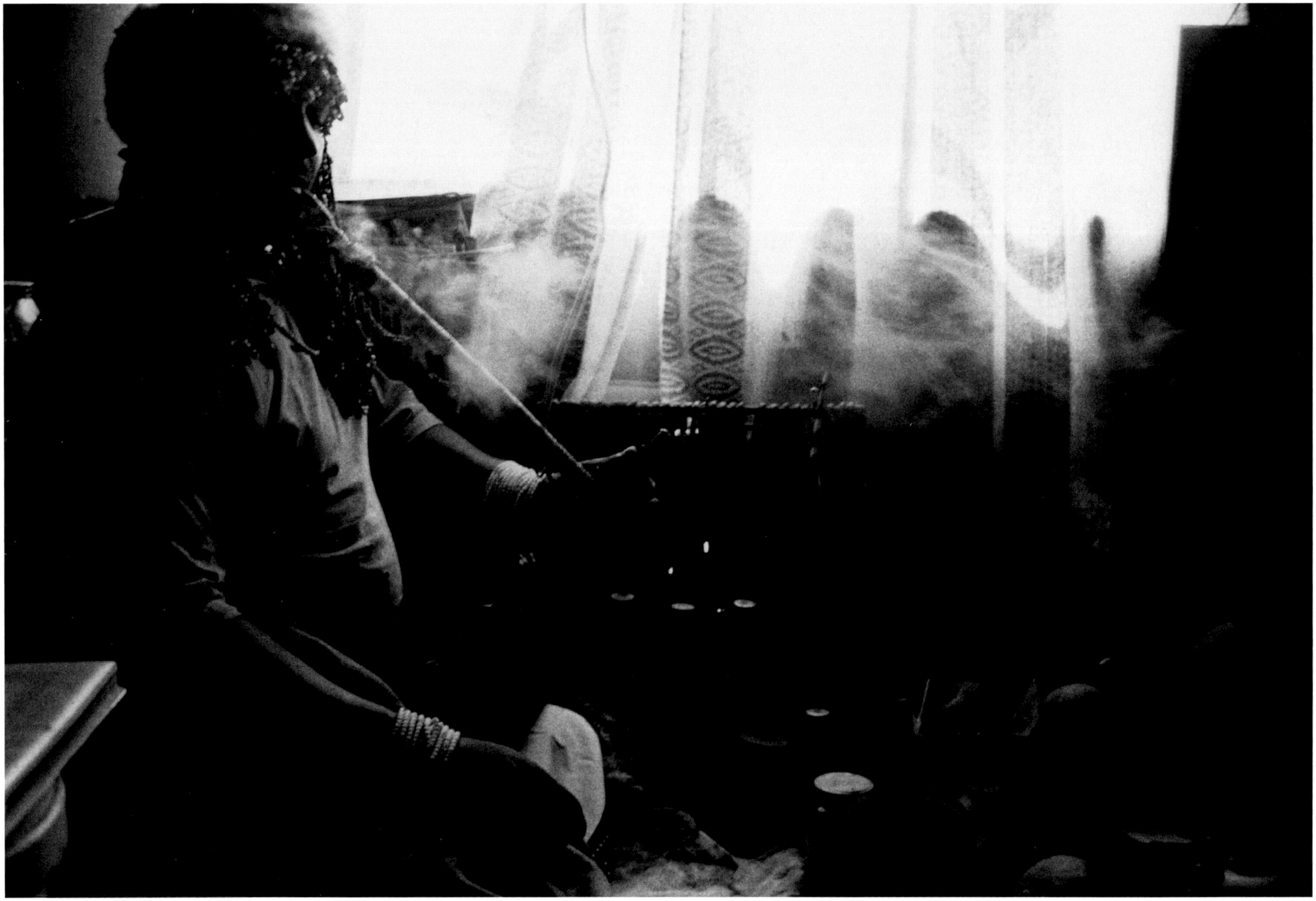

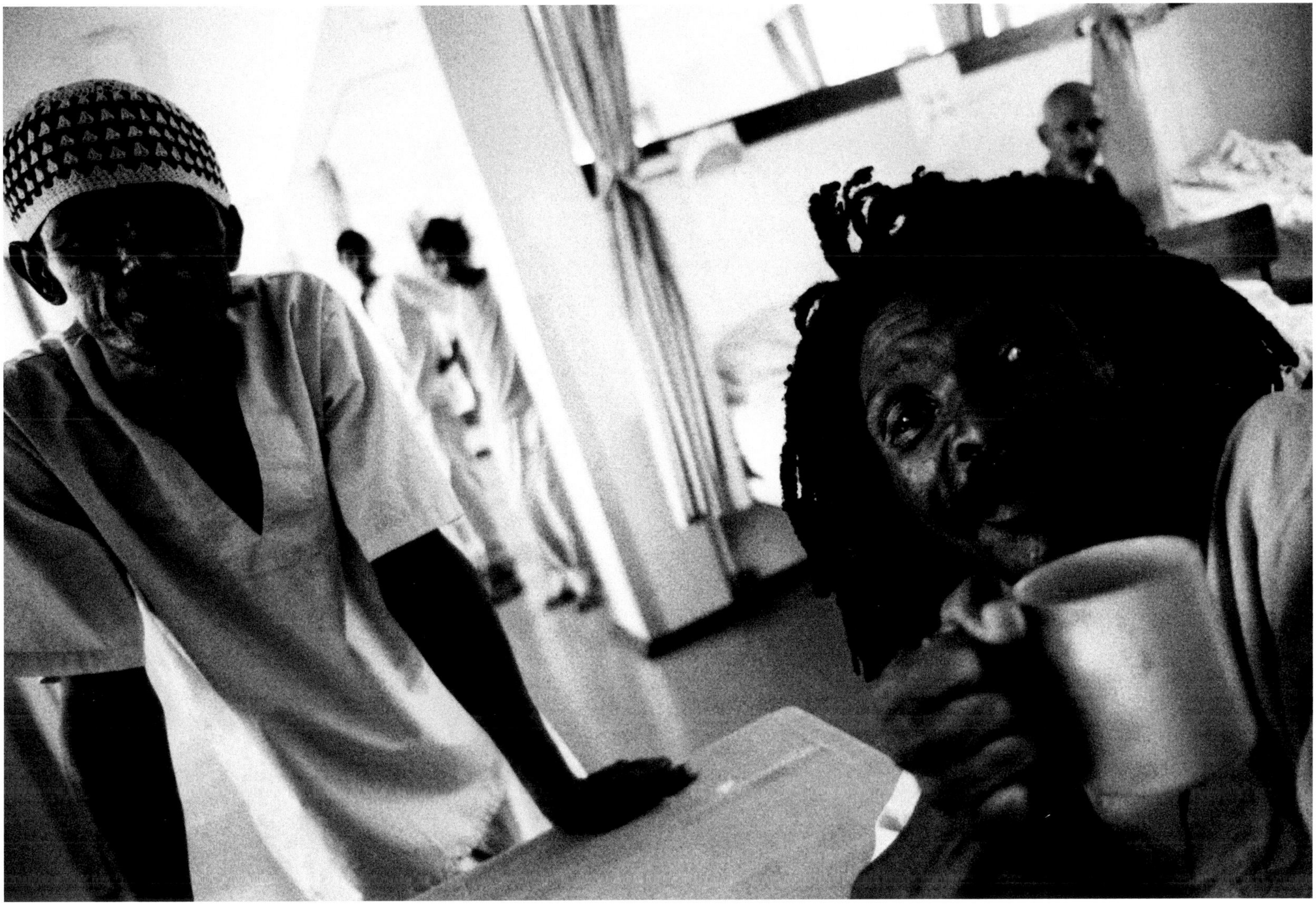

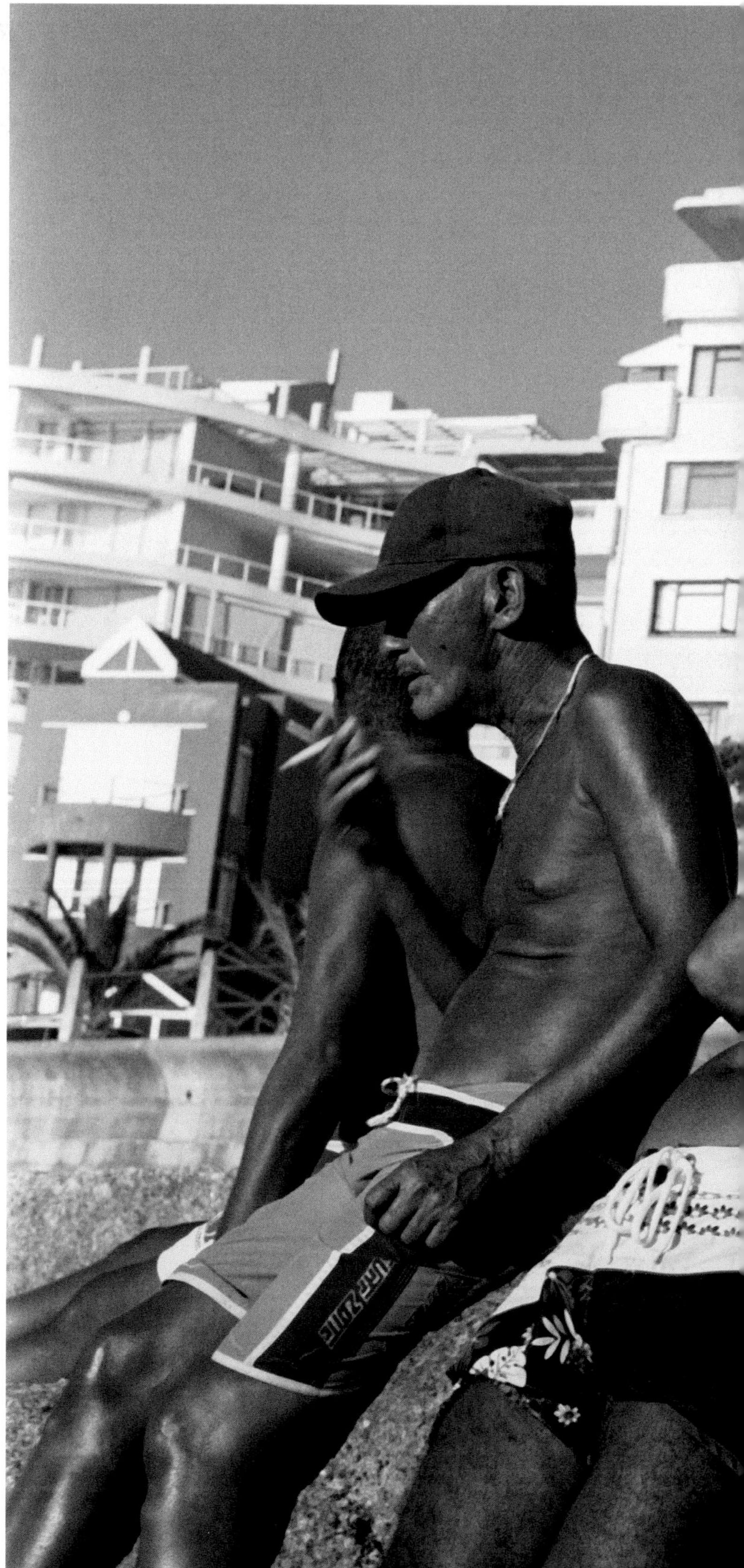

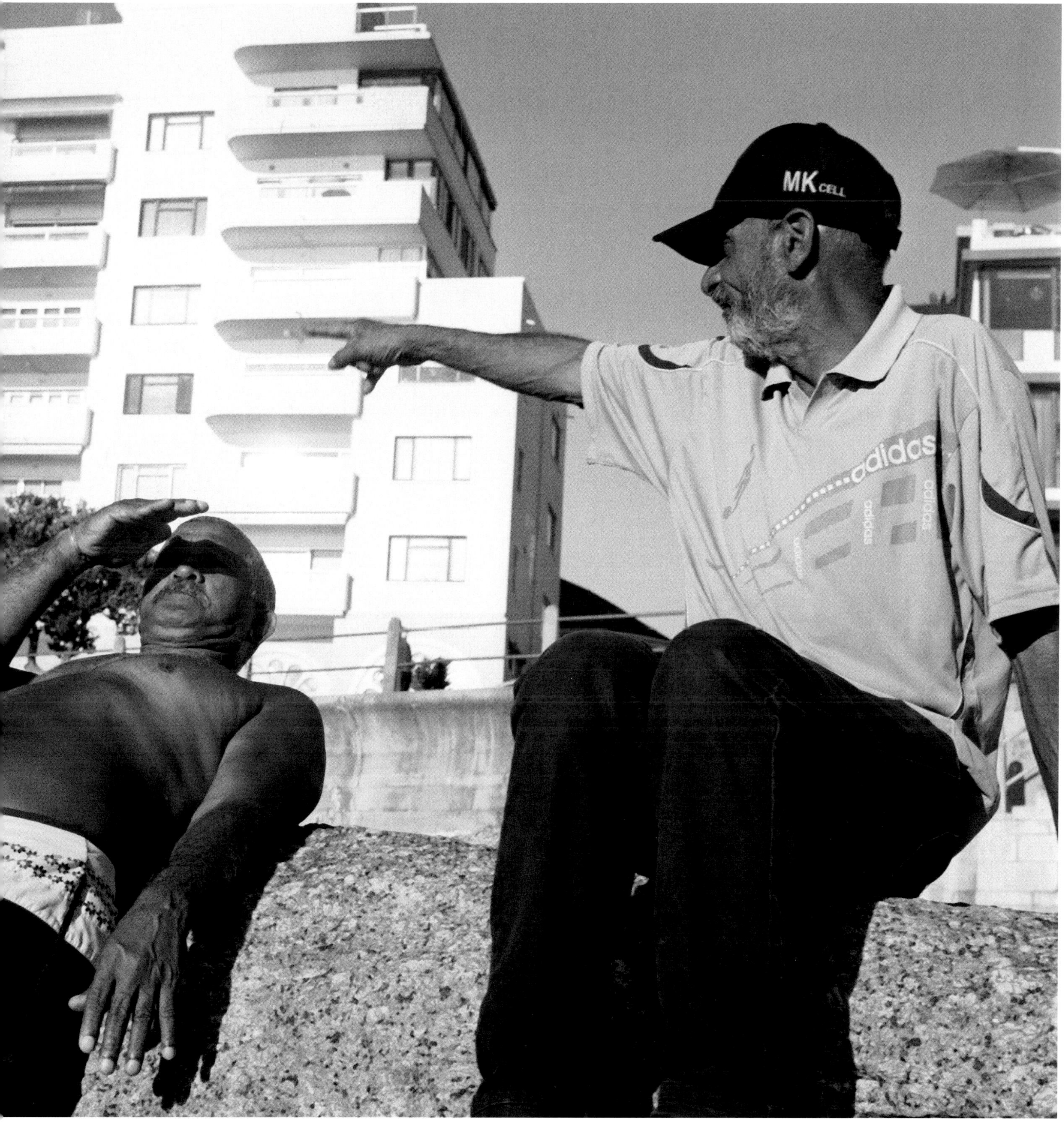
MK CELL
adidas

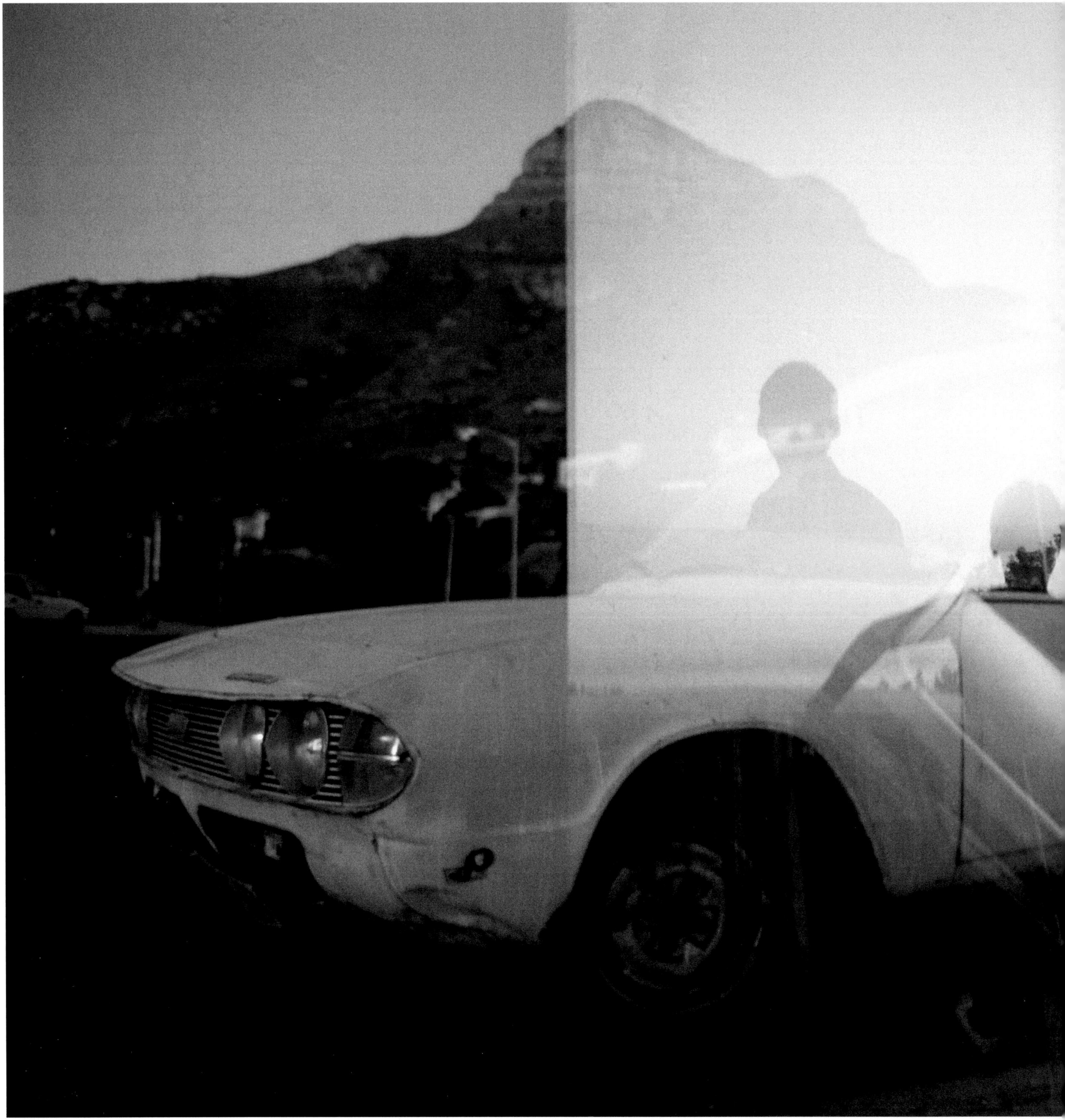

LEGENDS AND BIOGRAPHICAL NOTES / ONDERSCHRIFTEN EN BIOGRAFISCHE NOTITIES / LÉGENDES ET NOTICES BIOGRAPHIQUES / BILDUNTERSCHRIFTEN UND BIOGRAPHISCHE NOTIZEN

1 O.R. Tambo, Khayelitsha free viewing area for the duration of the FIFA 2010 World Cup

2 Concert at UWC's (University of the Western Cape) Sports Ground, Cape Town 2003

3 Buitenkant Street at Abdu Rachid's pavement 'stalltjie' (informal shop), Cape Town 2013

4 Freedom Park Mitchell's Plain, the 'Brasse' (brothers), Cape Town 2008

31 I stopped first, when I saw the shopping trolley, then I saw the Somali gentlemen stop his car to get out, greet and catch up with someone who seemed to be an old friend. On the shoulder of Vanguard Drive, Cape Town 2012

33 Domino game at the Taxi Rank, Cape Town 2004

35 Construction site, Cape Town 2013

37 Somewhere along the N2 freeway on the way way back from shooting in Khayelitsha, Cape Town 2004

38 Bonteheuwel, one of the communities born of the forced removals, where people were ejected from their homes which were situated in areas designated for 'Whites only' by the apartheid regime, to the wind swept, sandy and barren Cape Flats. Cape Town 2003

39 'We have had enough, no more', Protest against the proliferation of 'Merchants' (drug dealers) and the scourge of drug addiction eating away at the Cape Flats youth like a cancer. Bonteheuwel, Cape Town 2003

40 Niyaz, the son of a neighbour at a fair at his primary school in the Bo-Kaap. Photographed for Chrysalis as part of a project documenting the live's of children all over the world. Cape Town 2005

41 My cousin Imtyaz and his new bride, Bo-Kaap, Cape Town 2008

42 Standing vigil over the body of African music icon Brenda Fassi at the public funeral ceremony held in Langa, Cape Town 2004

43 Children from a 'Klopse' (Minstrels) troupe performing in the streets in preparation for the new years eve carnival, when the groups from all over Cape Town will congregate in the city to perform through the streets, until they arrive in the Bo-Kaap. Woodstock, Cape Town 2003

44 Debris after the Cape Town Carnival, 2011

45 Sara Ojembarena, Cape Town 2015

46 On board the early morning train from Heideveld Station (Cape Flats) to the city, Cape Town 2003

47 Taxi rank, Cape Town 2004

48|49 Young muslims from the townships on an outing to Signal Hill during Ramadan, Cape Town 2005

50|51 Mataps at the taxi rank waiting to board. The beading project (Monkeybiz) she works at as manager was manufacturing traditional beaded dolls for the DKNY flag ship store. Cape Town 2005

52 First day of high school, Mannenberg, Cape Flats 2005

54 Assembly in the playground. First day of high school, Mannenberg, Cape Flats 2005

56 Parents standing in the queue waiting to register their children starting high school, Mannenberg, Cape Flats 2005

58 Standard 6 (Grade 8) first day of high school. In South Africa, Grade 8 is the first year of high school. Mannenberg, Cape Flats 2005

60 Mogamat. A 'stroller' (street kid) on Long street, sitting outside Mohammad Somali's corner shop. Cape Town 2003

1 O.R.Tambo, gratis voetbal kijken op een groot scherm in Khayelitsha tijdens de Wereldbeker Voetbal 2010

2 Concert op de sportvelden van de UWC (University of the Western Cape), Kaapstad 2003

3 Buitenkant Street aan het 'stalltjie' (straatkraampje) van Abdu Rachid, Kaapstad 2013

4 Freedom Park, Mitchell's Plain, de 'Brasse' (broers), Kaapstad 2008

31 Ik stopte eerst toen ik het winkelwagentje zag, dan zag ik de Somalische mijnheer met de wagen die stopte en uitstapte, blijkbaar om een oude vriend te begroeten. Op de berm van Vanguard Drive, Kaapstad 2012

33 Dominospelletje aan de taxistandplaats, Kaapstad 2004

35 Bouwplaats, Kaapstad 2013

37 Ergens langs de N2-snelweg op de weg terug van een fotoshoot in Khayelitsha, Kaapstad 2004

38 Bonteheuwel, een van de gemeenschappen geboren uit gedwongen verhuizingen tijdens het apartheidsregime. De mensen die uit hun huizen in zones 'Alleen voor blanken' waren gezet, werden naar woongebieden (townships) in de winderige, zanderige en barre Kaapse Vlakte (Cape Flats) gestuurd. Kaapstad 2003

39 'Het is genoeg geweest, stop ermee', Protest tegen de wildgroei van 'merchants' (drugsdealers) en de gesel van de drugsverslaving die als kanker aan de jongeren in de Kaapse Vlakte vreet. Bonteheuwel, Kaapstad 2003

40 Niyaz, de zoon van de buurman op een kermis in zijn lagere school in de Bo-Kaap. Gefotografeerd voor Chrysalis als onderdeel van een project dat het leven van kinderen overal ter wereld documenteert. Kaapstad 2005

41 Mijn neef Imtyaz en zijn nieuwe bruid, Bo-Kaap, Kaapstad 2008

42 Wake bij het lijk van het Afrikaanse muziekicoon Brenda Fassi op de publieke begrafenisplechtigheid in Langa, Kaapstad 2004

43 Kinderen van een 'Klopse'-groep ('Minstrels') treden op in de straten als voorbereiding van het carnaval op oudejaarsavond, wanneer groepen van heel Kaapstad in de stad bijeenkomen om dansend en zingend naar de Bo-Kaap te trekken. Woodstock, Kaapstad 2003

44 Afval na het Carnaval van Kaapstad, 2011

45 Sara Ojembarena, Kaapstad 2015

46 Aan boord van de vroege trein van Heideveld Station (Kaapse Vlakte) naar de stad, Kaapstad 2003

47 Taxistandplaatsen, Kaapstad 2004

48|49 Jonge moslims van de townships op een uitstapje naar Signal Hill tijdens de ramadan, Kaapstad 2005

50|51 Mataps aan de taxistandplaats wachtend op vervoer. Het kralenproject (Monkeybiz) waar zij als manager werkt, maakte traditionele kralenpoppen voor de DKNY-flagshipstore. Kaapstad 2005

52 Eerste dag in de middelbare school, Mannenberg, Kaapse Vlakte 2005

54 Verzamelen op de speelplaats. Eerste dag in de middelbare school, Mannenberg, Kaapse Vlakte 2005

56 Ouders schuiven aan om hun kinderen in te schrijven op de middelbare school, Mannenberg, Kaapse Vlakte 2005

58 Eerste dag op de middelbare school voor de eerstejaars van Standard 6 (Graad 8), Mannenberg, Kaapse Vlakte 2005

60 Mogamat. Een 'stroller' (straatkind) in Long Street zit voor Mohammad Somali's winkel op de hoek. Kaapstad 2003

1 O. R. Tambo, retransmission gratuite sur grand écran des matches de la Coupe du monde FIFA à Khayelitsha, Le Cap 2010

2 Concert sur le terrain de sport de l'UWC (Université du Cap-Occidental), Le Cap 2003

3 "Stalltjie" (échoppe informelle) d'Abdu Rachid sur le trottoir de la Buitenkant Street, Le Cap 2013

4 Freedom Park, Mitchell's Plain, la "Brasse" (frères), Le Cap 2008

31 Je me suis d'abord arrêté quand j'ai vu le caddie, puis j'ai vu le monsieur somalien arrêter sa voiture pour sortir, saluer et rattraper quelqu'un qui semblait être un vieil ami. Sur l'accotement de Vanguard Drive, Le Cap 2012

33 Partie de dominos à la station de taxis, Le Cap 2004

35 Chantier de construction, Le Cap 2013

37 Quelque part le long de l'autoroute N2, de retour d'une prise de vue à Khayelitsha, Le Cap 2004

38 Bonteheuwel, une des communautés qui a vu le jour après les déplacements forcés. Les gens ont été expulsés de leurs maisons situées dans des zones dites "Pour blancs uniquement" par le régime de l'apartheid, et chassés vers le "Cape Flats", la Plaine du Cap sablonneuse, aride et balayée par le vent. Le Cap 2003

39 "Nous en avons assez". Manifestation contre la prolifération des "Marchands" (vendeurs de drogue) et le fléau de la toxicomanie qui ronge la jeunesse du Cape Flats comme un cancer. Bonteheuwel, Le Cap 2003

40 Niyaz, le fils d'un voisin, lors d'une fête de son école primaire à Bo-Kaap. Photographié pour Chrysalis dans le cadre d'un projet documentant la vie d'enfants du monde entier. Le Cap 2005

41 Mon cousin Imtyaz et sa nouvelle épouse, Bo-Kaap, Le Cap 2008

42 Veillée funéraire auprès de l'icône musicale africaine Brenda Fassi, lors de la cérémonie funéraire publique célébrée à Langa, Le Cap 2004

43 Enfants de la Troupe "Klopse" (ménestrels) répétant dans la rue en préparation du carnaval de la veille du Jour de l'an, moment où tous les groupes du Cap se rassemblent et défilent dans les rues de la ville jusqu'à Bo-Kaap. Woodstock, Le Cap 2003

44 Débris après le carnaval du Cap, 2011

45. Sara Ojembarena, Le Cap 2015

46 À bord du premier train du matin reliant la Heideveld Station (Cape Flats) à la ville, Le Cap 2003

47 Station de taxis, Le Cap 2004

48|49 Jeunes musulmans des bidonvilles en excursion vers Signal Hill pendant le Ramadan, Le Cap 2005

50|51 Mataps à la station de taxis attendant une voiture. Le projet de travail de perlage (Monkeybiz), dont elle assure la direction, confectionnait des poupées en perles pour la boutique phare de DKNY. Le Cap 2005

52 Premier jour d'école secondaire, Mannenberg, Cape Flats 2005

54 Rassemblement dans la cour de récréation. Premier jour d'école secondaire, Mannenberg, Cape Flats 2005

56 Parents faisant la file pour inscrire leurs enfants à l'école secondaire, Mannenberg, Cape Flats 2005

58 Premier jour d'école secondaire au niveau Standard 6 (Grade 8). En Afrique du Sud, c'est la première année du secondaire. Mannenberg, Cape Flats 2005

60 Mogamat. Un "stroller" (enfant des rues) sur Long Street, assis devant la petite épicerie de Mohammad Somali. Le Cap 2003

1 Kostenloser Public-Viewing Bereich zur Fußball-Weltmeisterschaft 2010, O.R. Tambo, Khayelitsha

2 Konzert auf dem Sportplatz der „University of the Western Cape" (UWC), Kapstadt, 2003

3 Abdu Rachids „Stalltjie" (informelles Geschäft) auf der Buitenkant Street, Kapstadt, 2013

4 Freedom Park Mitchell's Plain, „Brasse" (Brüder), Kapstadt, 2008

31 Ich hielt zunächst wegen des Einkaufswagens an, dann bemerkte ich den Mann, der ebenfalls angehalten hatte und aus seinem Wagen ausstieg, um einen Freund zu begrüßen. Vanguard Drive, Kapstadt, 2012

33 Domino-Spiel am Taxistand, Kapstadt, 2004

35 Baustelle, Kapstadt, 2013

37 An der N2 Schnellstraße auf dem Rückweg von Khayelitsha, Kapstadt, 2004

38 Bonteheuwel – eine der Kommunen in den sandigen, windgepeitschten und kargen Cape Flats, die in Folge der erzwungenen Umsiedlungen von schwarzen Südafrikanern aus den „nur für Weiße" bestimmten Bezirken unter dem Apartheid-Regime entstand. Kapstadt, 2003

39 „Es reicht! Schluss damit!", Protest gegen die ständig zunehmende Zahl von „Merchants" (Drogendealer) und die unter Jugendlichen in den Cape Flats grassierende Drogenabhängigkeit, Bonteheuwel, Kapstadt, 2003

40 Niyaz, der Sohn eines Nachbars, auf einer Kirmes auf dem Gelände seiner Grundschule in Bo-Kaap. Fotografiert für Chrysalis als Teil eines Projekts zur Dokumentation des Alltags von Kindern aus aller Welt. Kapstadt, 2005

41 Mein Cousin Imtyaz mit seiner Braut, Bo-Kaap, Kapstadt, 2008

42 Ehrengarde auf der Beerdigung der afrikanischen Musik-Ikone Brenda Fassi, Langa, Kapstadt, 2004

43 Kinder einer „Klopse" (Musik)-Kapelle während der Vorbereitungen zum Neujahrs-Umzug, bei dem Gruppen aus allen Teilen Kapstadts zusammenkommen und bis nach Bo-Kaap durch die Straßen ziehen. Woodstock, Kapstadt, 2003

44 Müll nach dem Neujahrs-Umzug, Kapstadt, 2011

45 Sara Ojembarena, Kapstadt, 2015

46 Frühmorgens im Zug von Heideveld (Cape Flats) in die Innenstadt, Kapstadt, 2003

47 Taxistand, Kapstadt, 2004

48|49 Junge Muslime aus den Townships auf einem Ausflug nach Signal Hill während des Ramadan, Kapstadt, 2005

50|51 Mataps am Taxistand. Das Projekt (Monkeybiz), für das sie als Managerin arbeitet, stellte u.a. traditionelle, aus Perlen gefertigte Puppen für den DKNY Flagship Store her. Kapstadt, 2005

52 Erster Schultag (High School), Mannenberg, Cape Flats, 2005

54 Vollversammlung auf dem Schulhof; erster Schultag (High School), Mannenberg, Cape Flats, 2005

56 Eltern stehen Schlange, um ihre Kinder in der Schule anzumelden. Mannenberg, Cape Flats, 2005

58 Standard 6 (Grade 8), erster Schultag (High School). In Südafrika Grade 8 ist das erste Jahr der Sekundarstufe. Mannenberg, Cape Flats, 2005

60 Mogamat, ein Straßenjunge („Stroller") vor Mohammad Somalis Eckladen auf der Long Street, Kapstadt, 2003

62 A woman we interviewed for the *Mail & Guardian* whilst doing a story on families living on less than a Dollar a day. Site C, Khayelitsha 2003

63 Ottery Reformatory. Boys too young to serve sentences in adult facilities are sent here. Smoke break after rehearsing for a rendition of Shakespeare's Julius Caesar, an incredible experience for many of the boys. Cape Town 2013

64 Living on the streets of Cape Town. I was shooting street kids and found these young men behind the fast food joints on the Grand Parade (an open area/parking/market where Nelson Mandela first addressed the people of the world). The main reason I got to keep my camera was because my parents had a 'Take-away' (fast food shop) on the Grand Parade for 12 years and so did I for 5 years, and thus was known in that part of the city by the homeless and other street kids who vouched for me. Cape town 2003

65 Tam and Marius outside Lola's. Long street, Cape Town 2004

66 Taxi rank, (Train) Station deck, Cape Town 2004

67 Glue sniffing 'strollers' (street kids), Grand Parade, Cape Town 2000

68 Sometimes there is no room to stand inside the trains taking workers from the city back home. On the way to Nyanga Junction, Cape Town 2005

69 Catching a 'dos' (snooze) on the train home after working in the city, Cape Town, 2005

70 Phillip Ntengato, petrol pump attendant at a filling station in the city making his way to work from Heideveld train station on the Cape Flats, 2003

73 The moment the barricades holding the masses of people attending the funeral of Brenda Fassi came down, Langa, Cape Town 2004

74 Tea break for factory workers in Woodstock outside the then Rex Trueform clothing factory. Clothing manufacture and the textiles industries used to be major employers in the Western Cape Province. The building is still there in ever increasingly gentrified Woodstock, but the factory is not. Cape Town 2005

75 *Grand mother's Against Aids and Poverty* (GAPA). A support project based in Khayelitsha started by grandmothers who increasingly found themselves looking after their grand children, orphaned by HIV/ AIDS. Cape Town 2004

76 'Bergie' (homeless person) lighting a newspaper rolled cigarette outside the City Hall on concert night. Cape Town 2010

77 One of a hand full of men involved in the beading project, Monkeybiz in Khayelitsha, Cape Town 2005

78 'Spaza Shop' (local general dealer/corner store) in an informal settlement in Capricorn (30 mins from the city), a large number of them are owned by Somali immigrants. I was photographing people affected by the xenophobic attacks of 2008.

79 Bo-Kaap fair on the playground of Scotcheskloof Primary school, Cape Town 2004

80 'Bergie' (homeless man) on Voortrekker road with his decorated push cart, Bellville, Cape Town 2004

81 Temporary accommodation for victims of a fire that raised the informal settlement in Joe Slovo to the ground. Langa, Cape Town 2005

83|84 'Whitey'. A 'stroller' (street kid) adopted in by friends, Lola's, Long street, Cape Town 2003

62 Een vrouw die we voor de *Mail & Guardian* interviewden voor een verhaal over gezinnen die van minder dan één dollar per dag moeten leven. Site C, Khayelitsha 2003

63 Ottery Reformatory (tuchtschool, jeugdgevangenis). Hier komen jongens terecht die te jong zijn voor de volwassenengevangenis. Rookpauze na de repetitie voor een opvoering van Shakespeare's Julius Caesar, voor veel van die jongens een ongelofelijke ervaring. Kaapstad 2013

64 Leven op de straten van Kaapstad. Ik was straatkinderen aan het fotograferen en trof die jonge mannen aan achter de fastfoodtenten op de Grand Parade (een open zone/parkeerplaats/markt waar Nelson Mandela voor het eerste de volkeren van de wereld toesprak). De voornaamste reden waarom ik mijn fototoestel kon houden en toegang kreeg, was dat mijn ouders 12 jaar lang een 'take-away' (meeneemzaak) hadden op de Grand Parade en ikzelf ook gedurende 5 jaar. De daklozen en andere straatkinderen in dit deel van de stad kenden mij dus en lieten me begaan. Kaapstad 2003

65 Tam en Marius voor de deur van Lola's. Long Street, Kaapstad 2004

66 Taxistandplaatsen, op het dak van het treinstation, Kaapstad 2004

67 Lijmsnuivende 'strollers'(straatkinderen), Grand Parade, Kaapstad 2000

68 Soms is er geen plaats om te staan in de treinen die de arbeiders van de stad terug naar huis brengen. Onderweg naar Nyanga Junction, Kaapstad 2005

69 Even een 'dos' (een uiltje knappen) op de trein naar huis na het werk in de stad, Kaapstad 2005

70 Phillip Ntengato, pompbediende van een tankstation in de stad op weg naar zijn werk van het treinstation van Heideveld op de Kaapse Vlakte, 2003

73 Het moment waarop de dranghekken, die de menigte op de begrafenis van Brenda Fassi moesten tegenhouden, het begeven, Langa, Kaapstad 2004

74 Theepauze voor fabrieksarbeidsters in Woodstock buiten de toenmalige Rex Trueform-kledingfabriek. Confectieateliers en de textielnijverheid waren de belangrijkste werkgevers in de Westelijke Kaapprovincie. Het gebouw staat er nog steeds, in het steeds verder opgewaardeerde, gentrificerende Woodstock, maar de fabriek is verdwenen. Kaapstad 2005

75 Grootmoeders tegen aids en armoede (*Grandmothers Against Aids and Poverty* - GAPA). Een ondersteuningsproject in Khayelitsha dat werd opgestart door grootmoeders die steeds vaker voor hun kleinkinderen moesten zorgen nadat die hiv/aids-wees waren geworden. Kaapstad 2004

76 'Bergie' (dakloze) steekt op een concertavond een in krantenpapier gerolde sigaret op buiten de City Hall. Kaapstad 2010

77 Een van de weinige mannen betrokken bij het kralenproject Monkeybiz in Khayelitsha, Kaapstad 2005

78 'Spaza Shop' (lokale kruidenier/buurtwinkel op de hoek) in een informele nederzetting in Capricorn (30 minuten buiten de stad). Vele van die winkels zijn eigendom van Somalische immigranten. Ik was foto's aan het maken van mensen die het slachtoffer werden van xenofobe aanvallen in 2008.

79 Kermis in Bo-Kaap op de speelplaats van de lagere school van Scotcheskloof, Kaapstad 2004

80 'Bergie' (dakloze) op Voortrekker Road met zijn versierde stootkarretje, Bellville, Kaapstad 2004

81 Tijdelijk onderkomen voor slachtoffers van een brand die de informele nederzetting in Joe Slovo met de grond gelijk maakte. Langa, Kaapstad 2005

83|84 'Whitey'. Een 'stroller' (straatkind), onder de vleugels genomen door vrienden, Lola's, Long Street, Kaapstad 2003

62 Dame que nous avons interviewée pour le *Mail & Guardian* lors d'un reportage sur des familles vivant avec moins d'un dollar par jour. Site C, Khayelitsha 2003

63 Ottery Reformatory (maison de redressement). Les enfants trop jeunes pour purger leur peine dans des établissements pour adultes sont envoyés ici. Pause cigarette après une répétition pour la représentation de "Jules César" de Shakespeare. Une expérience incroyable pour beaucoup de ces enfants. Le Cap 2013

64 La vie dans les rues du Cap. Je photographiais des enfants des rues et j'ai vu ces jeunes gens derrière les fast-foods sur la place Grand Parade (un espace/parking/marché ouvert où Nelson Mandela s'est adressé pour la première fois au monde). La principale raison pour laquelle j'ai pu garder mon appareil photo est que mes parents ont tenu un "Take-away" (plats à emporter) sur la place Grand Parade pendant 12 ans et moi-même durant 5 ans ; j'étais donc connu dans cette partie de la ville par les sans-abri et autres enfants des rues qui veillaient sur moi. Le Cap 2003

65 Tam et Marius au Lola's. Long Street, Le Cap 2004

66 Station de taxis, au-dessus de la gare de chemin de fer, Le Cap 2004

67 "Strollers" (enfants des rues) sniffant de la colle, Grand Parade, Le Cap 2000

68 Parfois, il n'y a pas de place à l'intérieur des trains qui ramènent les travailleurs de la ville vers leur foyer. En direction de Nyanga Junction, Le Cap 2005

69 Un "dos" (petite sieste) dans le train de retour de la ville après le travail, Le Cap 2005

70 Phillip Ntengato, pompiste dans une station-service, faisant la navette entre la gare de Heideveld dans le Cape Flats et la ville, 2003

73 Moment de la chute des barricades retenant les gens amassés lors des funérailles de Brenda Fassi, Langa, Le Cap 2004

74 Pause thé pour les ouvrières de Woodstock à l'extérieur de l'ancienne usine de vêtements Rex Trueform. Le secteur de la confection de vêtements et l'industrie textile étaient les principaux pourvoyeurs d'emploi de la Province du Cap-Occidental. Le bâtiment est toujours là dans un Woodstock de plus en plus gentrifié, mais l'usine a disparu. Le Cap 2005

75 Grand-mère contre le sida et la pauvreté (*Grand mother's Against Aids and Poverty* – GAPA). Projet d'assistance, créé à Khayelitsha et lancé par des grands-mères qui ont dû s'occuper de plus en plus de leurs petits-enfants, devenus orphelins à cause du VIH/SIDA. Le Cap 2004

76 "Bergie" (sans-abri) allumant une cigarette roulée avec du papier journal devant l'Hôtel de ville, un soir de concert. Le Cap 2010

77 Un des quelques hommes qui a participé au projet de travail de perlage, Monkeybiz à Khayelitsha, Le Cap 2005

78 "Spaza Shop" (épicerie locale/magasin de proximité) dans un quartier informel à Capricorn (à 30 minutes de la ville). Beaucoup de ces magasins sont tenus par des immigrés somaliens. Je prenais des photos de gens touchés par les attaques xénophobes de 2008.

79 Foire à Bo-Kaap dans la cour de récréation de l'école primaire de Scotcheskloof, Le Cap 2004

80 "Bergie" (sans-abri) sur Voortrekker Road avec son chariot décoré, Bellville, Le Cap 2004

81 Hébergement temporaire pour les victimes d'un incendie qui a dévasté le quartier informel de Joe Slovo. Langa, Le Cap 2005

83|84 "Whitey", un "stroller" (enfant des rues) adopté par des amis, au Lola's, Long Street, Le Cap 2003

62 Eine Frau, mit der wir für die *Mail & Guardian* ein Interview führten. Es ging um einen Bericht über Familien, die mit weniger als einem Dollar pro Tag auskommen müssen. Site C, Khayelitsha, 2003

63 Ottery Reformatory. Erziehungsanstalt für jugendliche Straftäter, die noch nicht alt genug sind, um in Gefängnissen für Erwachsene ihre Strafe abzusitzen. Zigarettenpause nach einer Probeaufführung von Shakespeares „Julius Caesar" – für die meisten Jungs ein unvergessliches Erlebnis. Kapstadt, 2013

64 Leben auf den Straßen von Kapstadt. Ich fotografierte Straßenkinder und traf hinter den Schnellrestaurants auf der Grand Parade (der Platz, an dem Nelson Mandela seine erste große Rede als Präsident Südafrikas hielt) auf diese jungen Männer. Der Grund, warum mir meine Kamera nicht abhanden kam: Meine Eltern und ich selbst betrieben ebenfalls jahrelang einen Imbiss auf der Grand Parade. Von daher war ich für die Obdachlosen und Straßenkinder, die sich für mich verbürgten, kein Fremder. Kapstadt, 2003

65 Tam und Marius vor Lola's Café, Long Street, Kapstadt, 2004

66 Taxistand, Zughaltestelle, Kapstadt, 2004

67 Klebstoff schnüffelnde „Strollers" (Straßenkinder), Grand Parade, Kapstadt, 2000

68 Manchmal gibt es im Inneren der Züge, die die Arbeiter von der Stadt nach Hause bringen, keinen Stehplatz mehr. Auf dem Weg nach Nyanga Junction, Kapstadt, 2005

69 Ein Nickerchen im Zug auf dem Nachhauseweg von der Arbeit, Kapstadt, 2005

70 Phillip Ntengato, Tankstellenwärter in der Innenstadt, auf dem Weg zur Arbeit, Haltestelle Heideveld, Cape Flats, 2003

73 Der Moment, in dem die Absperrungen bei der Beerdigung von Brenda Fassi zusammenbrechen, Langa, Kapstadt, 2004

74 Arbeiter in Woodstock bei der Teepause vor der ehemaligen Textilfabrik „Rex Trueform". Die Bekleidungs- und Textilindustrie gehörte zu den größten Arbeitgebern in der Western Cape Provinz. Das Gebäude steht immer noch im nunmehr zunehmend gentrifizierten Woodstock, aber die Fabrik existiert nicht mehr.

75 *Grandmothers Against Aids and Poverty* (GAPA). Ein Unterstützungsprojekt in Khayelitsha, initiiert von Großmüttern, die sich um ihre durch AIDS zu Waisen gewordenen Enkel kümmern.

76 „Bergie" (Obdachloser), der eine mit Zeitungspapier gerollte Zigarette vor der City Hall anzündet, in der gerade ein Konzert stattfindet. Kapstadt, 2005

77 Einer der wenigen Männer, die bei Monkeybiz in Khayelitsha (Produktion von Perlenpuppen) beschäftigt sind, Kapstadt, 2005

78 „Spaza Shop" („Tante Emma Laden" / Eckladen) in einer informellen Siedlung in Capricorn (30 Minuten vom Stadtzentrum). Viele dieser Läden gehören somalischen Einwanderern. Ich fotografierte Menschen, die von den fremdenfeindlichen Übergriffen im Jahr 2008 betroffen waren.

79 Bo-Kaap Kirmes auf dem Gelände der Scotcheskloof Grundschule, Kapstadt, 2004

80 „Bergie" (Obdachloser) auf der Voortrekker Road mit seinem dekorierten Schubkarren, Belleville, Kapstadt, 2004

81 Notunterkunft für die Opfer eines Brandes, bei dem die informelle Siedlung in Joe Slovo völlig zerstört wurde. Langa, Kapstadt, 2005

83|84 „Whitey", ein „Stroller" (Straßenkind), der von Freunden „adoptiert" wurde. Lola´s Café, Long Street, Kapstadt, 2003

85 The drinks area of the Loerie Awards (prestigious award ceremony celebrating the best of the advertising industry in South Africa), Cape Town 2010

86|87 Olympic flame celebration, Grand Parade 2004

89a Khayelitsha at dusk. On an inspection walk with members of the Khayelitsha Commission (tasked with holding Government and the Police to task for not upholding the constitutional right to safety and security), 2012

89b A woman photographed close to her home for a story on families living on less than a dollar a day for the *Mail & Guardian*, Khayelitsha Site C, Cape Town 2004

90a Porcupine. The carcass of a porcupine hanging in a shack of a local of Phillipstown in the Karoo. 2013

90b South Africa. Descendent of the first people of this land. Phillipstown, Karoo 2013

91a Portrait of a women in her home in Delft, Cape Flats 2005

91b Woman in her kitchen, Kanana, Gugulethu 2015

92a|b Queueing to vote during the second national elections, Gugulethu 2004

94 Freedom Park, Mitchell's Plain Cape Flats, 2008

95a Fruit seller, Woodstock main road, Cape Town 2011

95b Dressing room, Cape Town Carnival, 2011

96 Pedestrian walk way at UWC (University of the Western Cape), 2003

97 Post fire devastation, Joe Slovo, Langa, Cape Town 2005

98 Dusk over Khayelitsha, 2015

100 Sunrise over the city from the Bo-Kaap. This photograph is the 5th or 6th exposure on the first roll of film I shot. Cape Town 1992

103 Young muslim boy from Khayelitsha, 2005

104 'Stroller' (street kid) at the Grand Parade. After seeing me walk past with my camera he challenged/invited me to photograph him by adopting his most menacing expression. Cape Town 1999

105 A group of muslim children from various townships on an outing, Cape Town 2005

106 Children play in a burnt out car after a fire destroyed the informal settlement community in Joe Slovo, Langa 2005

107 Children playing with their cart right opposite the devastation of the fire in Joe Slovo, Langa 2005

108 Kids playing soccer in New Crossroads, 2005

110 Beach front, Durban 2009

113a 'Strollers' (street kids) at the bus terminus, close to the Grand Parade, 2004

113b Factory workers from the clothing industry protesting against job losses due to Chinese imports and manufacturing, Woodstock, Cape Town 2005

114a Kanana, Gugulethu 2015

114b Joe Slovo, Langa 2005

115a The memorial service for slain ANC activist Chris Hani. It was the second roll of film that I exposed. I was still in my school uniform. Adderly street, Cape Town 1993

85 De drankenzone van de Loerie Awards (prestigieuze prijsuitreiking voor het beste wat de Zuid-Afrikaanse reclame-industrie te bieden heeft), Kaapstad 2010

86|87 Viering met de olympische vlam, Grand Parade 2004

89a Khayelitsha bij zonsondergang. Op een inspectiewandeling met leden van de Khayelitsha Commission (wiens taak het is de regering en de politie erop aan te spreken wanneer die het grondwettelijke recht op veiligheid en beveiliging niet waarborgen), 2012

89b Een foto van een vrouw dicht bij haar huis voor een verhaal over gezinnen die van minder dan één dollar per dag moeten leven voor de *Mail & Guardian*, Khayelitsha Site C, Kaapstad 2004

90a Stekelvarken. Het karkas van een stekelvarken hangt in een hutje van een bewoner van Phillipstown in de Karoo. 2013

90b Zuid-Afrika. Afstammeling van de eerste mensen van dit land. Phillipstown, Karoo 2013

91a Portret van een vrouw in haar huis in Delft, Kaapse Vlakte 2005

91b Vrouw in haar keuken, Kanana, Gugulethu 2015

92a|b In de rij om te stemmen tijdens de tweede nationale verkiezingen, Gugulethu 2004

94 Freedom Park, Mitchell's Plain in de Kaapse Vlakte, 2008

95a Fruitverkoper, hoofdweg van Woodstock, Kaapstad 2011

95b Kleedkamer, Carnaval van Kaapstad, 2011

96 Voetgangersweg aan de UWC (University of the Western Cape), 2003

97 Vernieling na een brand, Joe Slovo, Langa, Kaapstad 2005

98 Zonsondergang over Khayelitsha, 2015

100 Zonsopgang boven de stad vanaf de Bo-Kaap. Die foto is de 5de of 6de opname op mijn allereerste filmrolletje. Kaapstad 1992

103 Jonge moslim uit Khayelitsha, 2005

104 'Stroller' (straatjongen) in de Grand Parade. Nadat hij me zag voorbijkomen met mijn fototoestel daagde/nodigde hij mij uit om een foto van hem te maken door zijn allerstoerste gelaatsuitdrukking aan te nemen. Kaapstad 1999

105 Een groep moslimkinderen van diverse townships tijdens een uitstapje, Kaapstad 2005

106 Kinderen spelen in een uitgebrande auto, nadat een vuurzee een deel van de informele nederzetting in Joe Slovo had vernietigd, Langa 2005

107 Kinderen spelen met hun kar recht tegenover de vernielingen aangericht door de brand in Joe Slovo, Langa 2005

108 Voetballende kinderen in New Crossroads, 2005

110 Strandpromenade, Durban 2009

113a 'Strollers' (straatjongeren) aan de eindhalte van de bus, dichtbij de Grand Parade, 2004

113b Fabrieksarbeiders uit de kledingnijverheid protesteren tegen het verlies van hun jobs door de Chinese invoerproducten en confectiegoederen, Woodstock, Kaapstad 2005

114a Kanana, Gugulethu 2015

114b Joe Slovo, Langa 2005

115a De herdenkingsdienst voor de vermoorde ANC-activist Chris Hani. Dit was mijn tweede filmrolletje ooit. Ik droeg nog mijn schooluniform. Adderly Street, Kaapstad 1993

85 L'espace bar des Loerie Awards (prestigieuse cérémonie de remise de prix, récompensant les meilleurs acteurs du secteur de la publicité en Afrique du Sud), Le Cap 2010

86|87 Célébration autour de la flamme olympique, Grand Parade 2004

89a Khayelitsha à la tombée de la nuit. Lors d'une promenade d'inspection avec des membres de la Khayelitsha Commission (chargée de veiller à ce que le gouvernement et la police garantissent le droit constitutionnel à la sûreté et la sécurité), 2012

89b Femme photographiée près de chez elle lors d'un reportage pour le *Mail & Guardian*, sur des familles vivant avec moins d'un dollar par jour, Khayelitsha, Site C, Le Cap 2004

90a Porc-épic. La carcasse d'un porc-épic suspendue dans la cabane d'un habitant de Phillipstown, Karoo 2013

90b Afrique du Sud. Descendant des premiers hommes de ce territoire. Phillipstown, Karoo 2013

91a Portrait d'une femme chez elle à Delft, Cape Flats 2005

91b Femme dans sa cuisine, Kanana, Gugulethu 2015

92a|b File devant le bureau de vote lors des deuxièmes élections nationales, Gugulethu 2004

94 Freedom Park, Mitchell's Plain dans le Cape Flats, 2008

95a Vendeur de fruits, rue principale de Woodstock, Le Cap 2011

95b Vestiaire, Carnaval du Cap, 2011

96 Allée piétonne à l'UWC (Université du Cap-Occidental), 2003

97 Dégâts après l'incendie, Joe Slovo, Langa, Le Cap 2005

98 Khayelitsha au crépuscule, 2015

100 Lever du soleil sur la ville depuis Bo-Kaap. Cette photo est la 5e ou la 6e vue de mon premier film. Le Cap 1992

103 Jeune musulman de Khayelitsha, 2005

104 "Stroller" (enfant des rues) sur la place Grand Parade. Lorsqu'il m'a vu passer avec mon appareil photo, il m'a invité à défier de le photographier en adoptant son expression la plus menaçante. Le Cap 1999

105 Un groupe d'enfants musulmans de divers bidonvilles lors d'une excursion, Le Cap 2005

106 Des enfants jouent dans une carcasse de voiture, calcinée par le feu, dans le quartier communautaire informel de Joe Slovo. Langa 2005

107 Des enfants jouent avec leur kart parmi les décombres dans le quartier de Joe Slovo, après l'incendie. Langa 2005

108 Des enfants jouent au football à New Crossroads, 2005

110 Bord de mer, Durban 2009

113a "Strollers" (enfants des rues) au terminus de ligne d'autobus, près de la place Grand Parade, 2004

113b Ouvriers d'usines de l'industrie du vêtement protestant contre les pertes d'emploi dues aux importations de produits chinois, Woodstock, Le Cap 2005

114a Kanana, Gugulethu 2015

114b Joe Slovo, Langa 2005

115a Service commémoratif en mémoire de l'activiste de l'ANC assassiné, Chris Hani. C'était la deuxième pellicule du film que j'ai exposé. Je portais encore mon uniforme scolaire. Adderly Street, Le Cap 1993

85 Bar-Bereich bei den Loerie Awards (feierliche Preisverleihung für die besten Arbeiten aus der Werbebranche in Südafrika), Kapstadt, 2010

86/87 Feier der olympischen Flamme, Grand Parade, 2004

89a Abenddämmerung in Khayelitsha, aufgenommen während eines Kontrollgangs mit Mitgliedern der Khayelitsha Commission (deren Aufgabe es ist, Regierung und Polizei zur Verantwortung zu ziehen, wenn diese nicht dafür sorgen, dass das konstitutionell verbriefte Recht auf Sicherheit und Unversehrtheit gewährleistet wird). 2012

89b Eine Frau, aufgenommen in der Nähe ihres Hauses für einen Bericht in der *Mail & Guardian* über Familien, die mit weniger als einem Dollar pro Tag auskommen müssen. Site C, Khayelitsha, Kapstadt, 2003

90a Kadaver eines Stachelschweins in der Hütte eines Bewohners von Phillipstown in der Halbwüste Karoo, 2013

90b Südafrika – Nachkomme der ersten Bewohner des Landes, Phillipstown, Karoo, 2013

91a Portrait einer Frau in ihrem Haus in Delft, Cape Flats, 2005

91b Frau in ihrer Küche, Kanana, Gugulethu, 2015

92a|b Schlange vor Wahllokal während der zweiten Nationalwahlen, Gugulethu, 2004

94 Freedom Park, Mitchell's Plain, Cape Flats, 2008

95a Obstverkäufer auf der Hauptstraße in Woodstock, Kapstadt, 2011

95b Umkleideraum, Kapstadt Karneval, 2011

96 Fußgängerpassage auf dem Gelände der University of the Western Cape (UWC), 2003

97 Verwüstung nach Brandkatastrophe, Joe Slovo, Langa, Kapstadt, 2005

98 Abendhimmel über Khayelitsha, 2015

100 Sonnenaufgang über der Stadt, aufgenommen von Bo-Kaap. Dieses Bild ist die fünfte oder sechste Aufnahme im ersten von mir verschossenen Film. Kapstadt, 1992

103 Muslim-Junge aus Khayelitsha, 2005

104 „Stroller" (Straßenjunge) auf der Grand Parade. Als er mich mit der Kamera sah, setzte er seinen bedrohlichsten Gesichtsausdruck auf, um mich so aufzufordern, ihn zu fotografieren. Kapstadt, 1999

105 Ein Gruppe muslimischer Kinder aus unterschiedlichen Townships während eines Ausflugs, Kapstadt, 2005

106 Kinder spielen in einem ausgebrannten Autowrack, nachdem die informelle Siedlung in Joe Slovo durch einen Brand zerstört wurde. Langa, 2005

107 Kinder spielen mit einem Karren vor der durch einen Brand zerstörten Joe Slovo Siedlung. Langa, 2005

108 Fußball spielende Kinder in New Crossroads, 2005

110 Am Strand, Durban, 2009

113a „Stroller" (Straßenkinder) am Busbahnhof bei der Grand Parade, 2004

113b Textilarbeiter demonstrieren gegen den Verlust von Arbeitsplätzen aufgrund von chinesischen Importen und der Auslagerung von Produktionsstätten nach China. Woodstock, Kapstadt, 2005

114a Kanana, Gugulethu, 2015

114b Joe Slovo, Langa, 2005

115b Marching from Alexandria township to Sandton in Johannesburg where the World Summit for Sustainable Development was taking place. 2002

116a Barbershop, Khayelitsha 2002

116b 'Snoek', Kalk Bay harbour, 2003

117a Early in the morning and then again in the evening there is a movement of goods and carts through the streets of Cape Town. The various stalls that populate the pedestrian malls, pavements and market areas get set up and then packed away again in the evening. The informal trade sector employs a lot of asylum seekers/ refugees who have slipped through the cracks of bureaucracy. Cape Town 2012

117b Paternoster, a fishing village 145 km from Cape Town up the West Coast, 2004

118a Life guard at the tidal pool in Camps Bay, 2004

118b Cape Town City Council (CCC) 'Rubbish man' hanging behind the rubbish truck on one of their trash collection rounds, Cape Town 1999

119a Catching a nap before joining the parade for the Cape Town Carnival, 2012

119b Khayelitsha viewing area, FIFA World Cup 2010

120 Coffee shop, Long street 2007

122 Singing into the crowd while everyone was waiting for Nelson Mandela to arrive at the 'Return of the elders' event, a ceremony in which he would hand over the keys of houses to people who were forced to leave their homes in District 6, decades ago by the apartheid regime. Cape Town 2004

123 'Rampies Sny' (cutting Rampies). 'Rampies' are the leaves from the orange tree, chopped up and mixed with essential oils and herbs, packaged into small decorated bundles as gifts for the men who attend the mosque that evening to celebrate the birth of the Nobel Messenger Muhammad, Peace be upon Him. Cape Town 2005

124 Rockabilly band members, Rafiki's, Kloof Street, Cape Town 2003

125 My cousin Booley's Nikah (signing of the marriage contract) in the Leeuwen street Mosque in Bo-Kaap. His father Boeta Hiemma is the first to embrace him when the ceremony is completed. Cape Town 2002

126 Sangoma (Traditional Healer) in the township close to Worcester (an hour from Cape Town). As part of DOTS (Directly Observed Treatment Strategy) the Tuberculosis hospital in Worcester 'deputises' respected community leaders in the local communities to ensure the completion of treatment and combat non compliance due to the patients inability to afford transportation fees to the hospital everyday. 2001

127 The Multi Drug Resistant ward of the Tuberculosis hospital, Worcester 2001

129 Saunders Rock, Cape Town 2014

131 Kloof Neck, Cape Town 1996

149 Strandfontein Pavilion, Cape Town 2002

150 Cape Town International Jazz Festival, 2005

151 New years eve, Wale street, Bo-Kaap 2004

152 Celebration at the announcement of South Africa's successful bid for the 2010 FIFA World Cup. Cape Town 2004

115b Mars van de township Alexandria naar Sandton in Johannesburg waar de Wereldtop over Duurzame Ontwikkeling plaatsvond. 2002

116a Kapperszaak, Khayelitsha 2002

116b 'Snoek', haven van Kalk Bay, 2003

117a 's Morgens vroeg en 's avonds opnieuw is het in de straten van Kaapstad een gaan en komen van goederen en karren. De kraampjes in de autovrije winkelstraten, op de trottoirs en de marktplaatsen worden opgebouwd en 's avonds weer afgebroken. In de informele handel werken vele asielzoekers/ vluchtelingen die door de mazen van het bureaucratische net zijn geglipt. Kaapstad 2012

117b Paternoster, een vissersdorp op 145 km boven Kaapstad langs de Westkust, 2004

118a Redder in het getijdenbekken van Camps Bay, 2004

118b Kaapstad (CCC: Cape Town City Council) vuilnisman hangt achteraan de vuilniswagen op een van de ophalingsronden, Kaapstad 1999

119a Een snel dutje voor de optocht van het Carnaval van Kaapstad vertrekt, 2012

119b Zone met groot scherm in Khayelitsha, FIFA World Cup 2010 (Wereldbeker Voetbal 2010)

120 Coffee shop, Long Street 2007

122 Zingen voor de menigte, terwijl iedereen aan het wachten was op de aankomst van Nelson Mandela op het evenement 'Terugkeer van de ouderlingen', een plechtigheid waarop hij de sleutels van huizen zou overhandigen aan mensen die decennia tevoren gedwongen hun huizen in District 6 hadden moeten verlaten door het apartheidsregime. Kaapstad 2004

123 'Rampies Sny' (Rampies snijden). 'Rampies' zijn de bladeren van de sinaasappelboom, die worden fijngehakt en gemengd met etherische oliën en kruiden, en verpakt in kleine versierde bundeltjes als geschenk voor de mannen die op die avond de moskee bezoeken om de geboorte te vieren van de Nobele Boodschapper Mohammed, Vrede zij met Hem. Kaapstad 2005

124 Leden van een rockabillyband, Rafiki's, Kloof Street, Kaapstad 2003

125 De nikah (ondertekening van het huwelijkscontract) van mijn neef Booley in de moskee in de Leeuwen Street in Bo-Kaap. Zijn vader Boeta Hiemma is de eerste die hem omhelst nadat de plechtigheid afgelopen is. Kaapstad 2002

126 Sangoma (traditionele genezer) in de township dichtbij Worcester (een uur van Kaapstad). Als onderdeel van een DOTS (Directly Observed Treatment Strategy: rechtstreeks waargenomen behandeling, korte cyclus) delegeert het Tuberculoseziekenhuis in Worcester gerespecteerde leiders van de lokale gemeenschappen om te verzekeren dat de behandeling wordt voltooid. Zo vermijden ze dat patiënten de behandeling vroegtijdig afbreken doordat ze de vervoerkosten naar het ziekenhuis niet elke dag kunnen betalen. 2001

127 De afdeling Multiresistente Tuberculose van het Tuberculoseziekenhuis, Worcester 2001

129 Saunders Rock, Kaapstad 2014

131 Kloof Neck, Kaapstad 1996

149 Strandfontein Pavilion, Kaapstad 2002

150 Kaapstad International Jazz Festival, 2005

151 Oudejaarsavond, Wale Street, Bo-Kaap 2004

152 Viering bij de aankondiging van de aanduiding van Zuid-Afrika als organisator van de 2010 FIFA World Cup (Wereldbeker Voetbal 2010), Kaapstad 2004

115b Marche entre le township d'Alexandria et Sandton à Johannesburg, où a eu lieu le Sommet mondial sur le développement durable. 2002

116a Coiffeur, Khayelitsha 2002

116b "Snoek", port de Kalk Bay 2003

117a Au petit matin et, ensuite, le soir, les rues du Cap connaissent un va-et-vient de marchandises et de chariots. Les diverses échoppes, qui peuplent les rues piétonnes, les trottoirs et les marchés, sont montées tous les matins et démontées tous les soirs. Le secteur du commerce informel emploie énormément de demandeurs d'asile/réfugiés qui sont passés entre les mailles du filet de la bureaucratie. Le Cap 2012

117b Paternoster, village de pêcheurs à 145 km du Cap sur la côte Ouest, 2004

118a Sauveteur à la piscine naturelle de Camps Bay, 2004

118b Éboueur du Conseil Communal du Cap (CCC), agrippé derrière la benne à ordures au cours d'une des tournées de ramassage des déchets, Le Cap 1999

119a Une petite sieste avant de rejoindre la parade du carnaval du Cap, 2012

119b Zone de retransmission sur grand écran, Coupe du monde FIFA 2010.

120 Coffee shop, Long Street, 2007

122 Un chant retentit parmi la foule qui attend l'arrivée de Nelson Mandela lors de l'événement "Retour des aînés". Cérémonie au cours de laquelle il devait remettre les clés des maisons aux personnes qui avaient été forcées par le régime de l'apartheid de quitter leur foyer du District 6, des décennies plus tôt. Le Cap 2004

123 "Rampies Sny" (hachage de "rampies"). Les "rampies" sont des feuilles d'oranger, hachées et mélangées à des huiles essentielles et des herbes, emballées dans des petits paquets décorés, et offertes en cadeau aux hommes qui se rendent à la Mosquée ce soir-là pour célébrer la naissance du Noble Messager Mohammed, la Paix soit sur Lui. Le Cap 2005

124 Membres d'un groupe de rockabilly, Rafiki's, Kloof Street, Le Cap 2003

125 Le "Nikah" (signature du contrat de mariage) de mon cousin Booley à la Mosquée de Leeuwen Street à Bo-Kaap. Son père, Boeta Hiemma, est le premier à l'embrasser après la cérémonie. Le Cap, 2002

126 Sangoma (guérisseur traditionnel) dans le bidonville à proximité de Worcester (à une heure du Cap). Dans le cadre de la DOTS (Directly Observed Treatment Strategy – Stratégie de traitement sous surveillance directe), l'hôpital de Worcester, spécialisé dans le traitement de la tuberculose, "mandate" les leaders communautaires respectés dans les communautés locales afin qu'ils s'assurent de l'achèvement du traitement et qu'ils combattent la non-conformité due à l'incapacité des patients à régler les frais de transport quotidiens vers l'hôpital. 2001

127 La salle des patients résistant à plusieurs médicaments à l'hôpital spécialisé dans le traitement de la tuberculose, Worcester, 2001

129 Saunders Rock, Le Cap 2014

131 Kloof Neck, Le Cap 1996

149 Strandfontein Pavilion, Le Cap 2002

150 Festival international de jazz du Cap, 2005

151 Veille du Jour de l'an, Wale Street, Bo-Kaap 2004

152 Allégresse lors de l'annonce de l'organisation de la Coupe du monde FIFA 2010 par l'Afrique du Sud. Le Cap 2004

115a Gedenkgottesdienst für den ermordeten ANC Aktivisten Chris Hani. Dies war meine zweite Filmrolle und ich trug noch meine Schuluniform. Adderley Street, Kapstadt, 1993

115b Demonstrationsmarsch vom Alexandria Township nach Sandton in Johannesburg, wo der „Weltgipfel für nachhaltige Entwicklung" stattfand, 2002

116a Friseur, Khayelitsha, 2002

116b „Snoek", im Hafen von Kalk Bay, 2003

117a Frühmorgens und abends werden Karren und Güter durch die Straßen von Kapstadt transportiert, um die vielen Stände in den Einkaufszentren, auf den Märkten und Bürgersteigen auf- bzw. abzubauen. Der informelle Handel beschäftigt viele Asylsuchende und Flüchtlinge, denen es gelungen ist, durch das Netz der Bürokratie zu schlüpfen. Kapstadt, 2012

117b Paternoster, ein 145 km von Kapstadt entfernt liegendes Fischerdorf an der Westküste, 2004

118a Rettungsschwimmer im Gezeitenbad in Camps Bay, 2004

118b „Müllmann" des Cape Town City Council (CCC), der sich während der Fahrt am hinteren Ende des Müllwagens festhält.

119a Kurze Ruhepause vor dem Karnevals-Umzug in Kapstadt, 2012

119b Public Viewing Bereich in Khayelitsha, Fußballweltmeisterschaft 2010

120 Café, Long Street, 2007

122 Singende Menschen, die auf Nelson Mandelas Ankunft warten. Er kommt zur „Return of the Elders"-Zeremonie, in der er denjenigen, die vor Jahrzehnten unter dem Apartheid-Regime aus dem District 6 vertrieben wurden, die Schlüssel zu ihren Häusern überreichen wird. Kapstadt 2004

123 „Rampies Sny" (Schneiden der Rampies). „Rampies" sind die Blätter des Orangenbaums, die zerkleinert und mit ätherischen Ölen und Kräutern vermischt in kleine, dekorative Säckchen gepackt werden, die dann als Geschenk an die Männer verteilt werden, die zur Moschee kommen, um die Geburt des heiligen Propheten Mohammed (Friede sei mit Ihm) zu feiern

124 Mitglieder einer Rockabilly-Band, Rafiki's, Kloof Street, Kapstadt, 2003

125 Nikah-Zeremonie (Unterschreiben der Heiratsurkunde) meines Cousins in der Moschee auf der Leeuwen Street in Bo-Kaap. Sein Vater Boeta Hiemma umarmt ihn als erster, nachdem die Zeremonie beendet ist. Kapstadt, 2002

126 Sangoma (traditioneller Heiler) im Township bei Worcester (eine Stunde entfernt von Kapstadt). Als Teil des DOTS-Programms (Directly Observed Treatment Strategy) arbeitet das Tuberkulose-Hospital in Worcester mit angesehenen Gemeindeführern zusammen, um sicherzustellen, dass die Behandlung bis zum Ende durchgeführt wird und um zu vermeiden, dass die Patienten die Behandlung abbrechen, weil sie die täglichen Fahrtkosten zur Klinik nicht bezahlen können. 2001

127 Station für Patienten mit Mehrfachresistenzen gegen Arzneimittel am Tuberkulose-Hospital in Worcester, 2001

129 Saunders Rock, Kapstadt, 2014

131 Kloof Neck, Kapstadt, 1996

149 Strandfontein Pavillion, Kapstadt, 2002

150 Internationales Jazz Festival Kapstadt, 2005

151 Silvester, Wale Street, Bo-Kaap, 2004

152 Feier anlässlich Südafrikas erfolgreicher Bewerbung zur Ausrichtung der Fußballweltmeisterschaft 2010, Kapstadt, 2004

Yasser Booley started photographing life around him in 1993, at the age of 17 after receiving a camera from his father. Rooted in a Cape Malay Muslim community in post-apartheid South Africa, he was free and eager to discover the diverse world he was living in. Intrigued by the capacity of photography to capture his own perception, of people and events, he stumbled upon a way to trace his personal growth and development in the recorded regard of the world around him.

He learnt the ropes as a freelancer in the production industry, at the same time as doing photographic work. He worked as a camera assistant, sound technician, production assistant for various short films and documentaries. His first published work was a cover story for Design Indaba in 2001, but he only started seeing himself as a 'photographer' two years later when he got a job as stringer for the *Mail & Guardian* in the Western Cape. It's around that time he started taking part in group exhibitions.

In March of 2005, he was one of the founding members of a photographers collective Camissa[1], consisting of 14 photographers from historically disadvantaged communities. As a founding principle, this collective celebrated photography's indispensable role in recording and presenting the various realities that exist in South Africa, and on the continent. Together, they put on an exhibition using various locations in Cape Town, giving birth to The *Month of People's Photography*. The four following years, MOPP became a guerrilla fringe to MOP (South Africa's annual October event *Month of Photography*), a deliberate signal to the establishment.

Booley has always insisted on informing his point of view as a response to the situation he found himself in, rather than a predetermined goal oriented approach. Over the years his documentary style has experienced a growth in the formalising of his subject, preferring environmental portraiture, and the reduced use of the infamous 45 degree photographs. As an artist, it's the human condition that makes him tick.

1 Camissa, the indigenous Khoisan name for Cape Town. It means 'place of sweet water' and relates to the springs and river that to date runs underground through the city from Table Mountain to the sea.

Yasser Booley begon als 17-jarige te fotograferen wat er rondom hem gebeurde in 1993, nadat zijn vader hem een fototoestel had gegeven. Hij groeide op in een Kaaps-Maleise moslimgemeenschap in post-apartheid Zuid-Afrika. Het gaf hem de vrijheid en het enthousiasme om de diversiteit te ontdekken van de wereld waarin hij leefde. Hij werd geïntrigeerd door de mogelijkheden die de fotografie bood om mensen en gebeurtenissen weer te geven op de manier waarop hij hen zelf waarnam. Hij was vrij om de wereld rondom hem op foto vast te leggen. Zo vond hij bijna toevallig een manier naar persoonlijke groei en ontwikkeling.

Hij leerde de knepen van het vak als freelancer in de filmproductie-industrie en hield zich daarnaast ook met fotografie bezig. Hij werkte als camera-assistent, geluidstechnicus en productieassistent voor diverse kortfilms en documentaires. Het eerste werk dat hij publiceerde, was een coverstory voor Design Indaba in 2001, maar hij begon zichzelf pas twee jaar later als fotograaf te zien, toen hij als freelance correspondent voor de *Mail & Guardian* in de West-Kaap begon te werken. Rond die tijd begon hij ook deel te nemen aan groepstentoonstellingen.

In maart 2005 was hij een van de stichtende leden van het fotografencollectief Camissa[1], dat 14 fotografen uit traditioneel achtergestelde gemeenschappen verenigde. Een grondbeginsel van het collectief was de onontbeerlijke rol van de fotografie voor het vastleggen en weergeven van de diverse realiteiten in Zuid-Afrika en op het continent. Samen organiseerden ze een eerste tentoonstelling op uiteenlopende locaties in Kaapstad. The *Month of People's Photography* was geboren. In de vier jaar daarna werd MOPP de luis in de pels van het gevestigde MOP, het evenement *Month of Photography* dat elk jaar in oktober in Zuid-Afrika plaatsvindt.

Booley heeft zijn gezichtspunt altijd willen laten bepalen door de situatie waarin hij zich bevond, veeleer dan een vooraf bepaalde doelgerichte aanpak te volgen. Doorheen de jaren is zijn documentaire stijl geëvolueerd naar een grotere formalisering van het subject, met een voorkeur voor het omgevingsportret, en een beperkter gebruik van de notoire 45 graden-foto's. Als kunstenaar laat hij zich volledig leiden door de 'condition humaine', het lot van het menselijk bestaan.

1 Camissa is de inheemse naam voor Kaapstad in het Khoisan. Het betekent 'plaats met zoet water' en verwijst naar de bronnen en de rivier die tot op vandaag ondergronds door de stad loopt, van de Tafelberg naar de zee.

Yasser Booley a commencé à photographier la vie autour de lui en 1993. Il venait d'avoir 17 ans et son père lui avait offert un appareil photo. Issu de la communauté malaise musulmane du Cap dans l'Afrique du Sud de l'après-apartheid, il était libre et avide de découvrir les différentes facettes du monde dans lequel il vivait. Intrigué par la capacité de la photographie à capturer sa propre perception des gens et des événements, il a trouvé par hasard une manière de retracer son évolution et son développement personnel en gravant sur la pellicule le monde qui l'entoure.

Il a appris le métier en travaillant comme free-lance pour l'industrie de la production, tout en réalisant des travaux photographiques. Il a travaillé comme assistant caméraman, ingénieur du son, assistant de production pour divers courts-métrages et documentaires. Son premier travail publié a été un reportage faisant la couverture de Design Indaba en 2001, mais il a seulement commencé à se considérer comme un "photographe" deux ans plus tard, lorsqu'il est devenu pigiste pour le *Mail & Guardian* du Cap-Occidental. C'est plus ou moins à ce moment qu'il a commencé à participer à des expositions collectives.

En mars 2005, il a été un des cofondateurs d'un collectif de photographes, appelé Camissa[1], composé de 14 confrères venant de communautés traditionnellement défavorisées. Ce collectif avait mis en exergue, comme principe fondateur, le rôle indispensable de la photographie dans la capture et la présentation des différentes réalités existant en Afrique du Sud et sur le continent. Ensemble, ils ont élaboré une exposition présentée dans divers lieux du Cap, donnant ainsi naissance à *The Month of People's Photography* (MOPP). Les quatre années suivantes, le MOPP est devenu un espace de guérilla en marge du MOP (le *Month of Photography*, événement annuel sud-africain qui a lieu en octobre), lançant un signal délibéré à l'establishment.

Booley a toujours insisté pour exprimer son point de vue, comme une réponse à la situation dans laquelle il se trouvait, plutôt qu'une approche orientée vers un but prédéterminé. Au fil des ans, son style documentaire a progressé dans la formalisation de son sujet, préférant la description de l'environnement, et une utilisation réduite des photographies à 45 degrés tristement célèbres. En tant qu'artiste, c'est la condition humaine qui l'anime.

1 Camissa est le nom khoisan indigène de la ville du Cap. Il signifie "lieu d'eau douce" et fait allusion aux sources et à la rivière souterraine qui coule, encore maintenant, à travers la ville entre la montagne de la Table et la mer.

Yasser Booley begann 1993 im Alter von 17 Jahren den Alltag in seinem Viertel zu dokumentieren. Als muslimischer Kapmalaie erforschte er nach dem Ende der Apartheid in Südafrika die zahlreichen Facetten seiner Lebenswelt. Dabei faszinierte ihn die Fotografie als Medium, das es ihm ermöglichte, seine individuelle Wahrnehmung von Menschen und Ereignissen festzuhalten und so seine persönliche Entwicklung durch die Dokumentation seines Umfelds nachzuvollziehen.

Er arbeitete zunächst als freier Kameraassistent, Tontechniker und Produktionsassistent an der Produktion von Kurzfilmen und Dokumentationen mit. 2001 wählte Design Indaba seine Bilder für eine Titelgeschichte, aber erst zwei Jahre später, als freier Korrespondent für *Mail & Guardian*, begann er, sich selbst als Fotograf zu verstehen. Zu dieser Zeit nahm er auch erstmals an Gruppenausstellungen teil.

2005 war er Gründungsmitglied des Kollektivs „Camissa"[1], dem 14 Fotografen aus historisch benachteiligten Gruppen angehörten. Als wichtiges Gründungsprinzip hob Camissa die entscheidende Rolle von Fotografie in der Dokumentation und Darstellung der unterschiedlichen Realitäten hervor, die in Südafrika und auf dem Kontinent existieren. Die Gruppe organisierte eine Ausstellung an mehren Orten in Kapstadt und initiierte so den *Month of People's Photography* (MOPP). In den folgenden vier Jahren entwickelte sich MOPP zu einem alternativen, als Signal an das Establishment gerichtete Rahmenprogramm zum MOP (dem jedes Jahr im Oktober in Südafrika stattfindenden *Month of Photography*).

Booley hat stets betont, dass seine Art des Sehens nicht durch einen vorbestimmten, zielgerichteten Ansatz, sondern durch seine Reaktion auf die von ihm erlebten Situationen bestimmt ist. Im Laufe der Jahre wurde sein Dokumentationsstil durch den verstärkten Fokus auf Portraits von Menschen in ihrer Umgebung sowie durch einen geringeren Einsatz des berühmten 45 Grad Winkels von einer zunehmenden Formalisierung seiner Motive bestimmt. Der Mensch und seine existentiellen Bedingungen ist das Thema, das ihn als Künstler antreibt.

1 Camissa ist der khoisanische Name für Kapstadt und bedeutet „Ort des süßen Wassers" in Referenz zu den Quellen und dem unterirdischen Fluss, der vom Table Mountain bis zum Meer unter der Stadt verläuft.

Pieter Hugo is a photographic artist living in Cape Town. Major museum solo exhibitions include The Hague Museum of Photography, Musée de l'Elysée in Lausanne, Ludwig Museum in Budapest, Fotografiska in Stockholm, MAXXI in Rome and the Institute of Modern Art Brisbane. He has participated in numerous group exhibitions at institutions like Tate Modern, the Folkwang Museum, Fundação Calouste Gulbenkian, and the São Paulo Biennale.

Hugo features in prominent public and private collections: the V&A Museum, San Francisco Museum of Modern Art, Metropolitan Museum of Modern Art, J Paul Getty Museum, Walther Collection, Deutsche Börse Group, Folkwang Museum and Huis Marseille.

Hugo received the Discovery Award at the Rencontres d'Arles and the KLM Paul Huf Award 2008 and the 2011 Seydou Keita Award at the Rencontres de Bamako. In 2015 he was shortlisted for the Prix Pictet and the 'In Focus' artist for the Taylor Wessing Photographic Portrait Prize at the National Portrait Gallery in London.

Pieter Hugo is een fotograaf en kunstenaar in Kaapstad. Zijn belangrijkste solotentoonstellingen vonden plaats in het Museum voor Fotografie in Den Haag, Musée de L'Elysée in Lausanne, Ludwig Museum in Boedapest, Fotografiska in Stockholm, MAXXI in Rome en het Institute of Modern Art in Brisbane. Hij nam deel aan tal van groepstentoonstellingen in instituten als Tate Modern, het Folkwang Museum, Fundação Calouste Gulbenkian en de Biënnale van São Paulo.

Hugo's werk maakt deel uit van prominente openbare en privécollecties: het V&A Museum, het San Francisco Museum of Modern Art, het Metropolitan Museum of Modern Art, J Paul Getty Museum, Walther Collection, Deutsche Börse Group, Folkwang Museum en Huis Marseille.

Hugo ontving de Discovery Award tijdens de Rencontres d'Arles, de KLM Paul Huf Award 2008 en de 2011 Seydou Keita Award tijdens de Rencontres de Bamako. In 2015 stond hij op de shortlist voor de Prix Pictet en de 'In Focus' artiest voor de Taylor Wessing Photographic Portrait Prize van de National Portrait Gallery in Londen.

Pieter Hugo est un artiste photographe qui vit au Cap. Ses principales expositions en solo englobent notamment le Musée de la photographie de La Haye, le Musée de l'Elysée à Lausanne, le Musée Ludwig à Budapest, le Fotografiska à Stockholm, le MAXXI à Rome et l'Institut d'art moderne à Brisbane. Il a participé à de nombreuses expositions collectives dans des institutions comme la Tate Modern, le Musée Folkwang, la Fundação Calouste Gulbenkian et la Biennale de São Paulo.

Ses œuvres ont été exposées dans de prestigieuses collections publiques et privées: le V&A Museum, le Musée d'art moderne de San Francisco, le Metropolitan Museum of Modern Art, le J. Paul Getty Museum, The Walther Collection, le Deutsche Börse Group, le Musée Folkwang et le musée Huis Marseille.

Pieter Hugo s'est vu décerner le Prix Découverte aux Rencontres d'Arles et le Prix KLM Paul Huf en 2008, ainsi que le Prix Seydou Keita en 2011 aux Rencontres de Bamako. En 2015, il est entré en lice pour le Prix Pictet et a fait partie de la présélection de l'artiste "In Focus" pour le Taylor Wessing Photographic Portrait Prize de la National Portrait Gallery de Londres.

Pieter Hugo, Fotograf und Künstler, lebt in Kapstadt. Einzelausstellungen u.a.: Fotomuseum Den Haag, Musée de l'Elysée (Lausanne), Ludwig Museum (Budapest), Fotografiska (Stockholm), MAXXI (Rom) und Institute of Modern Art (Brisbane). Teilnahme an zahlreichen Gruppenausstellungen, u.a. Tate Modern, Folkwang Museum, Fundação Calouste Gulbenkian und São Paulo Biennale.

Seine Arbeiten sind Teil prominenter öffentlicher und privater Sammlungen – wie z.B. des V&A Museums, des San Francisco Museums of Modern Art, des Metropolitan Museums of Modern Art, des J Paul Getty Museums, der Walther Collection, der Sammlung der Deutsche Börse Group, des Folkwang Museums und des Huis Marseille – und wurden bereits mit zahlreichen Preisen ausgezeichnet, u.a. mit dem Rencontres d'Arles Discovery Award, dem KLM Paul Huf Award (2008) und dem Rencontres de Bamako Seydou Keita Award (2011). 2015 wurde er für den Prix Pictet und den „In Focus" Artist des Taylor Wessing Photographic Portrait Prize der National Portrait Gallery in London nominiert.

Ingrid Masondo was born and (mostly) bred in Soweto, and has worked in the creative industries – particularly in music and photography – in a variety of institutions and capacities for nearly two decades. Although she refers to herself as a 'reluctant' photographer, her work has been featured in various exhibitions and publications, locally and abroad.

She claims to have an insatiable appetite for seeing, hearing and smelling good off-beat stuff which she mostly feeds through travel, reading and dreaming.

Masondo completed an MA in Public and Visual History in 2014, and is currently the curator of Photography and New Media at the Iziko South African National Gallery in Cape Town.

Ingrid Masondo, geboren en (voor het grootste deel) getogen in Soweto, werkt al bijna twee decennia lang voor verschillende instellingen en diensten in de creatieve sector, vooral in muziek en fotografie. Hoewel ze naar eigen zeggen 'weigerachtig' is als fotograaf, is haar werk te zien in verschillende tentoonstellingen en uitgaven in binnen- en buitenland.

Haar onverzadigbare honger naar het zien, horen en ruiken van goede, tegendraadse dingen, probeert ze te stillen door te reizen, lezen en dromen.

In 2014 behaalde Masondo een 'MA in Public and Visual History': mastergraad in openbare en visuele geschiedenis. Vandaag is ze curator voor Fotografie en Nieuwe Media aan de Iziko South African National Gallery in Kaapstad.

Ingrid Masondo est née et a grandi (en grande partie) à Soweto. Elle a travaillé dans le secteur de la création – notamment dans la musique et la photographie – dans une série d'institutions et de fonctions différentes pendant presque 20 ans. Même si elle se qualifie de photographe "hésitante", ses travaux ont été présentés dans une kyrielle d'expositions et de publications, en Afrique du Sud et à l'étranger.

Elle prétend avoir une soif insatiable de voir, d'entendre et de sentir des choses décalées, et essaie de l'étancher à travers le voyage, la lecture et le rêve.

Ingrid Masondo a obtenu un master en histoire publique et visuelle en 2014 et est aujourd'hui conservatrice de la photographie et des nouveaux médias à l'Iziko South African National Gallery au Cap.

Ingrid Masondo, geboren und aufgewachsen in Soweto, seit ca. zwei Jahrzehnten in unterschiedlichen Positionen und Institutionen im Kreativbereich tätig, insbesondere in Musik und Fotografie. Obwohl sie sich selbst nicht vorrangig als Fotografin versteht, wurden ihre Arbeiten bereits in unterschiedlichen nationalen und internationalen Ausstellungen und Publikationen vorgestellt.

Sie ist stets auf der Suche nach dem Besonderen, das sie durch Reisen, Lesen und Träumen entdeckt.

2014 schloss sie ihr Studium mit einem MA in Public and Visual History ab. Sie ist Kuratorin für Fotografie und Neue Medien der Iziko South African National Gallery in Kapstadt.

Tambudzai La Verne Ndlovu is a seasoned writer, editor, project manager and conversations architect with proven experience in creative and strategic communications, public relations, event organisation, research and video and podcast production. With a unique blend of qualifications in science, art history and psychology and an intimate knowledge of the art and culture sector across the African continent, she has spent the last decade nurturing her passion for storytelling and bringing visibility to some of the continent's most seasoned and accomplished emerging and mid to late career artists (visual arts; performing arts; literary arts; music & film) with the intention of nudging myopic narratives about Africa's potential.

Tambudzai La Verne Ndlovu is een door de wol geverfd auteur, uitgever, project manager en 'conversations architect' met een beproefde ervaring in creatieve en strategische communicatie, pr, evenementorganisatie, research en video- en podcastproductie. Zij beschikt over een unieke waaier aan kwalificaties op het gebied van wetenschap, kunstgeschiedenis en psychologie, gecombineerd met een grondige kennis van kennis van de kunst- en cultuursector van het Afrikaanse continent. Het voorbije decennium zette ze deze vaardigheden en kennis in om haar passie te voeden, namelijk verhalen vertellen, en om enkele van de meest getalenteerde, beginnende en ervaren kunstenaars van het continent (uit de beeldende, uitvoerende, literaire en filmkunst en muziek) meer zichtbaarheid te verlenen. Haar bedoeling is om meer vooruitziende ideeën over het potentieel van het Afrikaanse continent te bevorderen.

Tambudzai La Verne Ndlovu est une auteure chevronnée, éditrice, chef de projets et "architecte des conversations". Elle bénéficie d'une expérience reconnue en communication créative et stratégique, relations publiques, organisation d'événements, recherche et vidéo, et production de podcasts. Tambudzai a accumulé une combinaison unique de compétences en science, histoire de l'art et psychologie, et acquis une connaissance approfondie du secteur de l'art et de la culture de l'ensemble du continent africain. Elle a passé ces dix dernières années à nourrir sa passion pour la narration et à offrir de la visibilité à certains des artistes émergents et en milieu ou fin de carrière les plus accomplis (arts visuels, arts de la scène, arts littéraires, musique et cinéma) du continent, avec l'intention de favoriser les idées plus clairvoyantes sur le potentiel de l'Afrique.

Tambudzai La Verne Ndlovu, Autorin, Redakteurin, Projektmanagerin und Kommunikatorin im Bereich kreativer und strategischer Kommunikation sowie in Public Relations, Eventorganisation, Forschung und Video/Podcast Produktion. Auf dem Hintergrund ihrer Qualifikationen in Wissenschaft, Kunstgeschichte und Psychologie in Verbindung mit detaillierten Kenntnissen des afrikanischen Kunst- und Kultursektors entwickelt sie im Laufe des letzten Jahrzehnts ihre Leidenschaft für das Erzählen und verhalf vielen afrikanischen Künstlern unterschiedlichen Alters und aus diversen Kunstbereichen (bildende und darstellende Kunst, Literatur, Musik und Film) zu Bekanntheit, um so die Kunstgeschichte des afrikanischen Kontinents sichtbar zu machen und fortzuschreiben.

Art and culture are essential elements in a sustainable human development process. Africalia, largely supported by the Belgian Development Cooperation, is running result-based programmes conceived in collaboration with its partners in Africa. This philosophy is in line with: the Cotonou Agreement; the UNESCO Convention on cultural diversity; the Sustainable Development Goals; and the Paris Declaration on Aid Effectiveness.

Culture is intimately linked with creativity; it stimulates intercultural dialogue and increases positive identity awareness. Culture also represents market potential and educational value, so it can play a considerable part in the fight against poverty. Moreover, culture acts on behavioural change. Through its multiannual programmes, Africalia supports professional organizations and networks in Africa that contribute to the flourishing of artists, that in turn play their social and societal role in strengthening democracies.

Kunst en cultuur zijn cruciaal voor het opbouwen van een duurzaam menselijk ontwikkelingverhaal. De visie van Africalia vertaalt zich, met de steun van de Belgische Ontwikkelingssamenwerking (DGD), in resultaatsgerichte programma's met lokale partners in Afrika. Dit ligt tevens in de lijn van het Verdrag van Cotonou, de UNESCO Conventie over culturele diversiteit, de Duurzame Ontwikkelingsdoelstellingen en de Verklaring van Parijs rond efficiënte ontwikkelingssamenwerking.

Cultuur is nauw verweven met creativiteit, opent de interculturele dialoog en stimuleert een positief identiteitsbewustzijn. Bovendien heeft cultuur een fundamenteel economische en educatieve waarde. De cultuursector speelt dan ook een significante rol in de strijd tegen armoede en werkt gedragsverandering in de hand. Met meerjarenprogramma's ondersteunt Africalia structuren en professionele netwerken op het continent, zodat artiesten zich kunnen ontplooien en in waardige omstandigheden hun sociale en maatschappelijke rol kunnen spelen in het versterken van de democratie.

L'art et la culture sont des composantes essentielles dans la dynamique du développement humain durable. C'est la vision d'Africalia, dont les programmes, axés sur des résultats et des approches culturelles contemporaines, ont été conçus avec ses partenaires en Afrique. Soutenue par la Coopération belge, notre démarche s'appuie sur l'Accord de Cotonou, la Convention de l'UNESCO sur la diversité culturelle, les Objectifs de Développement Durable et la Déclaration de Paris qui cadre l'efficacité de l'aide au développement.

La culture est liée à la créativité, elle stimule le dialogue interculturel et valorise l'identité positive. Elle représente un potentiel économique et peut jouer un rôle important dans la lutte contre la pauvreté. La culture agit sur les changements de comportements et dans le domaine éducatif, elle complète les connaissances. Par le biais de programmes pluriannuels, Africalia soutient des structures et des réseaux professionnels africains qui contribuent à l'épanouissement des artistes et leur permettent d'assumer, dans de bonnes conditions, un rôle social et interpellateur, gage de démocratie.

Kunst und Kultur sind wesentliche Elemente in einem nachhaltigen menschlichen Entwicklungsprozess. Dafür steht Africalia mit seinen ergebnisorientierten, in Zusammenarbeit mit afrikanischen Partnern entwickelten Programmen. Die Zielsetzung stimmt mit das Abkommen von Cotonou, die Nachhaltigkeitsziele der UN Agenda 2030, der Pariser Erklärung über die Wirksamkeit der Entwicklungszusammenarbeit sowie der UNESCO Konvention zur kulturellen Vielfalt. Africalia wird zu weiten Teilen von der Belgischen Entwicklungszusammenarbeit unterstützt.

Kultur ist eng mit Kreativität verbunden, sie regt den interkulturellen Dialog an und stärkt das Bewusstein für die eigene Identität. Außerdem stellt Kultur ein Marktpotential dar und ist Grundlage von Bildung, daher kann sie einen wesentlichen Beitrag im Kampf gegen Armut leisten. Darüber hinaus bewirkt sie Verhaltensänderungen. Mit seinen Mehrjährigenprogrammen fördert Africalia professionnelle Organisationen und Netzwerke in Afrika zur Unterstützung von Künstlern, die ihrerseits eine soziale und gesamtgesellschaftliche Rolle bei der Stärkung der Demokratien einnehmen.

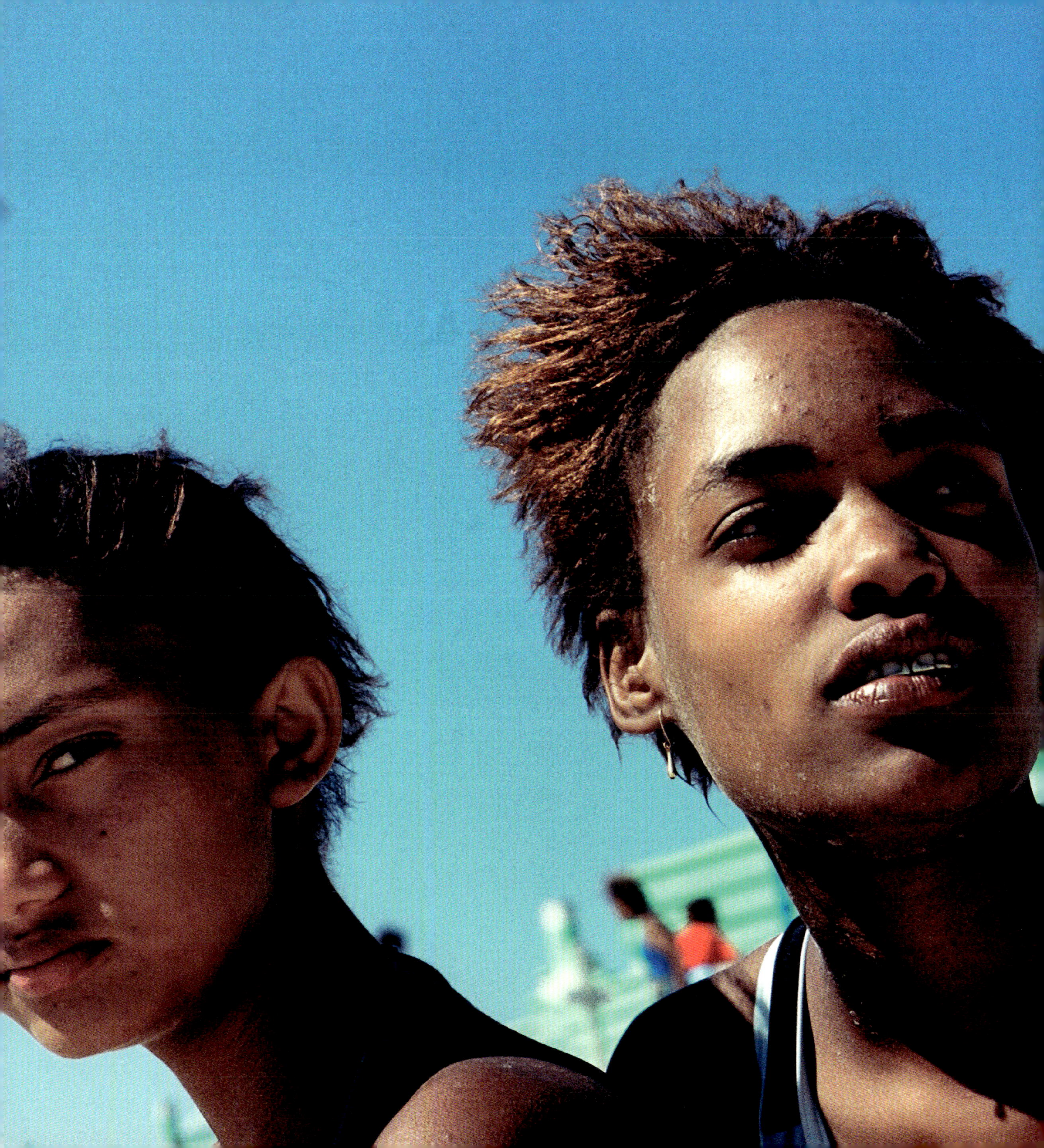

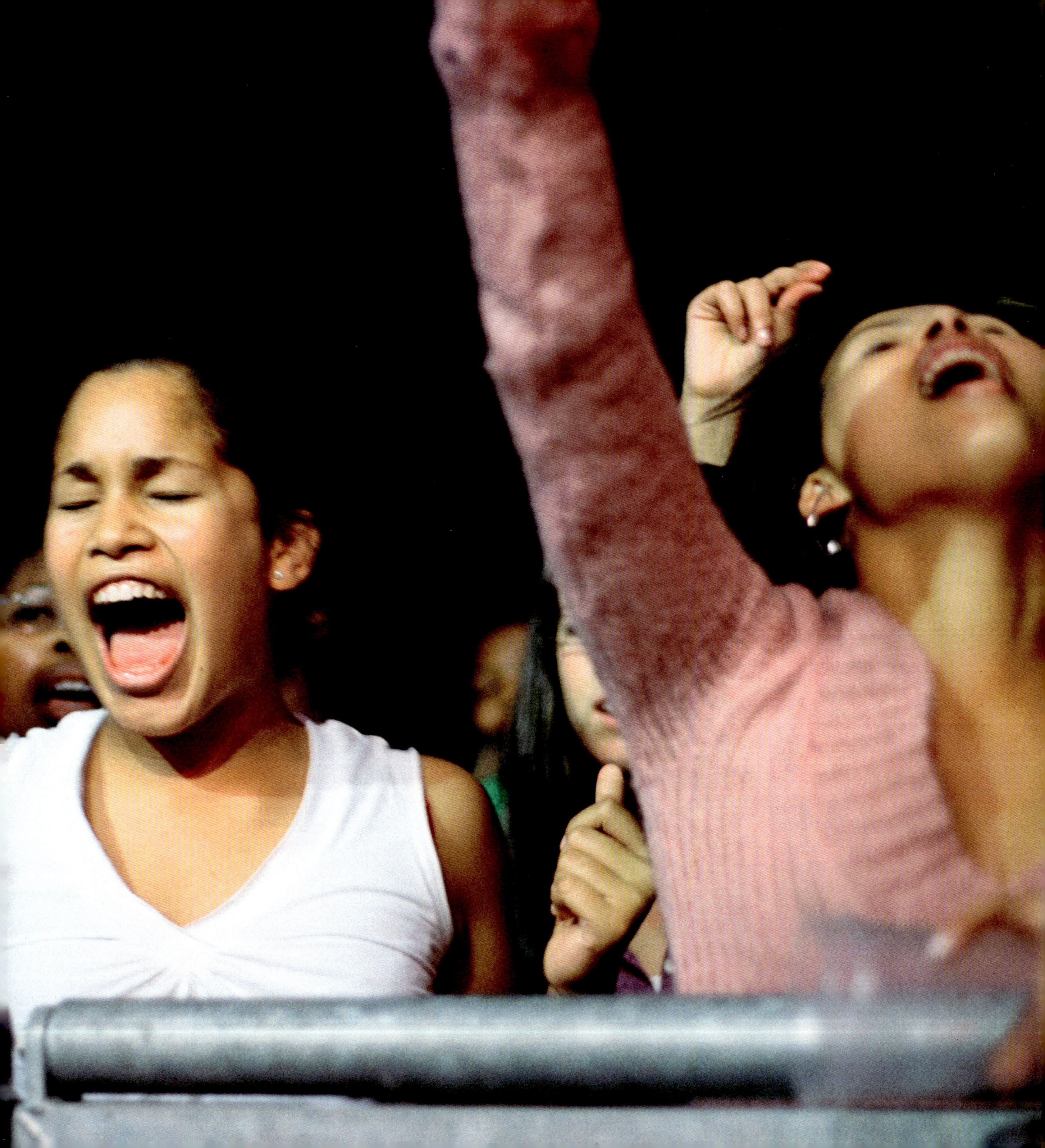

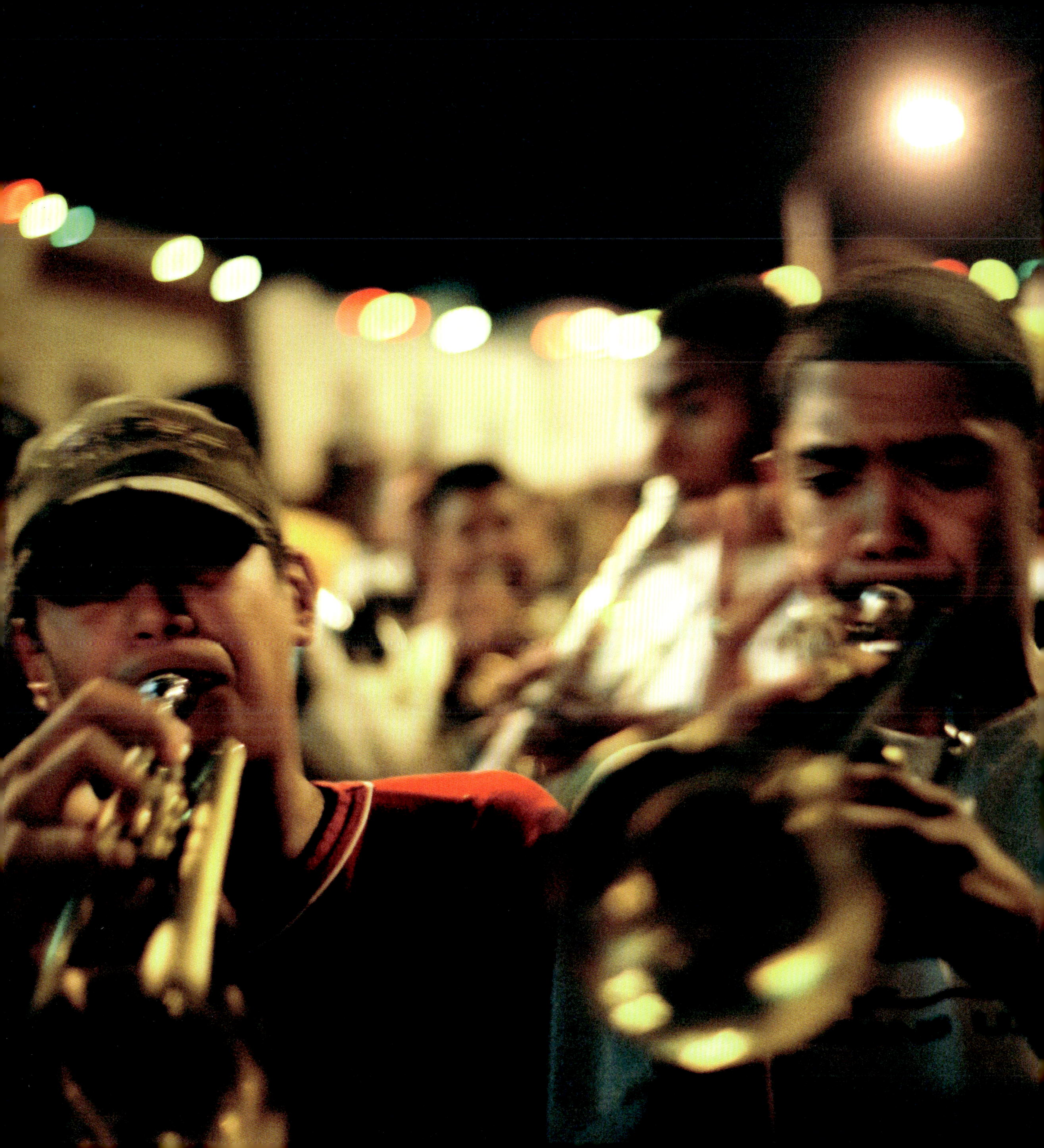

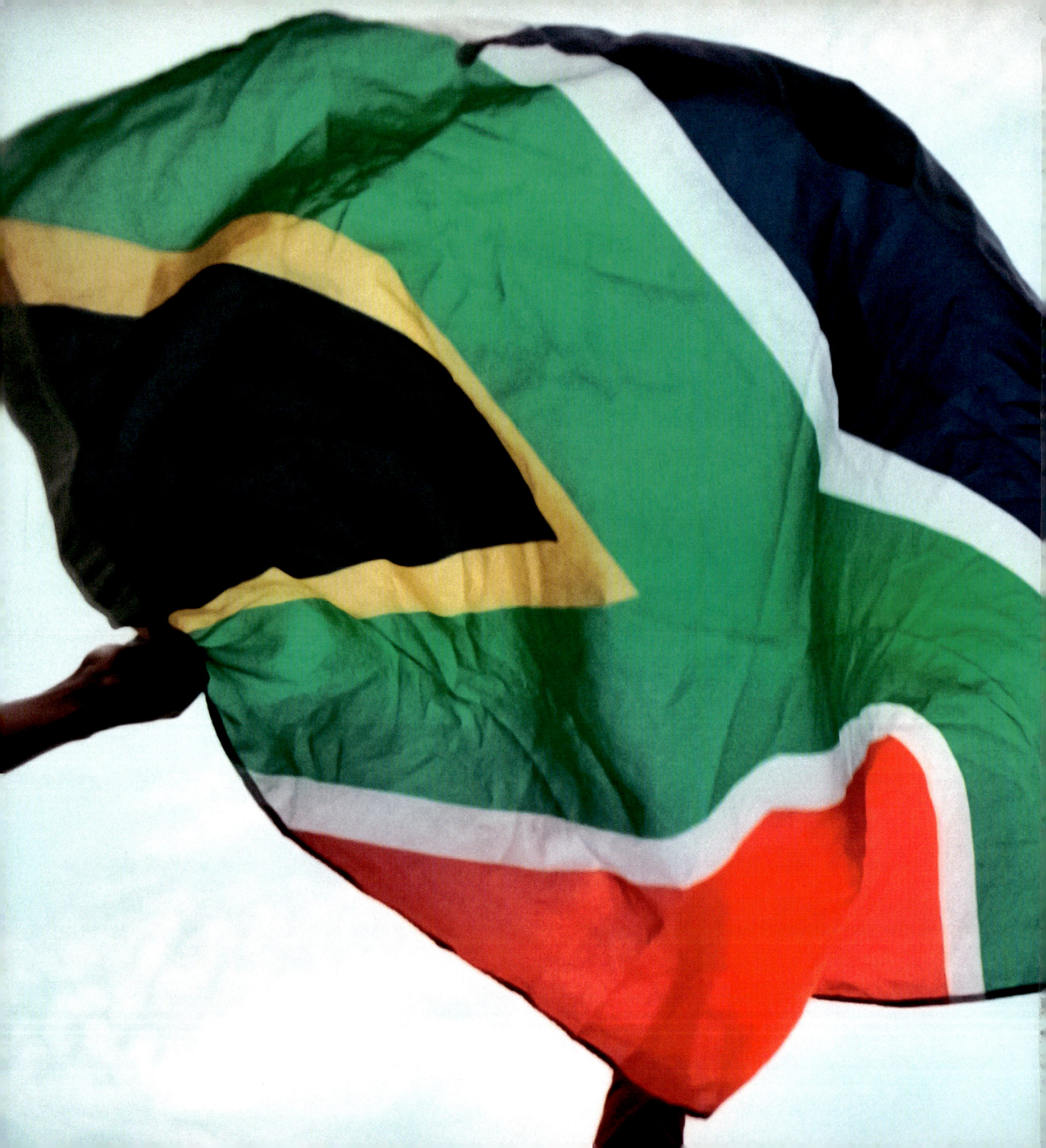